U0513762

劉秉璋年譜

劉園生　編著

上海古籍出版社

圖書在版編目(CIP)數據

劉秉璋年譜/劉園生編著. —上海：上海古籍出版社，2017.12

ISBN 978-7-5325-8680-6

Ⅰ.①劉… Ⅱ.①劉… Ⅲ.①劉秉璋(1826-1905)—年譜 Ⅳ.①K825.2

中國版本圖書館 CIP 數據核字(2017)第 298596 號

劉秉璋年譜

劉園生 編著

上海古籍出版社出版發行

(上海瑞金二路 272 號 郵政編碼 200020)

(1) 網址：www.guji.com.cn

(2) E-mail：gujil@guji.com.cn

(3) 易文網網址：www.ewen.co

启東市人民印刷有限公司印刷

開本 890×1240 1/32 印張 10 插頁 7 字數 251,000

2017 年 12 月第 1 版 2017 年 12 月第 1 次印刷

印數 1—1,100

ISBN 978-7-5325-8680-6

K·2414 定價：38.00 元

如有質量問題,請與承印公司聯繫

　　劉秉璋，晚清重臣，字景賢，號仲良。道光六年（1826）生於安徽省廬江縣三河鎮。咸豐十年進士，選翰林院庶吉士，授編修。而立之年，投筆從戎，組建淮軍。身經道、咸、同、光四朝，轉戰蘇、魯、鄂、豫、皖、浙、贛數省。親歷太平軍、撚軍、義和拳起義、鴉片戰爭、中日戰爭、中法戰爭、八國聯軍入侵等重要歷史事件。官至江西巡撫、浙江巡撫、四川總督，爲中華帝國的生死存亡而鞠躬盡瘁。光緒三十一年（1905）終於家，春秋八十。

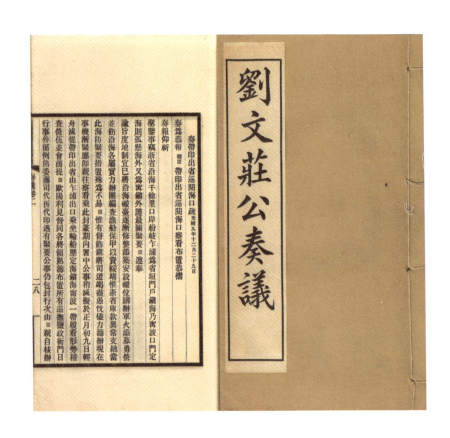

劉文莊公奏議

奏帶印出省巡閱海口疏　光緒九年十二月二十九日

帶印出省巡閱海口察看布置恭摺

奏爲恭報○帶印出省巡閱海口察看布置恭摺
翠鑒事竊浙省沿海千餘里口岸紛歧乍浦爲省垣門戶鎮海乃寧波口門定
海則孤懸海外又爲黃鎮外護最關緊要○遵奉
諭旨度地制宜已將沿海礮臺逐漸修整添築安設礮位購辦軍火添募勇營
並飭沿海各屬實力辦團編查漁船保甲以資綏靖惟浙省庫款異常支絀當
此海防緊要措置殊爲不易○惟有督飭鎮將司道竭蹶忱力籌辦現在
事機漸緊臘印親往察看乘此封案期內署○中公事稍減擬擇於正月初九日經
舟減從帶印出省由乍浦出口乘坐輪船歷定海甯波一帶履看形勢稍
查營伍並會南撫○歐陽利見督同各將領熟籌所有巡撫鹽政衙門日
行事件係例防委藩司代拆代印遇有緊要公事仍包封行次由○親自核辦

卷議卷一

二八

圖一　《劉文莊公奏議》，清末民初刊本。

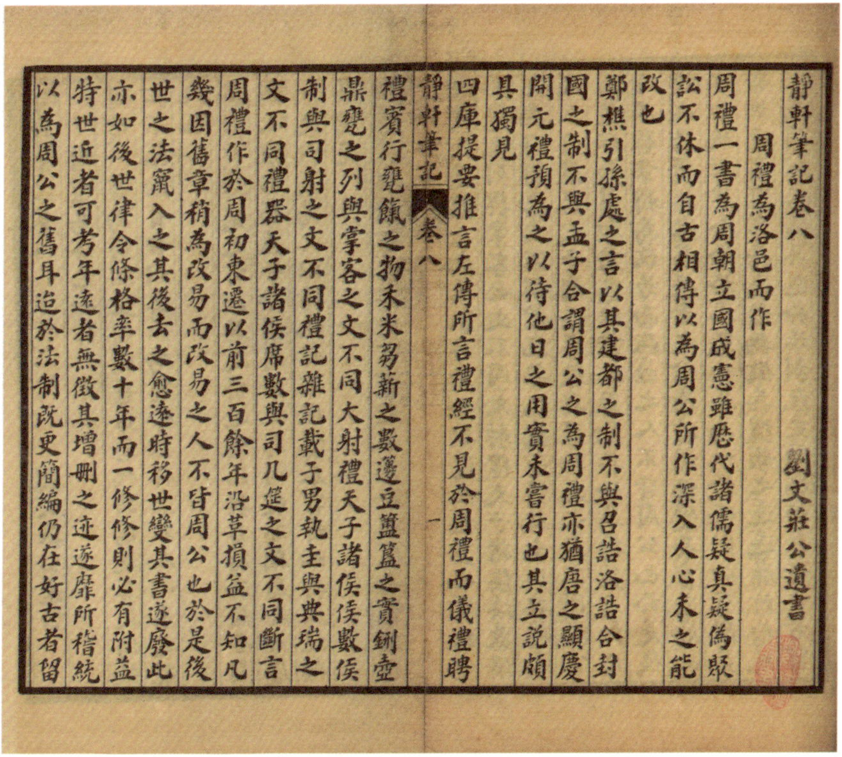
靜軒筆記卷八　　劉文莊公遺書

周禮為洛邑而作

周禮一書為周朝立國成憲雖歷代諸儒疑真疑僞聚訟不休而自古相傳以為周公所作深入人心未之能改也

鄭樵引孫處之言以其建都之制不與召誥洛誥合封國之制不與孟子合謂周公之為周禮亦猶唐之顯慶開元禮預為之以待他日之用實未嘗行也其立說頗具獨見

四庫提要推言左傳所言禮經不見於周禮而儀禮聘禮賓行饔餼之物禾米芻薪之數籩豆簠簋之實鉶壺鼎甕之列與掌客之文不同大射禮天子諸侯侯數侯制與司射之文不同禮記雜記載子男執圭與典瑞之文不同禮器天子諸侯席數與司几筵之文不同斷言周禮作於周初東遷以前三百餘年沿革損益不知凡幾因舊章稍為改易而改易之人不皆周公也於是後世之法竄入之其後去之愈遠時移世變其書遂廢此亦如後世律令條格率數十年而一修修則必有附益特世近者可考年遠者無徵其增刪之迹遂靡所稽統以為周公之舊耳迨於法制既更簡編仍在好古者留

靜軒筆記　卷八　一

圖二　劉秉璋《靜軒筆記》，約民國二十年，附録於劉體智《辟園四種》刊本。

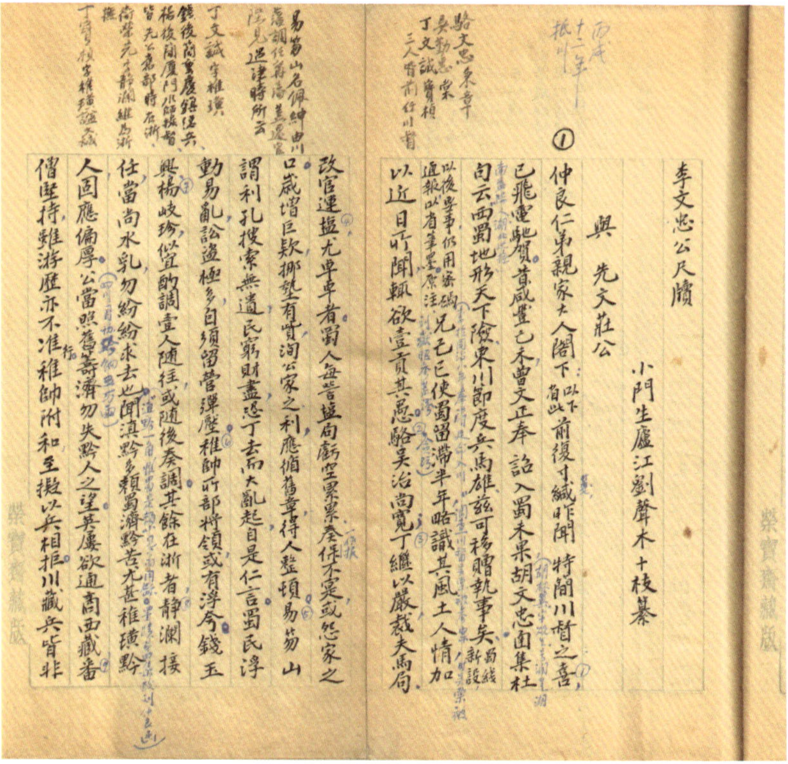

李文忠公尺牘

與　先文莊公

小門生廬江劉聲木十稜纂

圖三　劉聲木稿本《李文忠公尺牘》。

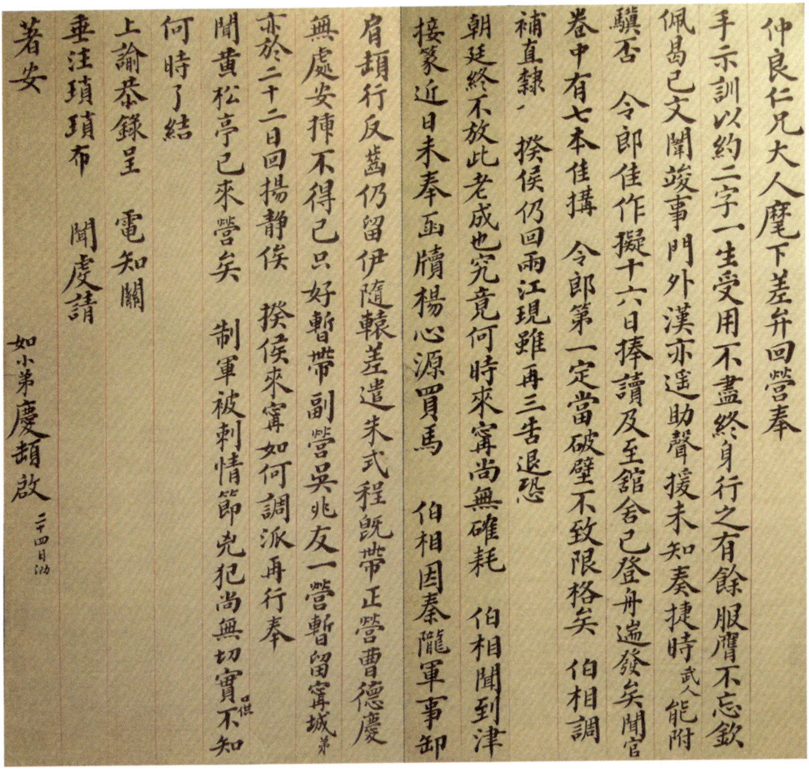

仲良仁兄大人麾下差弁回營奉
手示訓以約二字一生受用不盡終身行之有餘服膺不忘欽
佩曷已文闈竣事門外漢亦遙助聲援未知奏捷時武能附
驥否　令郎佳作擬十六日捧讀及至舘舍已登舟遍發矣聞舘
卷中有七本佳搆　令郎第一定當破壁不致限格矣　伯相調
補直隸一　揆侯仍回兩江現難再三告退恐
朝廷終不放此老成也究竟何時來寗尚無確耗　伯相聞到津
接篆近日未奉函牘楊心源買馬　伯相因秦隴軍事卸
眉頡行反齮仍留伊隨轅差遣朱武程既帶正營曹德慶
無處安揷不得已只好暫帶副營吳友一營暫留寗城米
亦於二十二日回揚俟　揆侯來寗如何調派再行奉
聞黃松亭已來營矣　制軍被刺情節兇犯尚無切實不知
何時了結
上諭恭錄呈　電知闓
垂注瑣瑣布　聞慶請
著安
如小弟慶頡啟　廿四日泐

圖四　吳長慶致劉秉璋函手稿。據"伯相（李鴻章）調補直隸""揆侯（曾國藩）仍
回兩江""制軍（兩江總督馬新貽）被刺"等內容，此函應在同治九年八月廿四日，
時劉秉璋丁憂無爲家中，吳長慶駐軍揚州。

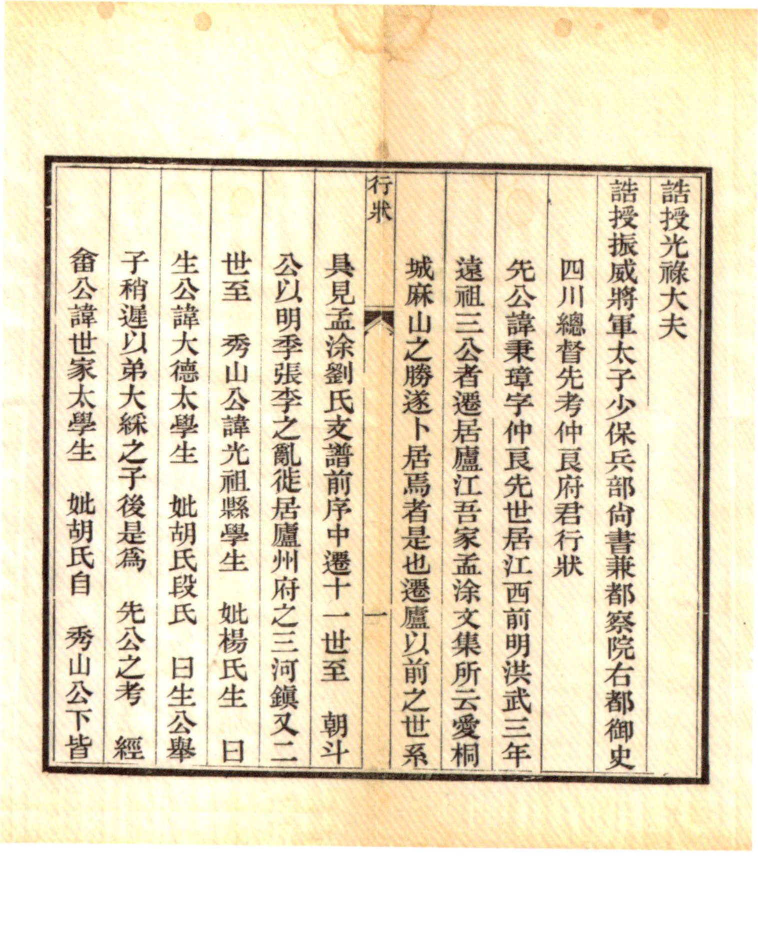

誥授光祿大夫

誥授振威將軍太子少保兵部尚書兼都察院右都御史

四川總督先考仲艮府君行狀

先公諱秉璋字仲艮先世居江西前明洪武三年

遠祖三公者遷居廬吾家孟涂文集所云愛桐

城麻山之勝遂卜居焉者是也遷廬以前之世系

具見孟涂劉氏支譜前序中遷十一世至　朝斗

公以明季張李之亂徙居廬州府之三河鎮又二

世至　秀山公諱光祖縣學生　妣楊氏生　日

生公諱大德太學生　妣胡氏段氏　日生公舉

子稍遲以弟大絲之子後是爲　先公之考　經

畬公諱世家太學生　妣胡氏自　秀山公下皆

圖五　孫家鼐《宮保公行狀》，清末刊本。

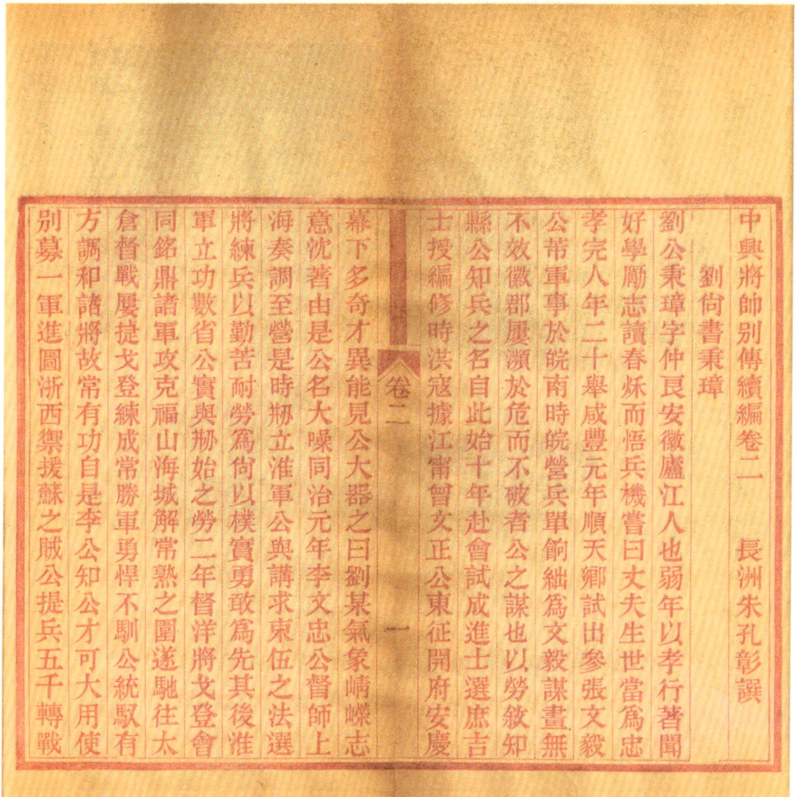

圖六　朱孔彰《中興將帥別傳續編》，清末民初刊本。

圖七　同治二年,劉秉璋率師進軍浙西,移全家住蘇州城内星造橋吳衙場。作者現場拍攝。

圖八　同治二年十月，劉秉璋激戰於嘉善城東之張涇匯，今嘉善市經濟開發區惠民街道。作者現場拍攝。

圖九　葉志超，劉秉璋部將，字曙青，安徽合肥人，光緒二十七年（1901）卒，官至直隸提督。

前　言

　　劉秉璋生在中華民族存亡的艱難歲月，在"群寇如毛，燒殺淫擄。闔家老幼數十人，顛沛流離，無可得食"中，"以舉人恃筆墨謀生"，投筆從戎。咸豐五年入總理皖南軍務、前江西巡撫、欽差大臣張芾幕府，參其軍事。咸豐十年成進士，選庶吉士，授編修。同治元年奏調至江蘇巡撫李鴻章麾下，組建淮軍，馳騁疆場十三載，是淮軍的重要將領，以戰功升遷至封疆大吏。光緒元年任江西巡撫，光緒八年任浙江巡撫，光緒十二年任四川總督。撫浙三年，內治匪患，外抗法寇。督川八載，南資滇黔，北顧甘陝，安靖藏衛。"萬里江山，十州將吏，奔走低昂於使君之庭，年穀稔而盜賊除，訟獄衰而文風振。"（《翁同龢集》427頁）光緒二十一年，四川教案，"教士忿，牒總署，指名奪秉璋職，朝廷不獲已，許之，遂歸"（《清史稿·劉秉璋傳》）。光緒三十一年（1905）逝世，享年八十，諡文莊。

　　淮軍將領以翰林統兵而位至督撫者，僅李鴻章、劉秉璋二人。上諭曰：前四川總督劉秉璋學問優長，老成練達，剿平髮撚，戰功卓著，任事勇直，持恭廉介。"照總督例賜恤，任內一切處分悉予開復，生平功績宣付國史館立傳。"（《宮保公行狀》）

　　劉秉璋的一生，折射了晚清道、咸、同、光四朝，西方列強對中國領土和周邊藩屬的逐日蠶食。日本之對臺灣、朝鮮、澎湖、琉球，英國對香港、西藏，法國對越南，俄國對新疆等等。也折射出太平天國、撚軍、會匪以及來自各方的分裂勢力對中華帝國的撼動。

中國是否需要維持或推翻一個統一的中央政權——儘管並不完善，或並不强大的政權，這是評價"中興將帥"和劉秉璋們的重要標準。

湘淮兩軍的形成，淮軍取代湘軍，以至成爲清末民初舉足輕重的政治勢力。西方的堅船利炮啓動了中華帝國的近代化進程，洋務運動推動了中國的進步和發展。這些都成爲劉秉璋年譜中不可忽缺的背景。

本年譜體例如下：

一、《年譜》全部引録歷史文獻，黑體爲作者提綱挈領，便於閱讀而分段。

二、《年譜》按編年斷，年内以内容分，如：

同治三年，"**劉秉璋、程學啓收復嘉興。程學啓受重傷，遂卒。劉秉璋率軍自東門攻入。劉秉璋補授翰林院侍講**"段，分別摘録於劉耿生《同治事典》134 頁、劉體智《異辭録》37 頁、孫家鼐《宮保公行狀》、朱孔彰《劉文莊公別傳》、李鴻章《李鴻章全集》〔1〕465 頁，等等。

同治三年，"**劉秉璋等追剿幼天王洪天貴福，克復湖州。著賞給振勇巴圖魯名號，遇有應升之缺，開列在前**"段，分別摘録於劉耿生《同治事典》144 頁、劉體智《清代年表》813 頁、李鴻章《李鴻章全集》〔1〕541 頁、劉體智《異辭録》33 頁、（《李鴻章全集》〔1〕550 頁，等等。

又如：光緒八年，"**劉秉璋光緒六年丁母憂，光緒八年服闋，入都陛見。補授浙江巡撫**"段，分別摘録於孫家鼐《宮保公行狀》、劉聲木《萇楚齋隨筆》1007 頁、翁同龢《翁同龢日記》1746 頁、劉體智《異辭録》84 頁、劉聲木《萇楚齋隨筆》519 頁、劉秉璋《劉文莊公奏議》卷二，等等。

隨文標注書名及頁碼，刊本與出版信息另查《參考書目》。

三、《年譜》引用多種文獻，體例、文風各異，行文艱澀繁瑣者，略有增添或删减，但均注出處備查。

如，引《宫保公行狀》原文：“先公生而穎異，甫六歲，先曾王父臥病惡囂，每過其寢室，輒脱履以襪著地而行。先王父見而責之，則對曰：恐驚吾祖也。曾王父聞之，以手擊額曰：恨天不假吾以年，親見此子成立也。”

《宫保公行狀》，以譜主子女爲第一人稱。“先公”“先王父”“先曾王父”等稱謂有可能錯亂，直接用“父親（劉世家）”“祖父（劉大德）”，使之更清晰。

又如，引《萇楚齋隨筆》822頁，作者劉聲木稱岳父：“外舅同邑吳武壯公長慶”，改用直接稱謂：“吳長慶”。

雖屬援引，但有改動，仍注明原出處。

四、多數文獻爲私人函件，好以字、號、謚號，甚至渾號，或出生地、官銜爲人名，作者隨文括號注正名。

如，左宗棠的稱呼有季高、湘陰、文襄，一律隨文括號注“（左宗棠）”；李鴻章有少荃、合肥、文忠、傅相等，均隨文括注“（李鴻章）”；張之洞有香濤、香帥、南皮、六郎等，一律括注“（張之洞）”。

五、私函手稿多數有日、月而無紀年，根據内容排序編入。所引用之出版物，偶有失誤，略作校正。

如，《李鴻章全集》（第29册67頁）李鴻章致黄翼升函，按同治元年二月初五日插入，有誤。同治元年淮軍初建，尚未東進。據《清代年表》記載：同治二年二月“常熟久圍，鴻章患之，令各分兵千人趨救”，故按同治二年二月初五日排入。

六、年譜涉及地名達十幾省，主要根據譚其驤《中國歷史地圖集》，與最新版地圖相互對照。大多符合，少數存異，須考證。

如，簡稱“宿太”“常昭”等地名。稱“宿”者有宿州、宿遷、宿松，稱“太”者有太倉、太平、太康、太湖等，根據劉秉璋當年的行軍路綫，可以確認所指爲安徽、湖北邊界之宿松和太湖。“常昭”即常熟，雍正二年置城西爲常熟，城東爲昭文，兩縣同城而治，合稱“常昭"。民國後再度合二而一。

又如，同治六年五月十一日，李鴻章致劉銘傳函有"勛軍(楊鼎勛部)整頓軍裝，初六、七自"定埠"啟行，須二十日後到此(周家口)"。同日，李鴻章致曾國藩函有："(劉秉璋)初六、七日始與勛營(楊鼎勛部)由"宋埠"啟行"。疑前者"定埠"有誤，宋埠：湖北東部，屬黃州府，今麻城市宋埠鎮，距同年四月之小河溪戰場約八十公里，"勛軍小挫"後於此休整，北上三百公里，於"二十日後"到達河南周家口。時間、行程、原委均為合理。

又如，張涇匯為劉秉璋激戰受傷之地，瓦窑堡為擒獲東撚賴汶光之處，新老地圖均難查找。作者實地查訪，請教長者，考得當年張涇匯，即今日嘉善城東經濟開發區惠民街道；當年瓦窑堡即今日揚州市北郊，運河西岸瓦窑村。

七、對鮮為人知的人與事，扼要注釋，以"◎"為標記。

如，◎獻夫：劉汝翼，字獻夫，劉秉璋兄劉贇之長子，同治元年入淮軍幕府，官至天津海關道。

又如，◎黃姨奶奶：黃宜人，劉秉璋側室。劉秉璋原配夫人程氏無出，黃宜人生體乾、體仁、體信、體智、體道五子。光緒十三年病逝於川署，年三十三歲。母以子貴，贈一品夫人。

又如，◎"六弟婦送女赴蜀"：李鴻章六弟李昭慶之遺孀，光緒十五年送女赴蜀，與劉秉璋長子劉體乾完婚，體乾時年十七。

劉秉璋雖為晚清重臣，但是普通而平凡，按當年讀書人必經的人生軌跡，受教於孔孟，視忠君與愛國為一體。國家危難，投筆從戎。一旦登第，勤政愛民。既有學者的嚴謹，又具文人的情懷，如是而已。

劉秉璋去世較晚，按國史館《文莊公列傳》稱"四十年來中興將帥凋零殆盡，僅存劉秉璋一人，今聞病歿，遠近軍民同聲感悼"。他的後人未能及時整理他的全部史料和著述，即進入民國，一切"遺棄殆盡"。史學界對劉秉璋的關注不多，可借鑒的史料也並不豐富,除《劉文莊公奏議》和他兒子劉體信、劉體智的筆記外,多數散落在朋僚間的往來書信之中。年譜以采擷與拼綴文獻爲主,所引用文獻大多屬當代出版,手稿部分多由作者本人蒐集。

由衷地感謝陳絳先生的指點和鼓勵。

劉圍生

2017 年 6 月

目　　録

道光六年丙戌（1826）　一歲

劉秉璋字仲良，號景賢，生於安徽省廬江縣三河鎮。

先公（劉秉璋）生於道光六年四月十四日午時。（《宮保公行狀》）

我始祖以彭城支派於元末由婺源遷廬江。（《劉氏宗譜》同治辛未年廬江劉氏第十六世孫劉秉璋序。婺源：安徽南部，屬徽州府，1934年劃歸江西，今江西省上饒市婺源縣。廬江：安徽中部，屬廬州府，今合肥市廬江縣，往北六十里有三河鎮）

先世居江西。前明洪武三年（1370），遠祖三公者遷居廬江。（《宮保公行狀》）

至十一世朝斗公，以明季張（獻忠）、李（自成）之亂徙居廬州府之三河鎮。（《宮保公行狀》）

劉聲木謹案：“劉氏遷桐城之祖與我家遷廬江之祖，原爲兄弟。在桐城者分居陳家洲、孔城兩處，陳家洲即海峰劉大櫆所從出。在廬江者，分居磚橋及三河鎮，自明洪武十三年（1380）入廬江籍。徙居三河鎮者，即我家所從出。仍與磚橋同一祠堂，已五六百年矣。《宮保公行狀》中云：吾家孟塗（劉開）文集所云，愛桐城麻山之勝，遂卜居焉者是也。”（《萇楚齋》750頁。孟塗：劉開，字孟塗，清桐城派領袖劉大櫆之孫，有《孟塗文集》傳世）

◎圉生按：桐城劉開孟塗負不世之才，駢文五七言詩，皆包孕閎深，發搞矜慎，卓然自成一家。（《郎潛紀聞》690頁）

又二世至秀山公（十三世），諱光祖（劉秉璋之曾祖父），縣學生，姓楊氏。（《宮保公行狀》）補博士弟子員，以行兼商，爲人豪邁，有雄直氣。一門之內，率能守其家風，多磊落光明之概。曩時，父老及士林猶時時稱述之。（《劉氏宗譜·經畬公逸事》）

劉光祖之子劉大德（劉秉璋之祖父），太學生，姒胡氏、段氏。大德公舉子稍遲，以兄劉大綵之子後，是爲先公（劉秉璋）之考劉世家。（《宮保公行狀》）

曾祖光祖，祖大德，本生祖大綵，父世家。（《劉文莊公墓誌銘》）

劉世家字經畬，號藝圃，太學生，姒胡氏。益以讀書爲注重，善言論，每暇時輒聚其室人教誡之，言近時善惡成敗之事。言畢復自申其怡，曰："人之善可言也，人之惡不可言也，所以歷歷言之者，欲汝曹以爲鑑戒也。"即此一端，則公之所以治家與律身，行己之道，可想其大概矣。（《劉氏宗譜·經畬公逸事》）

經畬公劉世家有子三人，女二人，爲廬江劉氏第十六世孫。

長子劉贇，號半霞府君，國學生，江西省督糧道，前卒。以子汝翼（劉汝翼，字獻夫）貴，贈榮祿大夫。

次劉秉璋，字仲良，誥授光祿大夫振威將軍太子少保，兵部尚書兼都察院右都御史，四川總督。

次劉秉鈞，字介如，候選道，誥封榮祿大夫。

長女適太學生，贈通奉大夫程鵬，前卒。

次女適太學生，贈通奉大夫程開綬，前卒。

自秀山公下皆以公貴。（《宮保公行狀》）

徽州一府經學輩出，舉世宗仰，真如泰山北斗矣。桐城方靈皋、劉海峰、姚姬傳三先生以文章鳴。歷城周書昌編修云："天下文章，其在桐城乎！"此爲極盛時代。（《異辭録》1 頁。方靈皋、劉海峰、姚姬傳，即方苞、劉大櫆、姚鼐，清初文壇桐城派領袖）

道光九年己丑（1829）　四歲

鴉片走私日盛。

道光九年十二月，"鴉片走私日盛,致白銀外流,銀價日漲"。（《中外年表》623頁）

道光十年庚寅(1830) 五歲

清政府定查禁內地種賣鴉片烟章程。

道光十年十二月,"命各省督撫確查、嚴禁內地奸民種賣鴉片"。(《清代年表》699 頁)

道光十一年辛卯(1831)　六歲

劉秉璋幼學於同邑潘璞。

公(劉秉璋)生而穎異,甫六歲,祖父(劉大德)臥病惡囂,每過其寢室,輒脱履以襪著地而行。父親(劉世家)見而責之,則對曰:"恐驚吾祖也。"大德公聞之,以手擊額曰:"恨天不假吾以年,親見此子成立也。"家貧,先母胡太夫人躬操井臼,公"每日必早起,執箕箒灑掃房闥,以分胡太夫人之勞,蓋其天性仁孝有如此者"。(《宮保公行狀》)

先文莊幼學於同邑潘小安(潘璞)封翁,翁之子琴軒中丞(潘鼎新)與之同學室。(《異辭録》2頁)

道光十四年甲午（1834） 九歲

清政府命兩廣總督驅逐英國販鴉片蠆船。

道光十四年五月，"命盧坤（兩廣總督）驅逐英吉利販鴉片蠆船，勿任停泊"。（《清代年表》711 頁。蠆船：大型平底船，固定泊位，可用作碼頭）

道光十四年九月，英軍艦二艘駛入虎門，與岸上守兵相互炮擊後退出。督撫命封倉停市。（《清代年表》713 頁）

道光十六年丙申（1836） 十一歲

中外兵禍之始。

道光十六年十二月，英以義律（Charles Elliot, 1801—1875）爲領事。"義律陽示和平謙謹，陰上書本國，謂欲得平等之權，宜用武力。中外兵禍始此。"（《清代年表》717 頁）

道光十九年己亥(1839) 十四歲

命欽差大臣林則徐廣東禁烟。

道光十九年四月,林則徐銷毀鴉片烟土於廣東。(《清代年表》723頁)

道光十九年七月,"義律以兵艦二艘,武裝貨船三艘,進迫九龍。以索食爲名,發炮攻擊。水師參將賴恩爵揮兵禦之,擊沉其船三"。(《清代年表》724頁)

道光十九年十月,英軍艦復炮擊川鼻島、尖沙嘴。水師提督關天培禦之。十一月,諭停止英吉利貿易。十二月,以林則徐爲兩廣總督,調鄧廷楨爲閩浙總督。(《清代年表》725頁。川鼻島:廣東省珠江口外,今伶仃洋内伶仃島。尖沙嘴:廣東省南部,九龍半島南端,今屬香港特別行政區)

道光二十年庚子(1840) 十五歲

中英鴉片戰爭。

道光二十年三月,(英)海陸兩軍萬五千人,軍艦二十六艘,大炮百門來攻廣東。則徐以重兵嚴守,洋船不能入,改而侵浙江。(《清代年表》727 頁)

道光二十年四月,林則徐飛檄閩、浙、江蘇等省,令加意防範。五月英船入浙洋陷舟山,六月陷定海。(《清代年表》727 頁。舟山:即舟山群島,浙江東部,屬寧波府,今舟山市)

是時,承平日久,沿海空虛,諸文武大吏懼禍及頗不悅則徐所爲。及定海陷,諸大吏益造蜚語。(《清代年表》728 頁)

道光二十年七月,義律與伯麥(James J. G. Bremer, 1786—1850)以兵艦五艘赴天津投書約和。(《清代年表》728 頁)

道光二十年九月,以琦善署兩廣總督,褫林則徐、鄧廷楨職。琦善於十月抵廣東,力反則徐所爲,裁撤水師,解散壯丁,盡廢一切守備。義律復要以割讓香港,琦善拒之。(《清代年表》729、730 頁)

道光二十年十二月,英以所求不遂,進犯虎門,陷大角、沙角炮臺,守口弁兵傷亡七百餘人。琦善大懼,擅於川鼻與英定約,允其一切條件。(《中外年表》630 頁)

道光二十一年辛丑(1841) 十六歲

下宣戰之諭。

道光二十一年正月,"琦善奏陳草約,疏入,上大怒,主戰一派乘機慫恿開釁,遂下宣戰之諭"。(《清代年表》731 頁)

道光二十一年二月,"英以穿鼻之約歸於無效,再犯虎門,水師提督關天培及弁兵死傷四百餘人"。(《中外年表》630 頁)

道光二十一年五月,鄧廷楨、林則徐遣戍伊犂。七月英人陷福建廈門,八月再陷定海、鎮海、寧波,十一月陷餘姚、慈溪,十二月陷奉化。(《清代年表》732、733 頁。鎮海:甬江口岸,屬寧波府,今寧波市鎮海區。餘姚、慈溪、奉化:浙江東部沿海城市,位於杭州灣南岸,今餘姚市、慈溪市、奉化市)

道光二十二年壬寅（1842） 十七歲

清政府與英國簽訂《中英南京條約》，開五口通商，割地賠款。

道光二十二年四月，英人陷乍浦，五月入上海，六月陷鎮江，七月犯江寧。（《清代年表》735 頁。乍浦：浙江北部，屬嘉興府，今平湖市乍浦鎮。江寧：即南京）

道光二十二年七月，簽訂《南京條約》（《中英江寧條約》）：開廣州、福州、廈門、寧波、上海五口通商，並設領事。割給香港一島，償烟款六百萬圓，商欠三百萬圓，軍費一千二百萬圓。（《清代年表》736 頁）

道光二十二年八月，英軍退出長江。（《中外年表》631 頁）

道光二十五年乙巳(1845) 二十歲

劉秉璋與潘鼎新游學京都。

道光二十五年冬，"先王父(劉秉璋之父劉世家)雖家居窮乏，仍肆力於學，義方之訓無不備。所延者皆名師，所與同學者皆端人正士之子弟。先公(劉秉璋)少承庭訓，長德師資。讀書惟務其大者、遠者，不屑屑於章句，以故小試屢不售。益發憤勤苦不輟，常至夜半。潛心於古今治亂興衰之理，而默考其原，以求爲經世之用"。(《宮保公行狀》)

公弱年以孝行著聞，好學勵志，讀春秋而悟兵機，嘗曰："丈夫生世當爲忠孝完人。"(《劉文莊公別傳》)

文莊(劉秉璋)小試，初不得志。與同邑潘鼎新同游京都。中丞(潘鼎新)早入泮，聰穎異於常兒，抱大志，將爲京都之游。恐堂上有異言，不敢以告。乏貲用，文莊潛質衣與之，既而幡然改計，與之同走。行兩日，先祖(劉秉璋之父劉世家)與潘翁(潘鼎新之父潘璞)追至，稍給資斧，訓以多語而別。(《異辭録》2頁)

潘翁蓋疑文莊慫恿其子出游，猶不知中丞之動議也。(《異辭録》2頁)

弱冠與同邑潘中丞鼎新徒步游京師，所過山川形勢，關梁險阻，政治之得失，風俗之同異，皆心識之。(《宮保公行狀》)

明年遂舉順天鄉試，公(劉秉璋)初與潘公坐小車兼步行北道，後車子誇言曰："吾一手曾推兩撫臺。"言公與潘公也，世人傳爲美談。(《劉文莊公別傳》)

公(劉秉璋)幼貧力學，弱冠與同邑潘公鼎新擔簦赴都，行李蕭索，幾不得入賓館。守館者導見李侍御文安(李鴻章之父李文安)，侍御許之舍館，遂定。侍御者，合肥李文忠公(李鴻章)父也。(《劉

文莊公別傳》)

至京,先見李文忠之封翁愚荃侍御而請學焉。(《異辭録》
3頁)

時合肥李玉泉比部文安管理廬州會館,因往見之。各面試文
一篇,大爲嘉許,爲安置于會館讀書。月餘,比部私問會館長班云:
"新來之劉少爺、潘少爺常出門乎?"長班對曰:"兩位用功讀書,足
不出户。會館中人雖多,從未見有此。"比部大喜,自是優加愛禮。
(《莨楚齋》593頁)

入都以後,出所作以示人,咸相驚異,翕然有能文之名。惟合
肥李侍御文安及侍御子文忠公(李鴻章)以爲命世才也。(《宮保公
行狀》)

游揚於公卿間,頗爲孫蘭檢、吕鶴田兩侍郎所激賞。孫侍郎
曰:"學至於此,應童子之試而猶不售,難乎其爲廬州府學秀才矣。"
吕侍郎曰:"劉潘兩生他日顯貴,爲吾鄉後起之秀。"時道光二十五
年之冬也。(《異辭録》3頁。孫蘭檢,江蘇通州人,道光十五年進
士,内閣學士、兵部侍郎;吕鶴田,安徽旌德人,道光十五年進士,工
部侍郎)

小住廬州會館,既而移寓城内東單牌樓觀音寺胡同觀音寺。
除劉秉璋、潘鼎新外,另有江陰沈品蓮、巢縣周沐三。蕭然古廟之
中,遂有四友。(《異辭録》3頁)

道光二十七年丁未（1847） 二十二歲

劉秉璋兼師李文安、李鴻章父子。

道光二十七年四月廿五日，賜李鴻章等進士出身。朝考後，改翰林院庶吉士。（《李鴻章傳》191 頁）

既文忠（李鴻章）成進士，李翁（李文安）謂"吾兒新貴，可取資焉"。是後文字，皆就文忠是正矣。（《異辭録》3 頁）

公（劉秉璋）於道光丁未，文忠（李鴻章）初入詞館時，即以應試文字受業。每月出題課試，詩、文各九篇，爲之批改，至李鴻章出京時爲止，十年於茲矣。世俗稱之爲及門受業，非如他人僅以保舉爲師生也。（劉聲木手稿《李文忠公尺牘·序》）

道光二十九年己酉（1849） 二十四歲

劉秉璋應己酉北闈鄉試落第。

道光二十九年八月，"先文莊（劉秉璋）與潘中丞（潘鼎新），皆冒順天大興籍，應己酉北闈鄉試。中丞獲雋，文莊落第，二人皆未娶也"。"時先母程太夫人（劉秉璋妻程氏）年已長，先王父（劉秉璋之父劉世家）、先外祖（程氏之父，從九品，貤贈中憲大夫程學勤）皆催歸完姻。秋試後，文莊乃與中丞同歸，時道光二十九年。"（《異辭錄》4 頁）

道光三十年庚戌（1850）　二十五歲

洪秀全金田起義。

道光三十年正月十四日，上崩，皇四子奕詝即位，是爲文宗，以明年爲咸豐元年。

道光三十年六月，廣東花縣人洪秀全作亂於廣西桂平縣金田。（《清代年表》751頁。桂平縣：廣西南部，屬潯州府，今桂平市。花縣：廣州府城之北六十公里，今廣州市花都區）

道光三十年十二月初十日，太平天國正式建號，洪秀全稱天王。（《咸豐事典》51頁）

咸豐元年辛亥(1851)　二十六歲

洪秀全武宣登極，永安封王。

咸豐元年二月廿一日，太平天國天王洪秀全在廣西武宣登極。
(《咸豐事典》54頁。武宣：廣西中部，屬潯州府，今武宣縣)

咸豐元年十月廿五日，洪秀全永安封王，立賴氏爲后，封楊秀
清、蕭朝貴、馮雲山、韋昌輝、石達開等爲王。(《清代年表》754頁。
永安州：廣西東部，屬平樂府，今蒙山縣)

劉秉璋中咸豐元年恩科順天舉人。

咸豐元年先文莊(劉秉璋)納粟入監讀書，登辛亥科北闈鄉榜。
嗣參張文毅公幕於徽州，粵匪事起，以道途阻隔，屢誤會試之期而
不往，至庚申始成進士。(《異辭錄》24頁)

中咸豐元年恩科順天舉人。(《宮保公行狀》)

新婚離別，有七絕二首："雙棲燕壘未曾乾，倏爾分飛淚共彈。
我有高堂念游子，願君强笑爲承歡。"又："笑指刀環在眼中，居然兒
女亦英雄。我無重耳恒安志，君有齊姜醉遺風。"(劉聲木手稿《劉
秉璋佚詩》)

咸豐二年壬子(1852) 二十七歲

洪秀全軍入湖南、湖北境。

咸豐二年二月，洪秀全軍陷興安、全州。七月入湖南，陷衡州、桂陽、郴州。由永興、茶陵、醴陵犯長沙。(《清代年表》757、758頁。興安、全州：廣西北部，屬桂林府，今興安縣、全州縣。衡州、桂陽、郴州、永興、茶陵、醴陵：湖南省東部城市)。

咸豐二年十月，洪秀全軍渡湘西，陷益陽，遂出洞庭。十一月初三日陷岳州，十三日陷湖北漢陽。(《清代年表》758頁。益陽：湖南北部，屬長沙府，今益陽市。岳州：洞庭湖通往長江出口，岳州府城，今湖南省岳陽市。漢陽：湖北東部，漢陽府城，今武漢市漢陽區)

撚匪張樂行起事。

咸豐二年十月，安徽亳州撚軍首領張樂行起事。(《中外年表》638頁)

撚匪者始於山東，游民相聚。其後河南之光、固，安徽之潁、亳，江蘇之淮、徐，群盜剽略，脅從愈眾，俗呼撚匪。或曰其黨明火劫人，撚紙燃脂故謂之撚云。(《清代年表》752頁。光、固：河南光州、固始。潁、亳：安徽潁州、亳州。淮、徐：江蘇淮安、徐州)

撚匪張樂行，安徽渦陽縣雉河人，為匪曾受撫，已復為匪。(《清代年表》764頁。渦陽：安徽西北部，屬潁州府，今渦陽縣)

曾國藩始治兵於長沙，創建湘軍。

咸豐二年十一月廿九日，詔諭湖南巡撫張亮基曰：丁憂侍郎曾國藩籍隸湘鄉，着該撫傳旨，令其幫同辦理本省團練。於是始治兵於長沙。命羅澤南等領湘勇三營，逐日操練，是為湘軍創立之始。(《曾國藩傳》122頁)

咸豐三年癸丑(1853)　二十八歲

太平天國建都南京。

咸豐三年正月初二日,洪秀全軍出武昌省城東下。翼王石達開等爲先鋒,分兩岸夾江以行。船萬餘隻,帆檣如雲,蔽江而下。正月十一日攻占九江,十四日入安徽境,十七日攻占安慶省城。(《咸豐事典》85—87頁)

咸豐三年二月十一日,太平軍大隊入南京,攻破內城,駐防旗人二萬餘幾全被殺。二月二十日,天王洪秀全入南京,正式建都,改南京爲天京。二月二十三日,太平軍占領揚州。(《咸豐事典》88、89頁)

太平軍由揚州西進,開始北伐。經安徽、河南、直隸,軍鋒直指京師。

咸豐三年四月初一日,太平軍李開芳、林鳳祥部自揚州西進,開始北伐。四月初八日占領浦口,四月十一日破安徽臨淮,五月十三日至開封。(《咸豐事典》92、93頁。臨淮:安徽北部,屬鳳陽府,今安徽省鳳陽縣臨淮鎮)

咸豐三年九月廿八日,北伐太平軍連下靜海、獨流、楊柳青,進攻天津。(《咸豐事典》101頁。靜海、獨流、楊柳青:天津周邊城鎮,今屬天津市)

咸豐四年甲寅(1854)　二十九歲

曾國藩督湘勇北上,發布"討粵匪檄"。

咸豐四年正月二十八日,曾國藩督湘勇(水陸兩師一萬七千餘人),自衡州進軍,發布"討粵匪檄"。(《咸豐事典》104 頁)

咸豐四年四月初二日,曾國藩督師,擊賊於靖港。四月初五日克湘潭。(《曾文正公大事記》卷上,七頁。靖港:長沙以北,湘江沿岸,今長沙市望城區靖港鎮。湘潭:長沙以南,今湘潭市)

咸豐四年七月,湘軍水師克復岳州。(《清代年表》769 頁。岳州:湖南北部,岳州府城,今湖南省岳陽市)

咸豐四年八月,湘軍克復湖北漢陽、漢口、武昌。九月,克復興國、大冶。十月,克復蘄州田家鎮,焚燒太平軍船四千餘號。(《咸豐事典》112、113 頁。興國、大冶:湖北東南,屬武昌府,今大冶市、陽新縣。蘄州田家鎮:湖北東部,屬黃州府,今武穴市田家鎮)

咸豐五年乙卯(1855) 三十歲

北伐太平軍被消滅。

咸豐五年正月,僧格林沁破連鎮,林鳳祥被俘死。(《中外年表》640頁。連鎮:直隸東南,屬河間府東光縣,今河北省東光縣連鎮)

咸豐五年四月廿七日,僧格林沁攻克山東荏平馮官屯,擒太平軍李開芳等,檻送入京處死。至此北伐太平軍完全被消滅。(《咸豐事典》121頁。荏平:山東西部,屬東昌府,今聊城市荏平縣馮官屯鎮)

劉秉璋入欽差張芾幕中,參其軍事。後統率淮軍,著戰功實先於是時。

咸豐五年五月十日,前江西巡撫張芾至安徽。(《異辭録》11頁)

張芾,字小浦,陝西涇陽人,道光十五年進士,咸豐二年調刑部侍郎,任滿,留署江西巡撫。咸豐四年正月,因言事褫職。奉太夫人以歸,道梗而僑寓紹興。是時皖南太平軍據蕪湖,蔓衍徽、池,勢欲相連江右,安徽巡撫福濟駐廬州而不能兼顧。咸豐五年,由侍郎王茂蔭舉薦,奏請張芾至廬州差委。比至廬州,福濟又奏,令赴皖南,專辦徽、池防剿善後。(《萇楚齋》700頁。徽、池:安徽南部,徽州、池州府城,今黃山市徽州區、池州市貴池區)

劉秉璋參欽差張芾軍。(《清史稿》447卷《劉秉璋列傳》)

先文莊(劉秉璋)以孫省齋(孫觀)方伯之薦,入張文毅公(張芾)幕中。(《異辭録》11頁。孫省齋:孫觀,字國賓,舒城人,道光丁未與李鴻章同科進士,劉秉璋受業之師)

文毅(張芾)倉卒受事,左右無多人,惟先文莊(劉秉璋)與楊濛

叟、顏博洲、王慶三等諸人。慶三司雜事,濠叟司文案,其軍務則惟文莊與博洲任之。(《異辭録》18 頁)

浙江大吏,以皖南爲浙省藩籬,徽、寧爲入浙門户,故不分畛域,遣兵濟餉,力保徽、寧。……公(張芾)以五年五月十日至徽,時寇據休寧,郡城危急。公輕騎五百由昱嶺關馳至。指揮各軍,復休寧、黟縣,驅寇出羊棧嶺,復嶺外之石埭。公以爲守徽惟當守嶺,嶺防既固,民自乂安,故令周天受築壘守之。於是招集流亡,和輯將弁,訓練士卒,撫恤瘡痍,誅鋤姦慝,護持善良,設立厘卡,勸諭捐輸,數月而人心大和,軍實漸振。兵屢出而不擾,財樂輸而無怨,實始於此。公善用人而重籌餉,先由浙江供給,改撥江西,又不時至,惟以忠義激勵將士,人咸樂爲之用。(《異辭録》11 頁。昱嶺關:安徽、浙江邊隘,屬嚴州府,今屬建德市)

咸豐五年十二月,命張芾總理徽池軍務。"芾善用人而重籌餉,守徽數年恒轉危爲安。舉人劉秉璋在幕中參其軍事,後爲淮軍將領,著戰功實先于是時知名。"(《清代年表》772 頁)

咸豐六年丙辰(1856)　三十一歲

第二次鴉片戰爭之誘因。

咸豐六年正月廿四日，西林教案。法國傳教士馬賴(Auguste Chapdelaine，另譯馬奧斯定)在廣西西林爲知縣張鳴鳳所殺。(《咸豐事典》163頁。西林：廣西西部，屬泗城府，今廣西壯族自治區西林縣)

咸豐六年九月初十日，"亞羅"號(Arrow)事件。中國官員以私運鴉片，率兵勇逮捕在香港登記的"亞羅"號划艇水手十二人，扯下英國國旗。(《中華帝國對外關係史》474頁)

咸豐六年十月廿七日，英、法專使照會兩廣總督葉名琛，要求賠償損失，保障安全，撫恤被害教士家屬。(《咸豐事典》169頁)

咸豐六年十二月初四日，英國游艇"提斯特爾"號(Thistle)在從廣州往香港的途中被中國官兵劫奪，船上所有外國人被殺。(《中華帝國對外關係史》489頁)

太平天國天京內訌。

咸豐六年八月，韋昌輝殺楊秀清及其黨羽。九月韋昌輝殺石達開家屬。十月石達開起兵討韋昌輝，洪秀全殺韋昌輝。(《中外年表》641頁)

劉秉璋參張文毅公軍事於皖南，綢繆防務，贊劃戎機，以勞敍知縣。

劉秉璋"出參張文毅公帯軍事於皖南，時皖營兵單餉絀，爲文毅謀畫無不效，徽郡屢瀕於危而不破者，公之謀也。以勞敍知縣，公知兵之名自此始"。(《劉文莊公別傳》)

劉秉璋"出參張文毅公軍事於皖南，綢繆防務，贊劃戎機，徽州

府城之存與有力焉,以勞敍知縣"。(《宮保公行狀》。徽州:安徽南部,徽州府城,今安徽省黄山市;敍知縣:即後補知縣)

是歲,淮南淮北大祲,人相食。(《清代年表》776頁)

咸豐七年丁巳(1857)　三十二歲

太平軍、撚軍合兵破霍邱。

咸豐七年正月,"撚匪張樂行渡淮,尋至六安,與李秀成合兵破霍邱,屠之"。(《清代年表》779 頁。霍邱:安徽省西部,屬潁州府,今霍邱縣)

陳玉成、李秀成等再占廬江,二月破清軍於桐城,進占舒城、六安,尋又與撚軍龔樹等占霍邱。(《中外年表》642 頁。桐城:屬安慶府,今桐城市。舒城:屬廬州府,今舒城縣。六安:六安州城,今六安市)

咸豐八年戊午(1858)　三十三歲

太平軍、撚軍合兵陷廬州。

咸豐八年七月,太平軍陳玉成與撚軍張樂行合陷廬州,沿淮千餘里皆爲墟莽。(《清代年表》784 頁)

咸豐八年十月,三河之役。"太平軍忠王李秀成、英王陳玉成親提三十六軍,戰於橋頭,清軍全軍覆没。是役相持多日,紅藍頂滿地,裝八大籮筐。曾國藩之弟國華、李續賓、李續宜各將帥皆死。"(《世載堂雜憶》32 頁。三河:廬江之北,合肥以南,巢湖西岸,今合肥市肥西縣三河鎮,劉秉璋出生地)

以孤軍深入,爲賊所圍,全軍六千殉焉,於是全楚大震。令曾國藩移師援皖。(《曾文正公大事記》卷上,十六頁)

咸豐九年己未(1859)　三十四歲

太平軍竄擾皖南，張芾籌撥應援，先後數十戰，徽防暫安。

咸豐九年六月十五日，湘軍攻克浮梁縣城及景德鎮。(《曾文正公大事記》卷上，十七頁。景德鎮、浮梁：江西東北部，屬饒州府，今景德鎮市、浮梁縣)

是時皖南兵力號三萬人，周天受轉戰浙閩踰千里，比歸移辦寧防，精銳耗失已半。江長貴馳逐徽、寧、池諸嶺隘，無月不戰，奔命亦疲。公(張芾)請江、楚濟師，嚴敕再三，終莫之應。……兵食俱困，賊勢益張，至東南大局糜爛。(《莨楚齋》701 頁)

劉秉璋入都會試，兼辦户部徽營報銷。

先文莊公(劉秉璋)在徽營時，文毅(張芾)有國士之目。先文莊公感其知遇，嘗爲兼人之事，口不言勞，文毅亦深知之。及咸豐己未，文毅因次年庚申有恩科會試，特命先文莊公入都會試，兼辦户部徽營報銷。時諸委員以爲優差，鑽營者多，文毅獨以委先文莊公。孰知先文莊公甫去徽營，徽州即淪於賊所有，報銷未了之事，先文莊公一身任之。(《莨楚齋》703 頁)

先文莊(劉秉璋)以孫省齋方伯(孫觀)之薦，入張文毅公(張芾)幕中，一見以國士相推許。庚申之前一歲，特令入京辦報銷，兼應會試，期以大用於世。文莊(劉秉璋)生平，於文毅舊誼，始終不忘云。(《異辭録》11 頁)

咸豐十年庚申（1860）　三十五歲

蘇州淪陷，東南全局瓦解。

咸豐十年四月十三日，蘇州省城失守。（《咸豐事典》207 頁）

咸豐十年四月廿三日，李鴻章致翁同爵函：鴻章上年由蘇、浙赴江右省親，途次乃奉曾帥函招，家無所歸，更作依人之計。曾帥以軍幕乏人，以暫留襄助。常州於四月初六失守，無錫於初十失守，蘇州竟於十三日寅刻失陷，在城文武均無下落。東南全局瓦解，可爲痛哭。（《李鴻章全集》〔29〕28 頁）

英、法公使宣布保衛上海租界。

美國人華爾（Frederick Townsend Ward, 1831—1862）和白齊文（Henry Andrea Burgevine, 1836—1865）得上海鉅賈四明公所董事楊坊及蘇松太道吳煦之助，募得一支"由外國無賴和逃兵充任軍官"，穿西服皮靴，形如洋兵的本地武裝"洋槍隊"。法國人達爾第福（Tardif de Moidrey, 1824—1863，又譯戴迪夫）從北方戰場歸來的"無軍銜的法國軍官"中，抽調組成的一支炮兵隊，自任統領，設營于徐家匯，從事操練，準備與太平軍作戰。（《晚清上海史》130—132 頁）

劉秉璋庚申會試，中式二甲八名，賜進士出身。隨即返鄉，尋訪家人。

咸豐十年四月廿一日，劉秉璋庚申會試，中式二甲八名，賜進士出身，選庶吉士，授編修。（國子監《咸豐十年進士碑》）

◎圉生按：殿試一甲三名，即狀元、榜眼、探花；四名後爲二甲，即"賜進士出身"。選文行兼優之士爲庶吉士，入館學習。庶吉士又稱庶常，故學館也稱"庶常館"。送庶常館學習，每人每月有"俸給費"銀四兩五錢。學習三年，期滿，稱"散館”,分發任用。編修：翰林院官職，從五品。

咸豐十年四月廿八日，寅正三刻，上御正大光明殿傳臚，百官蟒袍補褂，作樂鳴贊如朝儀。金榜由殿前授禮部堂官，一甲三人送至東長安門張掛。(《翁同龢日記》84頁)

至入翰林之年，皖中寇亂饑饉，舉家避地鄉邑，不得公(劉秉璋)音。公自徽防大營入都，張文毅公厚資助之，故返廬江時尚有餘金，藏膝下斜幅中。公以道路多艱，策蹇與一僕南，旋訪得家人居處，相見驚喜。家人言乏食奈何，公曰勿憂，吾斜幅中尚有金也，其艱苦耐勞類如此。(《劉文莊公別傳》)

英法對華宣戰。有英法馬步軍萬餘人自北塘登陸，陷天津。咸豐帝啓蹕至承德避暑山莊。八月廿九日，英法軍進入北京。九月初五日，火燒圓明園。

咸豐十年六月廿六日，英法馬步軍隊約有萬餘人自北塘登陸攻占軍糧城，廿八日占領塘沽。(《咸豐事典》211頁。軍糧城：塘沽以西，海河沿岸鄉鎮，古代屯糧之所，今軍糧城鎮)

咸豐十年七月，英法聯軍陷大沽，旋陷天津。(《清代年表》790頁)

咸豐十年八月初八日，咸豐帝以“秋獮木蘭”爲名，自圓明園啓蹕至承德避暑山莊。八月廿九日，北京安定門於正午開放，英法聯軍進入北京城。九月初五日，英法軍火燒圓明園。九月十一日，簽訂中英、中法《北京條約》。(《咸豐事典》214—217頁)

言官劾張芾不職，張芾自請以曾國藩兼統皖南防務。

咸豐十年八月十二日，太平軍攻陷安徽寧國府城。(《咸豐事典》215頁)

及秋，有言官劾其(張芾)不職，即紓摺自劾，奉旨內召。(《異辭錄》12頁)

文毅(張芾)自請以文正(曾國藩)兼統皖南防務，以一事權。文正久未受代，文毅公私文牘催促至繁。私函屢謂徽州軍務危在旦夕,本擬誓與城俱亡,現已奉旨交卸,不欲以淹遲之故捨身於此,請趕緊交代,以免責任。至八月杪,文正始委皖南道(李元度)接辦徽防。(《萇楚齋》702 頁。徽州:皖南,徽州府城,今黄山市徽州區)

光緒十年八月二十日,公(張芾)去徽。越五日,徽郡陷。(《異辭録》12 頁)

咸豐十一年辛酉(1861)　三十六歲

湘軍收復徽州，克復安慶，肅清東南之基始立。

咸豐十一年七月十七日，清文宗駕崩於熱河行宮，享壽三十一歲。(《咸豐事典》231 頁)

咸豐十一年七月，曾國藩軍收復徽州。(《清代年表》793 頁)

咸豐十一年八月初一日，湘軍克復安慶省城。(《咸豐事典》232 頁)

咸豐十一年八月初七日，曾國藩至安慶受俘，肅清東南之基始立。(《曾文正公大事記》卷上，二十頁)

劉秉璋初見曾國藩於安慶。

先文莊公(劉秉璋)到安慶，欲見文正(曾國藩)，仍爲徽營(張芾部)報銷事。先托合肥李文忠公鴻章，代爲致意。文正以徽營事不洽於懷，乃大言曰："劉某以庶常，爲他人作此等委員之事，殊不值得。"文忠以告。先文莊公聞之，不懌，曰："點庶常是咸豐庚申，當委員是數年前事。且當時群寇如毛，家住合肥三河鎮，燒殺淫擄，不計其數，海內皆知。闔家老幼數十人，顛沛流離，無可得食。吾當時以舉人，恃筆墨謀生，以免凍餒，亦非作不義之事。中堂所言，深爲可怪。"文忠解之曰："不必急遽，先去見老頭子，再看如何。"乃不得已往見，文正大爲誇許，書於《求闕齋日記類鈔》云"劉仲良庶常秉璋，廬江人，李少荃(李鴻章)之門生。氣象崢嶸，志意沈著，美材也"云云。次日，文忠往見，文正迎謂之曰："昨日始得見皖北人材。"文忠亟問此語爲何人而發，文正謂："即爾之門生劉某也。"文忠因以先文莊公詆訿語告之，文正亦無異言，公事遂批准。至是，徽營交代俱清結。然當時文正雖批准，先文莊公以有意挑剔，意甚不平，後乃知與文毅(張芾)有夙怨，與先文莊無與也。

（《莨楚齋》703頁）

（劉秉璋）退見文忠，文忠曰："吾從師多矣，毋若此老翁之善教者，其隨時、隨地、隨事，均有所指示。雖尋常贈遺之物，使幕府皆得見之，且詢其意。是時或言辭，或言受，或言辭少而受多，或言辭多而受少，或取乎此，或取乎彼。衆人言畢，老翁皆無所取，而獨抒己見，果勝於衆。然後心悦而誠服，受化於無形焉。"（《異辭録》21頁）

曾國藩、李鴻章籌建淮軍。

咸豐十一年四月二十三日，李鴻章致曾國藩函：昨有舍親自廬（廬州，即合肥）來江（江寧），寄到合肥廩生候選同知張樹聲致鴻章函，張生血性忠義，歷年辦團帶勇，現居廬、六交界，結鄉民築數十寨以自衛，（合）肥、舒（城）賊不敢近，可謂疾風勁草矣。（《李鴻章全集》〔29〕47頁）

淮軍起於築圩自衛。張靖達（張樹聲）與弟勇烈（張樹珊）居於鄉，粤寇過境，鄉人咸築圩練兵自衛。寇衆大至，悉衆入堡，以死堅守。賊不能久留於小邑，往往爲所拒退。寇去追殺，每獲輜重、俘殿兵，以論功邀賞，有名於時。（《異辭録》27頁）

咸豐十一年十月初九日，皇太子載淳即皇帝位，以明年爲同治元年。十一月初一日兩宮皇太后御養心殿垂簾聽政。（《咸豐事典》236頁）

咸豐十一年十月十六日，上海官紳厲學潮、江蘇舉人錢鼎銘乘外輪抵安慶。謁曾國藩，呈遞滬紳公啓私函，陳述滬上餉源可恃，殷望援師。（《李鴻章傳》197頁）

咸豐十一年十月十八日，上諭，欽差大臣兩江總督曾國藩著統轄江蘇、安徽、江西三省，並浙江全省軍務。所有四省巡撫提鎮以下悉歸節制。（《曾文正公大事記》卷上，廿一頁）

咸豐十一年十月十九日，曾國藩、李鴻章商議救援江蘇之法。（《李鴻章傳》197頁）

時湘軍爭戰有功，兵驕將肆，不守號令，賊破大掠，曾帥憂之，恐變幻將累於己，非於三湘子弟外，創一有朝氣之新軍不可。商之鴻章，鴻章曰：“淮上人材甚多，長淮大澤，自古產兵之地，大帥籌畫決定，願負此責。”(《世載堂雜憶》113頁)

咸豐十一年十一月十一日，李鴻章致潘鼎新函：聞收復三河喜音，爲之快忭(廬州一帶賊情及人數多少，焦湖有賊船否，三河可造水師否，均望示知)。帥(曾國藩)意將令閣下照湘軍營制，募練五百人，其口糧與張山樵(張遇春)之淮勇一律。(《李鴻章全集》〔29〕57頁)

咸豐十一年十一月廿五日，曾國藩奏保李鴻章堪任江蘇巡撫。是月，曾國藩募練皖北之勇，名曰淮軍。(《李鴻章傳》197頁)

同治元年壬戌（1862）　三十七歲

曾國藩、李鴻章創建淮軍。

同治元年正月初十日，命協辦大學士曾國藩，選將保上海。（《清代年表》798頁）

公（曾國藩）以鴻章才足辦賊，且淮南風氣剛勁，欲另立一軍，以爲中原平寇之用。而是時公弟國荃（曾國荃），屢建奇功，威望大著。朝意欲其由滬圖蘇。公以商之國荃。國荃謂："金陵爲賊根本，急攻金陵，賊必以全力援護，而後蘇杭可圖。"公壯其謀。（《曾文正公大事記》卷上，廿二頁）

公（曾國藩）疏薦福建延邵建道李鴻章，才大心細，勁氣內斂，堪膺封疆重寄，擬酌撥數千人，馳赴下游，以資援剿。俟該員到鎮江後，請明降諭旨，令其署理江蘇巡撫。（《曾文正公大事記》卷上，廿二頁。延邵建道：轄福建省北部延平、邵武、建寧三府，李鴻章咸豐九年十月奉旨授延邵建遺缺道，未赴任）

因以圍攻金陵，屬之國荃，而以浙事屬左宗棠，蘇事屬李鴻章。於是東南肅清之局定矣。（《曾文正公大事記》卷上，廿二頁）

曾國藩與李鴻章於安徽舒、廬一帶招募淮勇，以至同治元年正月安慶立營，可謂爲淮軍萌芽時期。（《淮軍志》115頁）

同治元年二月初二日，李鴻章復曾沅甫（曾國荃）方伯函：公無意東行，鴻章欲固請之，未知有當於高深否耶。師令鴻章添募淮勇，故調程學啓兩營，精悍而有紀律，爲皖人之倡，意甚宏遠。程將感我公生成厚德，并無二心。惟鄙部除張遇春一營外，均係新勇，戰守難恃。遠征異地，若無精兵宿將，立有覆敗之虞。（《李鴻章全集》〔29〕66頁）

諭催李鴻章速赴鎮江。國藩乃使鴻章新募淮勇五營，另撥湘勇數營前往,爲淮軍之始。率湘勇者爲郭松林、楊鼎勛。所募淮勇則合肥西鄉之民團,率之者爲程學啓開字營,劉銘傳銘軍,周盛波、盛傳兄弟盛軍,張樹聲、樹珊兄弟樹軍,潘鼎新鼎軍。當時僅各一營,後乃擴充成軍。(《清代年表》798頁)

同治元年二月初四日,李鴻章隨曾國藩檢閱所部淮軍。(《李鴻章傳》198頁)

淮軍東進上海。

同治元年二月廿五日,李鴻章復黃鎮軍(黃翼升)函:上海解餉八萬到皖,帥意如可全交,則可供水陸萬人月餘之餉,此外更無奢望。弟擬率陸軍五千餘(湘勇二千、淮勇三千五百)於三月初二日啓行,由廬江、無爲交界直趨東關,俟到彼處小駐數日,再請老兄枉駕惠臨,面商一切。(《李鴻章全集》〔29〕72頁。廬江、無爲:安徽中部,屬廬州府,今合肥市廬江縣、蕪湖市無爲縣。東關:無爲以北,新裕河岸,今屬馬鞍山市)

同治元年二月廿八日,上海官紳錢鼎銘等籌銀十八萬兩,雇洋輪七艘,分三次潛載淮軍赴滬。三月初八日首批二千餘人,由安慶啓行,初十日抵達上海。三月十四日第二起啓行。(《李鴻章傳》198頁)

同治元年三月十五日,李鴻章上曾相(曾國藩)函:十一日肅緘奉報後,即相地紮營在滬城西南三里許,當松江來路。十二日,鴻章登岸入親兵營,各官來謁,竟日煩擾。(《李鴻章全集》〔29〕75頁)

淮軍虹橋之戰。

同治元年五月廿一日,淮軍虹橋之戰。"(程)學啓駐新橋被圍,勢且逼上海。李鴻章自統七營往援,學啓突圍夾擊,大破李秀成軍于徐家匯,斬首三千級,生擒四百人。"(《清代年表》801頁。新橋、徐家匯:屬松江府,今分屬上海市松江、徐匯區)

寇衆倍蓰於我,程忠烈(程學啓)之軍困於中,敵圍之數重。未幾,援軍四面大至,内外夾擊,大捷。(《異辭錄》29 頁)

李鴻章致函曾國藩:有此勝仗,我軍可以自主,洋人可以懾威,吾師可稍放心,鴻章亦敢於學戰。(《李鴻章傳》199 頁)

李文忠(李鴻章)虹橋之捷,文正(曾國藩)聞之,喜可知也。復文忠書曰:"昔見君行楷,以爲必貴,胡文忠(胡林翼)以許負相人法,亦謂君必貴,今果然。"(《異辭錄》28 頁)

淮軍肅清浦東全境。

同治元年五月,淮軍劉銘傳、潘鼎新部收復南匯、川沙。六月廿一日會同華爾所率常勝軍克復金山衛城,浦東全境肅清。(《李鴻章傳》198、199 頁。南匯、川沙、金山衛:屬松江府,今上海市浦東新區惠南鎮、川沙鎮、上海市金山區)

李鴻章奏調劉秉璋。著准留李鴻章軍營,酌量委用。

同治元年六月廿五日,李鴻章奏調劉秉璋片:查有翰林院編修劉秉璋,沉毅明決,器識閎遠,能耐艱苦。臣與爲道義交十有餘年,深知其結實可靠。該員去冬由安慶經過,督臣曾國藩一見大加器許,謂爲皖北人才。臣今春統軍來蘇,曾國藩允爲奏調臣營,學練軍事。昨又函催臣自行奏請,該員與臣所帶淮勇各營官多相浹洽,可否請旨飭赴臣軍,酌量委任。

同治元年七月初九日奉上諭:翰林院編修劉秉璋著准其留于李鴻章軍營,酌量委用。(《李鴻章全集》〔1〕47、48 頁)

秉璋先以舉人從欽差大臣張茞軍於皖南,常資贊畫,故大學士曾國藩、李鴻章皆深器之。至是鴻章新被江蘇巡撫之命,移軍上海,遂具疏奏調,得旨發往江蘇,酌量委用。(《文莊公國史館列傳》)

同治元年八月初三日,李鴻章復潘觀察(潘鼎新)函:仲良(劉秉璋)來函,閨秋搭海船來滬,至以爲盼。(《李鴻章全集》〔29〕119 頁)

同治元年十月初八日,李鴻章致詹事府何:仲良(劉秉璋)南來,詢悉情況,追維疇昔,彌深雞鳴風雨之懷。附上五十金,廉泉半勺,惟閣下宜甘苦共嘗耳。(《李鴻章全集》〔29〕155頁)

是時創立淮軍,糧餉未足,器械未齊,軍服樸陋。淮勇自田間來,或爲人所輕笑。先公(劉秉璋)誡軍士曰:"視吾等能戰,誰敢侮之!"與李公(李鴻章)運籌決策,選將練兵以勤苦耐勞爲尚,以樸實勇敢爲先,其後淮軍繼湘軍立功數省,先公實與創始之勞。(《宮保公行狀》)

洋將戈登所練常勝軍駐滬,滋驕。淮軍初至,服陋械紲,西弁或侮笑之。秉璋語衆曰:"此不足病也,顧吾曹能戰否耳。"(《清史稿》447卷《劉秉璋列傳》)

同治元年十月廿二日,李鴻章復孫省齋觀察(孫觀)函:弟派員弁回皖,添募十數營,冬杪齊集,行當尋戰事耳。皖勇依楚人規制,似頗可用。鄙人既膺非分,只有"不要錢、不怕死"六字,刻刻自訟,仰酬君國,遠對友朋。……郭筠仙(郭嵩燾)、王曉蓮(王大經,字筱蓮)、劉聽襄、秦澹如等皆襄幕府,吾廬(州)英俊多從游者,仲良(劉秉璋)亦奏調來營,當爲分任軍事。(《李鴻章全集》〔29〕163頁)

同治元年十一月十八日,李鴻章致潘鼎新函:揆帥(曾國藩)來信,江浦之敵竄陷含山、巢縣,飄忽無常,廬江、三河恐皆莫保。暫留吳曉軒(吳長慶)等將成未成之軍守廬江,未必可恃。樹字等五營調守無爲州。

慶字營(吳長慶部)望代督率訓練,仲良(劉秉璋)看其如果合適,不妨代爲督籌。(《李鴻章全集》〔29〕174頁)

光緒年間,劉秉璋奏嘉興紳士請建吳長慶專祠疏云:同治元年臣以編修奉旨赴滬、蘇,經李鴻章在江蘇巡撫任內,照會募勇剿賊,並將吳長慶慶字兩營撥歸臣部,由松江進兵規取浙西。(《劉文莊公奏議》卷二,四十八頁)

淮軍北新涇之戰。

同治元年八月初一日,淮軍北新涇之戰。各路(蘇州、昆山、嘉興等地)太平軍環攻清軍北新涇軍營,距上海僅十餘里。李鴻章督劉銘傳、程學啟、華爾、李鶴章、郭松林等各路兵勇救援,劇戰。八月初五日太平軍敗走嘉定,北新涇解圍。(《李鴻章傳》199頁。北新涇:屬松江府,今屬上海市長寧區)。

湘軍雨花臺之戰。

同治元年閏八月,李秀成自蘇州糾軍數十萬至金陵,結百余壘圍(曾)國荃軍數匝,環攻十五晝夜不休。用西洋火器轟擊,所當糜碎。國荃露立營外鼓勵將士拼死拒守,面受槍傷,血沾襟袖,猶裹傷督戰。相持四十餘日,而圍終未解。(《清代年表》803頁)

同治元年十月初五日,雨花臺戰役結束。(《同治事典》99頁)

國荃軍分數路衝之,各殊死戰,俘斬數萬,圍乃解。(李)世賢遁廣德,(李)秀成遁江北。國荃軍堅守四十六日,始轉危為安。(《清代年表》804頁)

◎圍生按:雨花臺,位于金陵城南,今南京市雨花臺區。當年湘軍曾國荃大營駐紮於此。

淮軍青浦之戰。

同治元年九月廿二日,淮軍青浦大戰(四江口之役)。太平軍反攻嘉定、南翔,進圍四江口,李鴻章抵南翔督戰,命程學啟、郭松林、劉銘傳分三路援四江口,又調白齊文率洋槍隊從松江來會戰。經惡戰破太平軍營壘二十餘座,遂解四江口圍。淮軍稱此戰爲"東征第一大捷"。(《同治事典》97頁。四江口:指吳淞江、蘊藻浜、吳練塘等一帶水域)

同治元年十月十二日,實授李鴻章任江蘇巡撫。(《同治事典》99頁)

同治元年十月廿二日,李鴻章復孫省齋觀察(孫觀)函:五月廿一日,八月初二、三日,九月廿一二日,親督水陸各營,破十餘萬悍賊於虹橋、北新涇、四江口等處。於是蘇、浙群寇不敢輕率內犯，而各國酋部知尚有能戰之官軍，然弟私幸天尚未欲亡我，非戰之功也。(《李鴻章全集》〔29〕163 頁)

劉秉璋會帶常勝軍。常熟太平軍守將皖籍，以常熟、福山降，李秀成率江浙兩省太平軍圍攻常熟。李鴻章派劉秉璋會帶常勝軍往援，當時華爾已逝，戈登未來，統帶未得其人，叫囂不聽令，歲終中道而還。

朝廷敕令褒獎華爾洋槍隊一個響當當的稱號——"常勝軍"(Ever Victorious Army)。(《晚清上海史》135 頁)

同治元年十一月廿五日，李鴻章上曾中堂(曾國藩)函：連日與英提督士迪佛立(General Charles W. Staveley, 1817—1896，英國駐華陸軍司令)反復駁辯，始允中國派員會帶。(《李鴻章全集》〔29〕177—179 頁)

同治元年十一月廿八日，常熟太平軍守將皖籍也，"以常熟、福山降，李秀成集江浙兩省寇衆，圍攻常熟不下，別遣寇兵自江陰復陷福山，絕其通水之路。李鴻章以常勝軍配劉秉璋，載以輪船三艘，溯江往援。當時華爾已逝，戈登未來，統帶未得其人，叫囂不聽令，歲終中道而還"。(《清代年表》804 頁。福山：常熟北，長江南岸港口)

同治元年十二月十五日，李鴻章上曾中堂(曾國藩)函：用兵在人不在器，自是至論，鴻章嘗往英、法提督兵船，見其大炮之精純，子藥之細巧，器械之鮮明，隊伍之雄整，實非中國所能及。其陸軍雖非所長，而每攻城劫營，各項軍火皆中土所無，即浮橋、雲梯、炮臺，別具精工妙用，亦未曾見，獨未能紮營駐帳房，又臨敵審慎，膽氣多歉，此則不及中國好兵耳。忠逆(李秀成)僱去洋人乃係流氓，亦無從購覓真正炸炮，金陵、龍游軍中所用炸彈亦恐有未盡美善之處。(《李鴻章全集》〔29〕186 頁)

同治二年癸亥（1863） 三十八歲

劉秉璋於淮軍常熟、福山之戰。

同治二年正月初六日，李鴻章上曾中堂（曾國藩）函：常（熟）、昭（文）初二日來稟，尚在苦守，誠堪焦念。前派往福山常勝軍，攻陷賊卡壘三座，該軍不能紮營，又無官軍協守，復自撤回。常熟久圍不解，實無詞以謝降人。令劉仲良（秉璋）偕潘（鼎新）、劉（銘傳）往福山，與昌歧（黃翼升）、鞠鎮各部師船依護進剿，仍調常勝軍炸炮隊、槍隊千人陸續齊進，未知果有救否？（《李鴻章全集》〔29〕197頁。昭文：雍正二年分常熟縣置，同城而治，轄城東偏，民國後并入常熟）

同治二年正月十八日，李鴻章致黃翼升函：常熟城內是否尚在堅守，日夜懸系。如常、昭已失，福山等處無庸紮營，常勝軍即可勿往。如常熟尚有可救之路，官軍力量尚單，俟營盤紮穩，仲良（劉秉璋）等當放輪舟來接，一切進止攻剿機宜，求老兄與仲良、琴軒（潘鼎新）、省三（劉銘傳）、山樵（張遇春）妥細籌辦，曷任感荷。（《李鴻章全集》〔29〕202頁）

同治二年二月初五日，李鴻章致黃翼升函：常勝一千三百人，計已抵臨；能否會合攻打，節節前進。希常與仲良（劉秉璋）太史商酌，勿存界限爲幸。如常、昭救援不及，該城已陷，我軍如何撤回上海，祈與仲良等穩籌之。（《李鴻章全集》〔29〕68頁）

◎圍生按：原稿無紀年，《李鴻章全集》按同治元年二月初五日插入，有誤。同治元年淮軍初建，尚未東進。據《清代年表》記載，同治二年二月"常熟久圍，鴻章患之，令各分兵千人趨救"，故按同治二年插入。

同治二年二月初十日，李鴻章上曾中堂（曾國藩）函：仲良（劉秉璋)等仍索添兵,敝處無可調撥,接帶常勝軍戈登毅然以增兵援福山自任,即日馳往督陣,其忠義之氣似較奧倫(John Yate Holland,常勝軍軍官)差強。……樹五營(張樹聲樹字營)未卜何時來滬,仲良已令"威林密"號輪船由福山往無爲迎接一營,計該軍當先期登陸,仍祈轉諭該船早回福山。(《李鴻章全集》〔29〕207頁)

同治二年二月十四日,李鴻章致黃翼升函:年内外福山之役,出于萬不得已,我兄艱險勞苦,更倍尋常,聞之殊不安耳。潘(鼎新)、劉(秉璋)各將,年少氣盛,亦費調停,仍望麾下隨時商諭,不留情面,務令立足穩固而後制敵,我軍人單,勝得敗不得也。(《李鴻章全集》〔29〕207頁)

同治二年二月十八日,李鴻章令劉秉璋督率常勝軍、劉銘傳部和潘鼎新部淮軍援常熟,攻福山。(陸方《淮系軍閥劉秉璋》,《東北師大學報》1983·2,82頁)

常熟援寇果大至,壯肅(劉銘傳)敗退,寇出鼎(潘鼎新)、樹(張樹珊)兩軍後,沿隄漫野而來。兩軍屢經大敵,雖腹背受攻,殊不懼怯。勇烈(張樹珊)奮身出戰,肘中流矢,督兵益力禦。文莊(劉秉璋)自與潘中丞(潘鼎新)並馬,率健兒數十騎,由敵兵密集處衝出。

未幾,戈登率炮隊至,轟福山城,傾一角,寇驚懼遁。我師追之至謝家橋,福山、常熟相距四十里,此其中道也。寇忽築營牆,我軍略頓,亦自爲壘。夜使人探,則牆僅一面,作新月式,爲掩蔽逃歸之用,寇已盡走。探至常熟止,則數萬之衆,一時皆走。(《異辭録》30、31頁)

是夜,圍常熟之賊棄營潛遁,次早(十九日晨),昌歧(黃翼升)、仲良(劉秉璋)諸將皆入城撫慰降衆。(《李鴻章全集》〔29〕210頁)

洋將所練常勝軍剽悍不馴,未易撫馭,公(劉秉璋)調和其間,以是常勝軍常有功,遂克福山。(《宮保公行狀》)

同治二年二月廿三日,李鴻章致黃翼升函:仲良等回滬,督剿忠勤,備歷艱辛,始得借群策之力,收一戰之效,立解重圍,可謂苦

心人天不負矣。(《李鴻章全集》[29]210頁)

僧格林沁破撚軍二十萬。

同治二年二月初一日,僧格林沁攻克安徽亳州雉河集,破撚軍二十萬。二月初六日,撚首張樂行被宿州知州英翰擒獲,送僧格林沁大營被殺。(《同治事典》108、109頁)

張樂行凶悍,爲撚中渠魁,至是伏誅,遠近稱快。其從子張總愚逸出,繼領其衆,有小閻王之稱,後爲西撚領袖。(《清代年表》808頁。雉河集:安徽西北,屬潁州府,今亳州市渦陽縣城西鎮,宿州:安徽北部,屬鳳陽府,今宿州市)

劉秉璋於淮軍太倉之戰。

同治二年三月初九日,李鴻章欲東取太倉,太平軍會王蔡元隆詐降。(《同治事典》110頁)

至受降日,觀察(李鶴章,李鴻章三弟)整隊出迎。至一箭之遠,聞敵隊中有人遙謂之曰"但患汝逃耳",始知其異,而敵已殺至,措手不及,大敗奔還。文忠(李鴻章)聞報,調開字營軍(程學啓部)往援,令先文莊(劉秉璋)監戰。文莊馳抵太倉,程忠烈(程學啓)甫至,促之進擊。翌日攻城,寇甫接戰即遁,遂克太倉。(《異辭録》32頁)

劉秉璋出爲將,自成一軍。李鴻章知其可大用,使別募一軍,進圖浙西。

同治二年三月,"公(劉秉璋)馳往太倉會師,親冒矢石,不避艱險,連戰皆捷,程公學啓遂得進攻蘇州無後顧。李公(李鴻章)知公可大用,使別募一軍,進圖浙西"。(《宮保公行狀》)

英果敏(英翰,字西林)任合肥縣時,倚鄉紳解某,渾名解五狗子者(即解先亮)治官團。同時,李采臣方伯(李元華)率西鄉諸圩治民團,實爲淮軍之先導。官、民分兩黨,各不相下。李部(李元華之民團)健將,其後有銘、盛、樹、鼎四軍隸李文忠(李鴻章)麾下,同時鄉曲悉被引用。解部(解先亮之官團)因有宿怨,患不相容,故莫

之從。自先文莊(劉秉璋)出爲將,始招至軍。(《異辭録》26頁)

吳長慶統率的淮軍慶字營和淮軍到上海後改編的蘇軍王占魁、況文榜都歸并在劉秉璋的統率之下,共七營,稱仲軍。同治七年,劉秉璋告假回籍就醫,所部仲軍"由部將吳長慶接統,此後撤銷仲軍番號,改稱慶軍"。(《淮系軍閥劉秉璋》,《東北師大學報》1983·2,82頁;《淮軍志》稱劉秉璋所統爲"良軍",疑有誤,因另有周良才統良字營)

官團中解先擂、解向華、黃桂榮,吳長慶、王占魁、葉志超等始從之,即所謂親慶軍,與開、銘、盛、樹、鼎各軍爲淮軍中最著聞者。(《清代年表》799頁)

李鴻章致李宗羲(字雨亭,李鴻章同榜進士,兩江僚屬)函:滌帥(曾國藩)與弟,治軍十餘年,皆先選統將,而後募營,其營哨須由統將自擇,呼應較靈。(《淮軍志》189頁。轉摘録自《李文忠公朋僚函稿》卷十四,二十二頁)

同治二年五月初七日,李鴻章致潘鼎新函:前邀去二兵頭,聞有一人是好炮手。吾弟宜及是時親督弁勇苦心學習,總要我軍能自收自放,然後出而攻戰,可無敵于天下,莫專靠洋人做生活也。兄於炸炮一事,堅意要學洋人,同志諸君祈勉爲之。……不知一百炮隊,果練得精熟,可抵一營之用。乍浦爲洋槍軍火偷漏之海口,俟仲良(劉秉璋)成軍稍有眉目,即會商少銘(楊鼎勛,字紹銘)等妥籌攻剿。(《李鴻章全集》〔29〕230頁)

同治二年五月十九日,李鴻章致潘鼎新函:平(湖)、乍(浦)並進,無此兵力,且恐兩路皆打不動。如漸次縈進,必須援賊不至,抄人後路,乃爲穩妥。楊少銘(楊鼎勛,字紹銘,四川華陽人,湘軍鮑超舊部,爲李鴻章借自霆軍三參將之一)戰守訓練皆可倚助,閣下與仲良(劉秉璋)宜折節推誠,與之親密,以破其猜疑,即可得其裨益。(《李鴻章全集》〔29〕233頁。平、乍:平湖、乍浦,浙江北方門戶,江蘇南下必由之路,屬嘉興府,今平湖市和乍浦鎮)

劉秉璋克復楓涇、西塘之戰。

(劉)秉璋新募之兵漸次成軍,(李)鴻章使圖浙西,分寇勢。(《清代年表》810頁)

同治二年七月初九日,李鴻章上曾中堂(曾國藩)函:程鎮學啓於初六日駛進太湖,劉銘傳於初四日移營進攻江陰。劉仲良(劉秉璋)、潘琴軒(潘鼎新)等亦於十一二日進搗楓涇、嘉善。秋高氣爽,諸軍銳意進取。(《李鴻章全集》〔29〕247頁)

(李)鴻章令(劉)秉璋自募一軍進圖嘉善。嘉善東曰楓涇,其北曰西塘,兩鎮皆水陸衝要,賊以悍黨數萬,築石爲壘,設守甚嚴。(劉)秉璋率六千人,以吳長慶、況文榜、王占魁等爲將,逼賊壘而營。賊悉衆來撲,敗之,乘勢攻拔楓涇。(《文莊公國史館列傳》。楓涇、西塘:蘇浙交界,今楓涇屬上海市金山區,西塘屬浙江省嘉善市)

同治二年八月初二日,李鴻章克復楓涇並攻克嘉善之西塘摺:自楓涇復後,嘉興、平(湖)、乍(浦)各賊來援嘉善者約三四萬人,分據干窰、西塘等處,綿亘二十餘里。(七月)十八日劉秉璋等督各營由楓涇拔隊進絷西塘之東。(《李鴻章全集》〔1〕333頁)

(七月)十九日各軍水陸齊進,各勇奮呼直前,賊遂驚潰,統計擒斬溺斃悍賊四五千人,我軍傷亡不及百人。此十九日攻克西塘鎮,二十一日踏毀干窰之實在情形也。臣惟楓涇、西塘兩鎮爲松江入嘉興要隘,賊所死踞力爭,從前屢次圖功未能得手,此次越境苦戰,旬日之間攻堅奪隘,連克壘卡二十餘座,擒斬甚衆,實賴將士用命。其尤爲出力之翰林院編修劉秉璋,躬冒矢石,智勇兼裕,應如何獎勵之處,籲懇聖裁。(《李鴻章全集》〔1〕333—334頁)

同治二年八月十二日上諭:其越境苦戰攻奪要隘尤爲出力之翰林院編修劉秉璋,著以侍講,遇缺提奏。(《李鴻章全集》〔1〕335頁)

蘇州太平軍內訌,納王郜永寬(雲官)殺主帥慕王譚紹光,以蘇州降。

同治二年六月十四日,李鴻章使程學啓復吳江、震澤,遂進攻

蘇州。(《清代年表》809 頁。吳江、震澤：蘇州以南,屬蘇州府,今蘇州市吳江區震澤鎮)

同治二年八月十一日,太平軍李秀成、李世賢部自金陵返蘇州,謀解蘇州之圍。八月十九日淮軍程學啓部與戈登常勝軍攻破寶帶橋。九月十二日攻占蘇州盤門外五龍橋,九月二十日攻克齊門外蟲口太平軍營。(《李鴻章傳》202 頁。寶帶橋：蘇州城南,今屬蘇州市吳中區,連接京杭大運河、澹台湖等水域。盤門外五龍橋：蘇州城西南門,今吳門橋。齊門：蘇州城北門,今蘇州市齊門外大街)

同治二年十月二十日,李秀成率部萬余人離開蘇州。廿四日蘇州太平軍守將納王郜永寬(雲官)殺害慕王譚紹光,以蘇州降於清總兵程學啓。(《李鴻章傳》202 頁)

李鴻章、程學啓蘇州殺降。

賊衆擾亂,擊殺數十百人,夜開齊門降。黎旦,雲官(郜永寬)等持紹洸(譚紹光)頭來獻,公(程學啓)入城鎮撫。是時城賊尚廿餘萬,降酋捌人,請署爲二十營,捌人分領之,讓蘇城之半處官軍,自踞半城助守。公(程學啓)陽許諾,語雲官等旦日出謁巡撫,遂還軍,密白李公(李鴻章),請誅八人者以定亂。是時常州、嘉興皆未復,李公愕然曰:“殺已降不祥,且令常州、嘉興賊聞之,皆死守不下,是自樹敵,不可。”

公(程學啓)爭不能得,則脫所著冠,擲李公前曰:“以此還公,某從此訣矣。今賊衆尚廿餘萬,多吾軍數倍。徒以戰敗,畏死乞降,其心故未服也。今釋首惡不殺,使各將數萬人,糜軍餉大萬百餘,與吾軍分城而處,變在肘腋,吾屬無遺類矣。”拂衣逕出。李公(李鴻章)急起挽公曰:“徐之,吾今聽若,何怒爲?”(《萇楚齋》652—653 頁)

同治二年十月廿六日,雲官等八人入見,駢戮之,散其衆,遂定蘇州。(《清代年表》810 頁)

李鴻章稱:"盡殺雲官(郜永寬)等八僞王及其黨數百人,此事雖太不仁,然攸關大局,不得不爲。"(《李鴻章傳》202頁)

曾文正公(曾國藩)在皖,聞蘇州殺捌降將,歎李公能斷大事也。李少荃殺蘇州八降,殊爲眼明手快。(《莨楚齋》653頁)

先文莊公(劉秉璋)亦謂文忠(李鴻章)不嗜殺人,當時殺降,係出於忠烈(程學啓)之意,强而後可,原非得已。(《莨楚齋》653頁)

同治二年十一月十七日,李鴻章籌處置常勝軍片:戈登暫駐昆山,聲稱不歸臣調遣。臣兵力可敷防剿,亦無須該軍協助。但冀總理衙門與英使議定妥法,即讓戈登告退,須責令將該軍帶隊外國弁兵一百數十名全行撤回,或由臣選派數人幫帶該軍。迭次購買外國炮位及現存外國軍火,全行交出。彼無所挾持,庶不敢背叛滋鬧。蓋常勝軍所恃只有炮火,此外實無他長。洋人議論每謂該軍若無外國官統帶,定必投賊作亂。何以中國弁兵并無無故投賊之事。英酋欲攬兵權以鉗制地方,勇丁欲附洋弁以要挾厚餉,相爲固結不解。(《李鴻章全集》[1]407、408頁)

湘軍合圍金陵,截擊渡江回援之太平軍,奪得九洑洲,江面肅清。

湘軍水陸兩師,沿江截擊渡江南歸回援金陵之太平軍李秀成部,攻占江浦、浦口。太平軍强行渡江,戰死、溺死者數以萬計。回天京者不及一萬五千人,太平軍"天京解圍"戰歸於失敗。(《同治事典》116頁)

同治二年五月,湘軍水師經苦戰奪得九洑洲。九洑洲爲金陵北面長江中一沙洲,太平軍於此築堅城,列巨炮,守軍二萬。(《同治事典》117頁)

自是金陵附近江面肅清。(《清代年表》809頁)

太平軍翼王石達開被俘。六月廿二日,在成都被殺,年三十三歲。(《同治事典》115、119頁)

同治二年十月初五日,曾國荃部盡占金陵城東南要隘。十五

日,進屯孝陵衛。(《李鴻章傳》202頁。孝陵衛：江寧府城以東,明代皇家陵園,今屬南京市江寧區)

劉秉璋克復張涇匯。平湖、乍浦、海鹽、嘉善之賊皆不戰而降。

同治二年十一月十二日,李鴻章進規嘉善摺：迭據劉秉璋呈稱,嘉善城東六里張涇匯爲婁(婁縣,即松江府城)、嘉(善)、平(湖)三邑要路,該逆堅壘重濠,聯絡固守。劉秉璋先於十月二十日由楓涇帶隊進攻。(《李鴻章全集》[1]400頁。張涇匯：嘉善縣城東門外,今嘉善經濟開發區惠民街道)

賊雖屢敗仍據嘉善,別以悍黨扼張涇匯,以拒官軍。張涇匯者當嘉善東,濱江衝要地也。秉璋策取嘉善,當先下張涇匯。於是約太湖師船,水陸夾攻,軍士梟濠直進,方相持間,嘉善援賊大至,秉璋憑河督戰,腿受槍傷,不稍却,遂克張涇匯。擒斬及溺水死者不可勝計。(《文莊公國史館列傳》)

張涇匯其地爲松江、婁、平湖、嘉善四縣之衝,賊以重兵扼守。先公(劉秉璋)督軍力戰,炮子中胯下,血透重衣,指麾將士意氣如常,明日裹創復戰,卒攻拔之。平湖、乍浦、海鹽、嘉善之賊皆不戰而降。(《宮保公行狀》。平湖、乍浦、海鹽、嘉善：浙江省北部城鎮,屬嘉興府。婁縣：屬松江府,今上海市松江區)

同治二年十一月廿一日,李鴻章連復平湖、乍浦、海鹽各城摺：我軍攻克楓涇、西塘後,平湖賊酋遣人乞降,劉秉璋等以該逆未經痛剿,其意難測,未即允行。十一月初六日潘鼎新部進紮廣陳,楊鼎勛出隊干窰,劉秉璋進兵鍾埭,牽綴嘉屬各逆,而絶該酋反顧之心。(十一月)初八日遂將平湖縣城收復,十二日收復乍浦,十三、十四兩日遂又將海鹽及澉浦鎮收復。(《李鴻章全集》[1]408頁。廣陳、干窰、鍾埭、澉浦：位於浙江北部,今均屬嘉興市)

同治二年十一月廿一日,李鴻章致潘鼎新函：招撫降衆,連復平湖、乍浦、海鹽三城,布置周詳,厥功甚偉。程(學啓)、劉(秉璋)、楊(鼎勛)暨尊處水陸,合之兩萬有奇,威勢甚盛,況嘉郡榮逆亦有降意耶。諸軍須合力和衷,勿存爭功利己之見,互相推攘,則中氣足而立脚定,降亦可受,賊亦可打。謠傳歸逆、侍逆(太平軍侍王李世賢)帶二三萬來援,望與仲良(劉秉璋)、少銘(楊鼎勛)並力擊之。如擊不動,再就近求救於方忠(程學啓),必可打退。(《李鴻章全集》〔29〕274 頁)

劉秉璋嘉善受降。

同治二年十一月廿八日,李鴻章致潘鼎新函:嘉善聞於二十六日剃髮獻城,伯華(吳毓芬)、仲良(劉秉璋)慫恿而成,非鄙意所樂爲。目前痛快,日久受罪。(《李鴻章全集》〔29〕275 頁)

同治二年十二月十一日,李鴻章收復嘉善縣城摺:嘉善逆首陳占榜、余嘉鰲屢次密詣道員吳毓芬營中乞降,初未即允。自程學啓攻克平望,該酋等益憚軍威,復至吳毓芬處陳請獻城,遣子爲質,并求派兵前往。(《李鴻章全集》〔1〕419 頁。平望:屬蘇州府,今蘇州市吳江區平望鎮)

同治二年十二月二十八日程學啓、劉秉璋、楊鼎勛帶同嘉善縣知縣等入城。"陳占榜、余嘉鰲等率衆環跪郊迎,城内肅静無聲,市廛未改。程學啓等宣諭朝廷寬大之德,降衆羅拜感激,遂將嘉善縣城收復。"(《李鴻章全集》〔1〕419 頁)

同治三年甲子(1864) 三十九歲

劉秉璋、程學啓等進規嘉興。

同治三年二月初一日,李鴻章圍攻嘉興片:程學啓、劉秉璋等進規嘉興,由東、北兩門外滾紮,經臣於正月十八日奏報在案。正月十九日,程學啓親督所部築壘搭橋,水陸排隊防護。劉秉璋亦於是日移駐朝陽廟,分布各軍進紮七里店、會龍橋一帶。(《李鴻章全集》[1]445頁。七里店:嘉興城東門外)

同治三年二月初一日,李鴻章各路攻剿情形片:嘉興賊糧最足,志在死守。自"(正月)廿四日程學啓、劉秉璋等攻破東北門外堅壘多座,二十五日劉秉璋、潘鼎新又督軍攻踏東南角鹽倉橋賊壘三座,二十七日東門湖南壘賊遁回城中,其流沙寺石壘之賊,亦殺其偽目李得勝乞降。程學啓等會督諸軍直抵城根,晝夜開炮轟打"。(《李鴻章全集》[1]447頁)

劉秉璋、程學啓克復嘉興之戰。程學啓受重傷卒,劉秉璋率軍自東門攻入。劉秉璋補授翰林院侍講。

同治三年二月十八日,嘉興收復。(《同治事典》134頁)

程學啓會劉秉璋克嘉興,學啓以傷卒。劉秉璋先得要隘,軍城東南。程學啓後至,軍城西北。(《清代年表》811頁)

忠烈(程學啓)與文莊(劉秉璋)約:晨取要隘,日午攻城。文莊先得要隘,按兵未動。至日昳,忠烈軍始進郭城,寇憚其炮火之猛,悉力拒戰。文莊乘虛而進,前鋒黃桂榮相視城磚微迤之處,斜步直上,諸軍繼之,後至者梯而登,乃皆入。及東南陷,寇奔出,忠烈大喜,衣黃馬褂,督隊將往。疑城未破,恐中奸計。軍壘之上,本留一孔,常以覘敵,因立其間以視之。寇未及去者,群見而射擊,中其顱。未幾傷重,遂卒。是役雖戰勝,失一大將。(《異辭錄》37頁)

公(劉秉璋)率所部肉薄以登,自東門入。(《宮保公行狀》)

總兵程學啓攻北門受傷,公(劉秉璋)軍自東門攻入,焚賊火藥庫,火光燭天,賊驚潰。諸軍乘之,遂克嘉興。(《劉文莊公別傳》)

嘉興存糧頗豐,爲太平軍天京大糧源,嘉興失,天京糧荒立至。(《同治事典》134頁)

果報之説中於人心,往往於疑似之間,示人以神妙之迹。程忠烈(程學啓)之殺八降王也,軍士乘之而大劫,李文忠咎之曰:"君亦降人也,奈何遽至於此?"及克嘉興,微有不慊於文忠(李鴻章),傷重囈語曰"君亦降人也",因自決其創口而死。當時之人,咸謂降王索命也。(《異辭録》37頁)

同治三年二月廿八日,李鴻章近日軍情片:"臣暫令劉秉璋留守嘉興,潘鼎新分守海鹽、乍浦、平湖各城。俟浙軍克復石門,分兵替防,臣即可并力剿辦蘇境之賊。"三月初九日上諭:"編修劉秉璋身先士卒,克拔堅城,著賞戴花翎。"(《李鴻章全集》〔1〕465頁)

同治三年三月廿九日,奉旨:劉秉璋補授翰林院侍講。(《李鴻章全集》〔1〕550頁)

劉秉璋酌帶七營移防松滬,擇要駐紮。操練西洋炮法,儲爲有用。

同治三年五月初二日,李鴻章近日軍情片:侍講劉秉璋各營駐守嘉興,專防湖賊内犯之路。兹准左宗棠咨商,嘉興無須屯兵,自可騰出劉秉璋一軍另調他處。常勝軍現經裁遣,英領事等方請添兵防守上海,擬檄令劉秉璋酌帶七營移防松滬,擇要駐紮,操練西洋炮法,儲爲有用。(《李鴻章全集》〔1〕505頁)

同治三年五月初二日,李鴻章致潘鼎新函:仲良(劉秉璋)松、滬之役業經奏明,必須一往,借習炮隊。彼留三營與弟,囑早撥交。(《李鴻章全集》〔29〕314頁)

同治三年五月初六日,李鴻章致潘鼎新函:所繪地圖甚清晰,据此則南潯、震澤、吳漊均須紮營,相爲犄角,而吳江、平望後路固

矣。……仲良(劉秉璋)三營初七日能否撥到。該營紮吳漊後,或
將震澤營調并吳漊,氣力較厚。(《李鴻章全集》[29]314、315頁)

同治三年五月初八日,李鴻章復浙撫左(左宗棠)函:常勝軍
裁撤,糜費固多,卻尚順手,惟巴夏禮藉口於上海空虛,從旁饒舌,
不得已請劉仲良(劉秉璋)侍講移師設防,杜其把持之漸。(《李鴻
章全集》[29]315頁)

同治三年五月十七日,李鴻章致潘鼎新函:然使降人當頭敵,
吾弟與仲良(劉秉璋)果何調度也。自兄入滬兩載以來,未被賊沖
過一營,談兵家每以自豪,從茲不敢放言高論矣。此間市人傳言,
貴部頗有挫失,而來書仍報屢勝,或人言之過。鄙人從軍十二年,
初好猛進,繼乃力戒浪戰。自得吾友方忠(程學啓),與論兵事,輒
有進益。而吾弟與仲良每言方忠不過爾爾,兵至用時乃見人材之
高下,才智之深淺耳,不用則亦猶夫人也。(《李鴻章全集》[29]
317頁)

同治三年六月十八日,李鴻章致潘鼎新函:"左帥(左宗棠)函
稱,不欲急攻吳興,先從偏西三縣下手,以斷竄路。貴部分扼數處
嫌單,已奏明調仲良(劉秉璋)松江七營進紮平望,會合閣下相機堵
剿然尚未橇調。昨緘囑仲良,如聞雙林不守,即派吳小軒(吳長慶)
五營先赴平望。仲良二營從容前來。"(《李鴻章全集》[29]327頁。
吳興:浙江西北,屬湖州府,今湖州市。偏西三縣:指湖州以西長
興、安吉、孝豐三縣。平望:江蘇南部,屬蘇州府,今蘇州市平望
鎮。雙林:浙北,屬湖州府,今湖州市雙林鎮)

**劉秉璋領淮軍開花炮隊一營,是淮軍威力最強的六營開花炮
隊之一。進攻蘇州之時,淮軍各部多使用十二磅重彈子的炸炮。
蘇常戰事結束後,淮軍使用一百零八磅重彈子的炸炮。**

同治三年五月初六日,李鴻章致潘鼎新函:十二磅銅炮,三十
二磅大炮,原可即發,但仲良既得常勝軍炮位,又欲領此炮,嫌於過
貪。他軍執例相爭,我亦無詞能解,奈何奈何。(《李鴻章全集》

〔29〕314、315頁）

李鴻章驚嘆洋人炸炮之利,曾致函曾國藩稱:其落地開花炸彈,真神技也。……密令我營將弁,隨隊學其臨敵之整齊靜肅,槍炮之施放準則,亦得切磋觀感之益。(《淮軍志》96頁)

同治二年,淮軍已在親兵護衛營建炮隊二百名,這是淮軍成立正式炮隊,以爲專門營伍之始,也就是中國炮兵制度的發軔。進攻蘇州之時,各部多使用十二磅重彈子的炸炮。可是不到一年,淮軍已使用一百零八磅重彈子的炸炮了。同治三年五月,蘇常戰事結束,當時淮軍所有的開花炮隊,共有六營。有劉秉璋部一營,這是淮軍威力最強的炮兵部隊。(《淮軍志》97、98頁)

湘軍圍合金陵,洪秀全服毒身亡。上諭李鴻章速調勁旅及得力炮隊,會合曾國荃相機進取,李鴻章遷延不行。

同治三年四月,"金陵圍合,糧絕,(洪)秀全仰藥自殺"。(《清代年表》812頁)

《紐約時報》1864年11月16日報導:"從我們所掌握的資料看,他似乎是于南京陷落前一個月服毒而死的。"(《帝國的回憶》210頁)

偽天王洪秀全見勢窮援絕,服毒身死,群酋私瘞偽宮內,秘不發喪。……乃立其子洪天貴福爲幼主。(《曾文正公大事記》卷下,十一頁)

同治三年五月初八日,上諭:李鴻章所部兵勇,攻城奪隘,所向有功。炮隊尤爲得力。現在金陵功在垂成,髮撚蓄意東趨,遲恐掣動全局,李鴻章豈能坐視。著即速調勁旅數千及得力炮隊,前赴金陵,會合曾國荃相機進取,速奏膚功。李鴻章如能親督各軍,與曾國荃會商機宜,剿辦尤易得力。曾國藩身爲統帥,全局在胸,尤當督同李鴻章、曾國荃、彭玉麟和衷共濟,速竟全功,掃穴擒渠,同膺懋賞。總以大局爲重,不可稍存畛域之見。(《曾文正公大事記》卷下,十頁)

金陵圍攻不下,時蘇州已克,朝旨令淮軍助戰。李文忠(李鴻章)遷延不行,顯然讓功之意。及大功告成,文忠至金陵,官場迎於下關,文正(曾國藩)前執其手曰:"愚兄弟薄面,賴子全矣。"方詔之日促也,銘(劉銘傳)、盛(周盛波)諸將咸躍躍欲試,或曰:"湘軍百戰之績,垂成之功,豈甘爲人奪。若往,鮑軍遇於東壩,必戰。"劉壯肅(銘傳)曰:"湘軍之中,疾疫大作,鮑軍十病六七,豈能當我巨炮?文忠存心忠厚,終不許。"(《異辭錄》39頁)

湘軍攻克金陵。

同治三年六月十六日,曾國荃攻克金陵。轟開城垣二十餘丈,烟塵蔽空,磚石如雨。李臣典等率官軍直衝倒口而入,弁勇無一退者。太平軍抵死巷戰,官軍分路齊進。(《曾文正公大事記》卷下,十一頁)

曾國荃傳令閉城,分段搜殺。三日夜火光不絕,斃賊十餘萬人。死於亂軍之中者居其半,死於水火者居其半。六月十九日各營救火,掩埋屍體,拔出難民數十萬。(《曾文正公大事記》卷下,十二頁)

在奪取南京過程中發生的屠城行動,其殘酷慘烈的場面令人蒙受恥辱,但並非如預料中的系由清軍部隊所進行的有系統、有組織的屠殺,而是由那些孤立的搶劫團伙幹的,毫無疑問是這些人犯下了罪行。(《帝國的回憶》213頁)

曾國藩奏:臣等伏查洪逆倡亂粵西,於今十有五年,竊據金陵亦十二年。……蹂躪竟及十六省,淪陷至六百餘城之多。而其中凶酋悍黨,如李開芳守馮官屯,林啓容守九江,蕭雲來守安慶,皆堅忍不屈。此次金陵城破,十餘萬賊,無一降者,至聚衆自焚而不悔,實爲古今罕見之劇寇。(《曾文正公大事記》卷下,十二頁)

英國傳教士李提摩太(Timothy Richard,1845—1919)説:"十三年間喪失生命的總數,根據不同的估計,在兩千萬至五千萬之間。"(《親歷晚清四十五年》165頁)

除了改朝換代以外,他們没有給自己提出任何任務。他們没有任何口號。他們給予民衆的驚慌比給予老統治者們的驚慌還要厲害。他們的全部使命,好像僅僅是用醜惡萬狀的破壞來與停滯腐朽對立。……顯然,太平軍就是中國人的幻想所描繪的那個魔鬼的化身。但是,只有在中國才能有這類魔鬼。這類魔鬼是停滯的社會生活的産物。(馬克思《中國紀事》,《馬恩全集》[15]545頁)

太平天國滅亡。洪秀全之子幼天王洪天貴福衝出天京。

同治三年六月十七日,李秀成下令天王府及各王府同時舉火。擁幼天王洪天貴福(率死黨二千餘人)衝出天京,以坐騎讓與,令前隊護之急走,自領後隊拒追兵。(《同治事典》143、144頁)

同治三年六月十九日,李秀成走入山,爲樵夫所識,遂被擒。(《清代年表》813頁)

李秀成之被擒,各營之降卒,附城之居民,人人皆識,觀者如堵。臣甫至金陵,親訊一次,旋派委員鞫訊累日,令寫親供,多至數萬字。敍發逆之始末,述忠酋之戰事,甚爲詳悉。(《曾文正公大事記》卷下,十五頁)

清人劉禺生記:"金陵城破,忠王李秀成用己馬供幼主出走,自匿西城角民家。蕭孚泗兵搜索獲之,人民聚集數十,以田器斃蕭兵,奪回之;大隊至,乃再獲,解大營。曾國藩聞之曰:李秀成是真能愛民者,兵敗一身,百姓尚爲之效死。用囚車解入大營,將抵營門,門內外身穿黃馬褂者百餘人,皆跪地大呼王爺,蓋若輩皆秀成舊部,投降官軍,立功至提督、總兵者。曾(曾國藩)曰:是人不早除,軍中將生大變。"(《世載堂雜憶》34頁)

同治三年七月初六日,李秀成供狀寫畢,抄送軍機處,以備查考。初六日被凌遲於金陵,終年四十歲。(《同治事典》144頁)

劉秉璋等追剿幼天王洪天貴福,克復湖州。著賞給振勇巴圖魯名號,遇有應升之缺,開列在前。

同治三年六月廿六日,洪天貴福逃往湖州。(《同治事典》

144頁）

黄文金(太平軍堵王)將迎洪天貴福入湖州,未至,湖州寇將以劉秉璋、潘鼎新、李朝斌節節進逼,懼而棄城遁。(《清代年表》813頁)

同治三年七月初二日,黄文金等護洪天貴福自湖州往廣德。(《同治事典》145頁。廣德:安徽東南部,廣德州城,今廣德縣)

同治三年七月廿九日,李鴻章克服湖州摺:"劉銘傳各軍進攻廣德,郭松林等軍猛攻四安……潘鼎新乘勝進紮晟舍,劉秉璋一軍由吳漊、楊漊逼紮湖東要隘之大錢口,張樹聲一軍又由南潯進紮織里,聲援極壯。"遂於七月廿七日巳刻克復浙江湖州府城。(《李鴻章全集》[1]541頁。四安:浙江北部,屬湖州府,今湖州市泗安鎮。吳漊、楊漊、大錢口、南潯、織里:太湖南岸鄉鎮,今屬湖州市)

湖州之役,文莊(劉秉璋)身當前敵,不肯輕戰。俟後路軍隊布置齊備,無隙可乘,始進兵攻城,寇先棄城遁。(《異辭錄》33頁)

同治三年七月廿九日,李鴻章代奏劉秉璋謝恩摺:奏爲循例代奏,恭謝天恩,仰祈聖鑒事。竊臣接據新授翰林院侍講劉秉璋,由浙江湖州大錢口行營呈稱,接准行知,准吏部咨開同治三年三月廿九日奉旨:劉秉璋補授翰林院侍講。欽此。

伏念秉璋由咸豐庚申安徽進士,朝考一等引見改庶吉士。同治元年散館一等,授職編修。學詞賦而方愧未工,語韜鈐則尤非素習。嗣蒙奏調到營,正滬上軍情吃緊之際。秉璋遵檄招募淮勇,朝夕訓練,偕同諸將分道進兵。二年三月福山之役,七月楓涇、西塘之役,本年三月嘉興府城之役,幸克奏功。先後奉旨,劉秉璋著以侍講遇缺提奏賞戴花翎各在案。荷聖慈之逾格,愧報稱之末由。乃奉恩綸擢授斯缺。地當清切,許聯步於鑾坡;職重論思,仍依光於玉案。聞命之下,彌益悚惶。在昔文似子云,繼《甘泉》而賦《羽獵》;才如宋玉,侍蘭臺而辯雄風。大抵詞臣未忘武事,秉璋自慚駑下,曷足追方。第從事於戎行,借稍增夫閱歷。惟有隨同戰守,籌度機宜。期吳越之廓清,餘氛迅掃;望蓬瀛而咫尺,中秘重窺。以冀仰答高厚鴻慈於萬一。查在京翰林院衙門升轉向由掌院代奏謝恩,今秉璋在江蘇軍營,應請循例代奏。恭謝天恩,以申下悃等情前來。理合恭摺代奏,伏乞皇太后、皇上聖鑒。謹奏。(《李鴻章全集》[1]550頁)

同治三年八月初六日,上諭:翰林院侍講劉秉璋,躬冒矢石,治軍整嚴,著賞給振勇巴圖魯名號,遇有應升之缺,開列在前。(《李鴻章全集》[1]544頁)

同治三年九月廿五日,江西按察使席寶田、知縣陳寶箴於江西石城擒獲洪天貴福。十月二十日於南昌凌遲處死。(《同治事典》151、153頁。石城:江西東南部,屬寧都州,今江西省石城縣)

曾國藩奏裁撤湘勇;興修貢院,恢復鄉試。秦淮畫船簫鼓,日益繁盛。

同治三年七月十三日,曾國藩奏裁撤湘勇:近歲以來但見增勇,不見裁撤,無論食何省之餉,所吸者皆斯民之脂膏,所損者皆國家之元氣。前此賊氛方盛,萬不得已,屢募屢增,以救一時之急。今幸老巢既破,大局粗定。裁一勇即節一勇之靡費,亦即銷無窮之後患。諸將之願遣散歸籍,蓋未始非臣之幸,未始非大局之幸。(《曾文正公大事記》卷下,十七頁)

同治三年八月,曾國藩奏:臣嘗至貢院,履勘一次,號舍一萬六千餘間尚完好,惟監臨主考房官及各所,片瓦無存。現經委員,廣集工匠,趕緊興修,擬於十一月舉行鄉試。(《曾文正公大事記》卷下,十八頁)

金陵克復後數月,畫船簫鼓,漸次萌芽。……公(曾國藩)笑謂曰:"聞淮河燈船,尚落落如曙星,吾昔計偕過此,千艘梭織,笙歌徹宵,洵承平樂事也。"又次日,公(曾國藩)先約幕府諸君,買棹游覽,並命江寧、上元二邑令,設席款太守。一時士女歡聲,商賈麕集,河房榛莽之區,白舫紅簾,日益繁盛,寓公土著,聞信來歸,遂大有豐

昌氣象。(《郎潛紀聞》145 頁)

同治三年十一月初六日,江南重開鄉試,李鴻章迎正副考官入闈監臨。(《李鴻章傳》205 頁)

同治三年十二月十五日,金陵鄉試揭曉,取士(舉人)二百七十三名。(《曾文正公大事記》卷下,十九頁)

劉秉璋補授右春坊右庶子,轉補左春坊左庶子。

同治三年十月二十一日,奉旨劉秉璋補授右春坊右庶子。十二月十八日,奉旨劉秉璋轉補左春坊左庶子。(《劉文莊公奏議》〔1〕1 頁)

◎圃生按:左春坊左庶子、右春坊右庶子,清代翰林院職官,正五品。

同治四年乙丑（1865）　四十歲

劉秉璋補授翰林院侍講學士。

同治四年二月初八日,劉秉璋謝補授翰林院侍講學士疏:臣當在東壩行營,望闕叩頭謝恩。訖伏念,臣淮南下士,江左從軍,久睽侍從之班,愧乏涓埃之效。銅龍待漏,望九重萬里之匪遙。汗馬無功,比一歲五遷而已速。寵榮迭被,惶悚正深。

聞命之下,夙夜戰兢,臣惟有隨同撫臣,整飭操防,講求韜略。凜八甎之虛度咫步,毋違運百甓而彌勤。分陰必惜,以期仰答。(《劉文莊公奏議》[1] 2 頁)

公(劉秉璋)先由編修遷侍講,至是累遷至侍講學士。當時以詞臣從事戎行,李文忠(李鴻章)外,公一人而已。(《文莊公墓誌銘》)

◎圍生按:翰林院侍講學士,清代翰林院職官,正四品。

曾國藩再奏裁撤湘軍,請以淮軍剿撚。欲以老湘營隸於劉秉璋領之,常駐江寧。

同治四年正月初六日,曾國藩請以淮軍剿撚,再次奏請裁撤湘軍。(《同治事典》156、157 頁)

同治四年三月十一日,李鴻章致潘鼎新函:揆帥(曾國藩)欲調仲良(劉秉璋)一軍,移守金陵雨花臺、江東橋各處。(《李鴻章全集》[29] 375 頁)

合肥李文忠公鴻章任江蘇巡撫時,先文莊公(劉秉璋)率師剿匪浙西,因移全家,住於蘇州城內新(星)造橋吳衙場。先叔考資政公,因以縣丞到省投效。(《萇楚齋》1012 頁)

曾文正(曾國藩)遣散湘軍,惟留老湘營。又知先文莊(劉秉璋)與淮軍將領氣味不投,終不相合,欲以老湘營隸於文莊領之,常駐江寧爲防軍。致書請於李文忠(李鴻章)曰:"將使之淬厲湘軍暮氣,我亦得日以老生常談勗之,俾成棟樑之器云。"黃昌歧(黃翼升)提軍持書謁文忠於蘇州,文忠不置可否,私謂文莊曰:"往也,惟此老翁,能致人於方面重任。"時文忠家居拙政園,設宴待提軍。值春初山茶盛放,文忠曰:"花如此麗,雖僕婢今日折一枝,明日摘一朵,究無損焉。"提軍退而備行具,文莊問何若是之速。提軍曰:"昨日之言,公不聞與?已示意不欲公往,尚待言耶?"(《異辭錄》40 頁)

同治四年三月廿五日,李鴻章致潘鼎新函:"因振軒昆仲(張樹聲、張樹珊弟兄)統樹營赴徐州防剿撚匪,商留仲良(劉秉璋)仍駐定埠,則派弁往金陵,須從原議矣。"(《李鴻章全集》〔29〕377 頁。定埠:江蘇省南部,屬江寧府,今南京市高淳區定埠鎮)

承示華言口令,鄙人不甚深解,看似別有心裁。必能整齊,方務變陣,變而仍不失爲整,數語概之。仲良近亦著口令一冊,與閣下將毋同。(《李鴻章全集》〔29〕377 頁)

平吳之後,淮軍各部將領已漸有改譯口令之舉,先後劉秉璋、潘鼎新、丁日昌、周盛傳,俱刊刻口令成書,分發軍中應用。(《淮軍志》200 頁)

僧格林沁戰歿于曹南,清王朝倚爲干城之滿蒙精騎遂不復存。

同治四年四月廿四日,僧格林沁戰歿于曹南。國藩聞僧格林沁輕騎追賊,一日一夜行三百餘里,步兵弗能從。曰:"兵法忌之。"將密陳於上以止之,弗及。而僧格林沁果敗沒,上聞大驚。(《清代年表》818 頁)

僧格林沁亂戰突圍,至吳家店,從騎半沒,僧躲于麥壟深處,被砍殺身亡,清王朝倚爲干城之滿蒙精騎遂不復存。(《同治事典》163 頁)

諭令曾國藩爲剿撚欽差大臣。

同治四年四月二十九日,諭令曾國藩爲剿撚欽差大臣,速往山東。(《同治事典》165 頁)

同治四年五月初四日,詔曾國藩引兵赴山東剿賊,直(直隸)、東(山東)、豫(河南)三省旗、綠各營,地方文武,并受節制。(《清代年表》818 頁)

◎園生按：時撚首四人：張總愚、任柱、牛洪、賴文光。賴文光乃洪秀全妻賴氏族弟,曾封太平軍遵王。

同治四年五月廿五日,曾國藩由金陵啓行,閏五月初八日抵清江浦,廿九日駐營臨淮。八月初四日抵達徐州。(《曾文正公大事記》卷下,二十頁。清江浦：蘇北,屬淮安府,今淮安市清浦區。臨淮：安徽北部,屬鳳陽府,今鳳陽縣臨淮鎮)

同治四年十二月,左宗棠攻克嘉應,汪海洋敗死。除與撚軍合流之賴文光外,太平軍乃告肅清。(《清代年表》819 頁。嘉應州：廣東省東部,嘉應州城,今梅州市)

同治五年丙寅(1866) 四十一歲

劉秉璋赴曾國藩軍營襄辦軍務,兼爲游擊之師。淮軍已成爲剿撚主力。

同治五年正月十八日,奉上諭:劉秉璋統帶淮軍素稱得力,著李鴻章即飭令該學士迅赴曾國藩軍營襄辦軍務。(《劉文莊公奏議》卷一,三頁)

五年,曾文正公督師剿撚,奏請公襄辦軍務,兼爲游擊之師。(《劉文莊公別傳》)

自曾文正任欽差大臣,先文莊(劉秉璋)爲襄辦,諸將故等夷,弗樂爲所屬,常引避,莫肯從戰。……惟忠勤(楊鼎勳)心懷坦白,始終相隨。(《異辭録》58頁)

曾國藩受任剿撚,所統部衆,多爲淮軍。直接參戰及應援之師,約近六萬人。劉秉璋所統慶字、榮字、常字各營六千人。楊鼎勳所統勳、松、桂三軍萬人。(《淮軍志》352頁)

同治五年二月十九日,曾國藩自徐州移軍山東濟寧州駐營。(《曾文正公大事記》卷下,二十頁)

翰林侍講學士劉秉璋率所部淮軍赴曾國藩軍營襄辦軍務。從國藩之請也。國藩議建四鎮:安徽則在臨淮,河南則在周家口,江蘇則在徐州,山東則在濟南。(《清代年表》821頁。周家口:河南中部,屬陳州府,今河南省周口市)

同治五年三月初九日,劉秉璋奏襄辦軍務謝恩疏:臣皖江下士,吳會從戎,追隨上將之後塵,獲睹中興之盛烈。聞命之下,彌切戰兢。竊以撚賊雖屬么末,頗形猖獗中原,實關大局,亟盼澄清。臣庸愚何所裨助,惟有隨同督臣曾國藩,嚴申軍紀,迅赴戎機。聯諸將爲同心,驅偏師而犄角,以冀仰答高厚。(《劉文莊公奏議》卷

一,三頁)

劉秉璋倡扼守運河之議,定築牆圍制之策。

時賊蹤飄忽,秉璋先倡扼守運河之議,定築牆圍制之策。李鴻章未至其地,初尚不以爲然,致書秉璋云:"古有萬里長城,今有萬里長牆,不意秦始皇於千餘年後乃有知音云。"其後代國藩統兵,卒用是平撚。(《清代年表》821 頁)

先公(劉秉璋)創扼河而守之策,圈賊於一隅,使不得逞。其後賊撲渡河,先公復創反守運河之策,賊騎益無所用,勢遂日蹙,諸軍因得以成功。(《宮保公行狀》)

公與定謀,常往來馳擊於濟寧數鎮與賊追逐,是時賊縱飄忽,一日夜奔竄數百里。公言於文正(曾國藩)曰:"撚匪已成流寇,諸將不苦於戰而苦於奔走。"又謀圈制之策。(《劉文莊公別傳》)

授劉秉璋江蘇按察使。

同治五年四月,授劉秉璋江蘇按察使,仍統軍駐徐州,未及履任。(《文莊公國史館列傳》)

◎圍生按:按察使,亦稱"臬司"或"臬台",正三品,地位略遜於布政使,"掌一省刑名按劾之事,以振風紀而澄吏治"。

又:《清史稿·劉秉璋傳》"四年,授江蘇按察使",與《文莊公國史館列傳》略異。

劉秉璋會同楊鼎勛軍專剿東撚任柱、賴文光。

同治五年四月初七日,曾國藩由濟寧沿運河北上,至黃河北岸止,查勘運河,擬於沿河增築高牆深濠,酌立木柵,以爲阻截之界,防撚再次東渡運河。(《同治事典》184 頁)

同治五年四月,曾國藩檄潘鼎新會同周盛波軍,劉松山會同張詩日等軍專剿張總愚;劉秉璋會同楊鼎勛軍剿任柱、賴文光。以劉銘傳軍代(劉)秉璋駐徐州;以李昭慶軍分駐韓莊、濟寧,代潘鼎新、楊鼎勛。(《清代年表》822 頁。韓莊:山東南端,運河東側,微山湖畔,屬兗州府,今棗莊市韓莊鎮。濟寧:山東西南,濟寧州城,今濟

寧市）

同治五年五月初八日，撚軍賴文光、任柱入徐州，與張總愚會合，旋分兵。（《同治事典》185頁）

同治五年六月十五日，曾國藩由濟寧拔舟南下，閱勘桃源、宿遷一帶運河堤牆。（《同治事典》188頁。桃源：江蘇北部，屬淮安府，今淮安市泗陽縣）

同治五年七月十六日，曾國藩抵安徽臨淮駐營。（《同治事典》189頁）

劉秉璋轉戰徐、淮、豫、皖、鄂、魯。淮軍取代湘軍，李鴻章取代曾國藩。

其在徐也。

賊竄豐、沛間，擾及宿遷之埠子鎮、洋河集。先公（劉秉璋）率吳長慶、王占魁等徑搗賊巢，賊知勢不敵，且戰且走。我軍由舊河堤內外，分三路夾擊，進至倉家集，賊大潰。（《宮保公行狀》。豐、沛：屬徐州府，今徐州市豐縣、沛縣。埠子鎮、洋河集、倉家集：宿遷以南，今宿遷市埠子鎮、洋河鎮、倉集鎮）

同治五年八月初九日，曾國藩抵河南周家口。賴文光、張總愚合兵東趨。破開封衛河堤，經陳留東走。八月二十日由河南考城入山東，撲山東運河堤牆。曾國藩防河戰略失敗。（《同治事典》190—192頁。陳留：河南中部，屬開封府，今開封市陳留鎮。考城：河南東部，屬衛輝府，今屬河南省蘭考縣）

詔從曾國藩請，命李鴻章攜帶關防，赴徐州調度湘、淮各軍，防守淮徐以東，與山東巡撫閻敬銘會辦東路。曾國荃出駐襄陽，與河南巡撫李鶴年會辦西路。（《清代年表》823頁）

同治五年十月二十日，李鴻章致潘鼎新函：爵相（曾國藩）現調幼弟（李昭慶）游擊，仲良（劉秉璋）來徐，此後臨機應敵，一切均易商辦。（《李鴻章全集》〔29〕456頁）

同治五年十月廿四日，李鴻章復張振軒（張樹聲）函：節相（曾

國藩)現調仲良(劉秉璋)東來,而令六舍弟(李昭慶)往豫。(《李鴻章全集》[29]457頁)

同治五年十一月廿三日,李鴻章在徐州接任剿撚欽差大臣。(《同治事典》198頁)

命曾國藩回兩江總督任,兼署通商大臣。授李鴻章欽差大臣,節制湘淮各軍,專任剿匪。(《清代年表》824頁)

曾國藩"奉旨交卸欽差大臣,仍回兩江總督任,意甚悒悒。合肥李文忠公鴻章亟於任事,委候補道某某取去關防,意尤不悅,並謂先文莊公(劉秉璋)云:我以爲須當面交付,以昭慎重,今如此取去,亦省事"。(《萇楚齋》758頁)

遵旨回任,然沿途語人云:我是打撈無功之人。"聞者不知底蘊,猶稱之爲謙謙君子也。"(《萇楚齋》758頁)

淮軍諸部首領,如程學啓、劉銘傳、潘鼎新、張樹聲、劉秉璋、吳長慶、郭松林、楊鼎勛、唐仁廉,各統其軍,各別自立,自由發展,而在上指揮者則爲李鴻章。曾國藩雖一度統率淮軍剿撚,而諸將仍以淮將自別於國藩。(《淮軍志》224頁)

國藩統率指揮,本不應有若何問題。然而淮軍諸將却自認門戶,竟以李鴻章爲宗主,與曾氏則鑿枘不入。諸將顯以淮系自視,藉淮系自立,並以顯示其團結之牢固。(《淮軍志》224頁)

其在淮也。

撚酋任柱、賴文光與張總愚相失,復折向南趨,渡澮、渦兩河入懷遠、鳳臺境。先公(劉秉璋)率軍追至蒙城,與盛軍(周盛波部)會同兜剿,賊勢不支,棄其牛馬器械,全數西竄。(《宮保公行狀》。澮、渦兩河:安徽北部,向東南流入淮河。懷遠、鳳臺:安徽北部,屬鳳陽府,今蚌埠市懷遠縣、淮南市壽縣。蒙城:安徽北部,屬穎州府,今亳州市蒙城縣)

其在豫也。

任(任柱)、賴(賴文光)兩逆麕聚石固,張逆(張總愚)欲與合股竄山東。先公(劉秉璋)率軍至禹城寨,以馬隊進擊,大破賊衆,擒斬無算。賊棄寨狂奔,我軍沿途追擊,敗之於灣店,又敗之於呂橋。我軍以大炮轟之,賊大潰。先公率軍追至商邱,又敗之。(《宮保公行狀》。禹城寨:河南中部,屬開封府,今禹州市,往東約十公里爲石固鎮)

同治五年九月,張總愚、任柱、賴文光分道各竄,遂爲東西兩股。總愚自中牟西竄是爲西撚。任、賴復由豫回竄東境,是爲東撚。二股自此遂分。(《清代年表》823頁。中牟:河南中部,屬開封府,今開封市中牟縣)

張總愚率西撚由許州掠洛陽走陝州。十月初三日,入陝西華陰境。湘軍提督鮑超等督軍追至洛陽,以張總愚等已入陝,未及接仗即折回。陝西巡撫劉蓉大不悅,致書曾國藩曰:"鮑軍無意西來,所過又多殘暴,誠不願其復至,請改派劉(秉璋)、楊(鼎勛)兩鎮之軍入陝。"(《同治事典》195頁。陝州:河南西部,陝州州城,今三門峽市。華陰:陝西東部,屬同州府,今華陰市)

同治五年十月,詔責國藩"任賊蔓延"。國藩乞病,請開缺,在營效力,并注銷侯爵,諭慰之。是時言官多劾國藩,國藩亦以河防無成乞病,且自劾。(《清代年表》823頁)

同治五年十月二十日,准曾國藩一个月假,命李鴻章代管湘、淮軍剿撚。(《同治事典》196頁)

先文莊公(劉秉璋)嘗云:"文正(曾國藩)平生才智,已盡用於剿平粵匪。及至剿平撚匪,文正精力久已消耗,雖漫爲布置,皆人人所能見到。"(《莨楚齋》758頁)

其在皖、鄂之交也。

東撚竄入鄂,先公(劉秉璋)追至鄂,破賊於德安,賊折而入皖,是時皖境空虛,英、霍、太湖之間士民惶惑,先公率軍日夜疾馳百數十里至宿松,攩賊前逆擊敗之。撚匪之禍未延及皖境,實維先公之功。(《宮保公行狀》。德安:今湖北省安陸市。英、霍、太湖、宿

松:安徽西南,今湖北省英山縣,安徽省霍山縣、太湖縣、宿松縣)

同治五年十二月初四日,李鴻章致潘鼎新函:任(柱)、賴(文光)已由黃陂、孝感西走德安,(十一月)二十三日郭子美(郭松林)乘夜出襲,獲一勝仗。賊當由隨(州)、棗(陽)回豫。省三(劉銘傳)已進信陽,仲良(劉秉璋)亦赴羅山,二海(張樹珊字海珂,周盛波字海舲,軍中稱二海)往麻城後似未見賊。六舍弟(李昭慶)將移汝寧一帶,相機攔截。(《李鴻章全集》〔29〕469頁。黃陂、孝感:湖北中部,屬漢陽府,今孝感市、武漢市黃陂區。德安:德安府城,今安陸市。隨、棗:即隨州、棗陽,湖北北部,今隨州市、棗陽市。信陽、羅山:河南南部,屬汝寧府,今信陽市、羅山縣。汝寧:河南南部,汝寧府城,今汝南縣)

同治五年十二月十二日,李鴻章致潘鼎新函:揆帥(曾國藩)初三日又奏請開缺,并催兄赴豫督師,後路難遽得人,朝廷亦不放心,明後日當奉廷寄,若詢商替人,鄙意殊窘。仲良(劉秉璋)近甚枘枘,因借銀不遂起釁,不知器局如是褊激。古人學與年進,乃年增而學養大減,左右四顧,不覺灰心。前有書謂楚北歸後,必求釋兵歸農。兄謂要學曾侯,亦須待至老翁之歲月資望也。尊意乃欲強作蘇藩,恐署撫亦不屑耳。人第見兄元年入蘇後事,而未見十一年以前婉轉隨人蓋九年矣。弟等須時時設身處地或共增識力,此鄙所厚望也。湘軍才多,至此淮人蕭瑟,圖窮而匕首見,可不悲乎!(《李鴻章全集》〔29〕470頁)

同治五年十二月廿一日,賴文光率東撚攻湖北巡撫曾國荃督師駐營地德安,於安陸府激戰,右江鎮總兵張樹珊被斬。(《同治事典》201頁。德安:湖北中部,德安府城,今安陸市)

靖達、勇烈昆仲(張樹聲、張樹珊弟兄),意見漸不合,靖達乃就徐州道任,解兵權,專屬勇烈。移軍征撚,曾與周剛敏(周盛波)一軍同時奉命,屬先文莊(劉秉璋)相度調遣。潘中丞(潘鼎新)謂文莊曰:"淮軍二海,既不能令,又不受命,吾爲子慮之。"既而兩軍皆

避道而行,無從指麾。(《異辭録》48 頁)

張樹珊追擊賊于湖北德安境失利死之。樹珊部衆三營追賊中伏,因衆寡不敵而敗,亡于倒樹灣,謚勇烈。(《清代年表》823 頁)

時浙江提督鮑超自南陽進援鄂北,直隸提督劉銘傳、江蘇按察使劉秉璋亦自信陽增援,均趨之未及,東撚兵威大振。(《同治事典》201 頁)

先文莊公(劉秉璋)時統軍繼至,親見其身,謂面目如生,腰間受矛傷,喉間受刃傷。其營中部曲,已預備芒鞋布襪,欲以爲殮。先文莊公堅不允,命將其忠骸抬至德安府城。其部曲私謂:恐城內不受。先文莊公告以豈有此理,曾九大人,自己帶勇出身,深知甘苦,殉難之人,豈敢薄待,始得以禮服殮。先文莊公當時自撰輓聯,至爲悲痛。(《莨楚齋》969 頁)

同治六年丁卯（1867） 四十二歲

劉秉璋轉戰鄂、豫、皖。

同治六年正月,李鴻章復黃翼升函:"鄂撚由京(山)、鍾(祥)竄宜城,西上不遂,近又東趨。霆(鮑超)、銘(劉銘傳)聯師追下,仲良(劉秉璋)、海舲(周盛波)在京山截剿,舍幼弟(李昭慶)由信陽入鄂,計可攔擊。"(《李鴻章全集》[29]475頁。京山、鍾祥:湖北中部,屬安陸府,今京山縣、鍾祥市。宜城:屬襄陽府,今宜城市)

同治六年二月初六日,李鴻章致潘鼎新函:銘軍(劉銘傳部)二十六日已至信陽暫息。仲良(劉秉璋)、海舲(周盛波)二十六七日抵信(陽),將追往羅山。幼弟(李昭慶)是日方至棗陽,月初亦赴羅山。(《李鴻章全集》[29]476頁。信陽、羅山:河南南部,屬汝寧府,今信陽市、羅山縣)

同治六年二月十二日,李鴻章抵達河南陳州府南六十里之周家口駐紮。(《李鴻章傳》208頁)

撚賊近皖邊,適劉秉璋等率軍由羅田、英山馳至太湖攔擊。賊回竄蘄水,蘄水鄂軍,力戰不敵,俱敗沒,鄂西北告警。李鴻章檄劉秉璋等由宿松、太湖追之不及。(《清代年表》826頁。羅田、蘄水:湖北東部城市,屬黃州府,今羅田縣、浠水縣。英山:皖、鄂交界,原屬安徽六安州,今湖北省英山縣。宿松、太湖:安徽西南,屬安慶府,今安慶市宿松縣、太湖縣)

同治六年二月十七日,李鴻章致李瀚章函:哥哥左右:十二日抵周口,十六日接初六日三號手書,慰悉一一。承商二事,慈眷移鄂,前已布及,聞慈意可行。弟婦護惜輜重家具(偽忠府所得者,已屬先行運存妥處,他日回里再用),尚在遲疑。渠不過欲得寬房,聞督署甚閎深,請兄赴任時,於署內擇留一所前後較寬者,以待慈輿與弟婦等。老人家頗愛潔靜,弟婦則從我于富貴,而非從我于貧賤者,諒蒙鑒及。……朋友到處可得,近來幕道最難出色,好手即欲爲官,不肯久居,其久居者率皆闒冗,故弟以作官爲苦,要緊公事必須自家執筆。

撚已由二圻、廣濟東去,皖境甚空。仲良(劉秉璋)、海舲(周盛波)由羅田入英山,六弟(李昭慶)由光、商入六安,未知能否遏截。(《李鴻章全集》[29]478。二圻:湖北東部,約在黄州府蘄州一帶,今廢。廣濟:湖北省東部,屬黄州府,今武穴市。光、商:光山、商城,河南南部,屬光州,今潢川縣、商城縣。六安:安徽西部,六安州城,今六安市)

同治六年二月十九日,李鴻章致潘鼎新函:姑令舍幼弟(李昭慶)率部往六(安)、舒(城),仲良(劉秉璋)、海舲(周盛波)往宿(松)、太(湖)。賊踪慓疾,能否趕上痛剿,似數軍穩慎,或可自立。我輩語言文字尚不失真率,仲良亦褊矣。(《李鴻章全集》[29]480頁)

同治六年二月廿二日,李鴻章復黄翼升函:弟於十二日抵周口,暫駐調度。賊入鄂東,由麻城奔竄蘄、廣(蘄州、廣濟),直入宿、太(宿松、太湖),仲良、海舲兩軍已遵檄自麻城進英山,繞赴宿太。(《李鴻章全集》[29]480頁)

同治六年三月初六日,曾國藩自徐州回抵江寧。(《同治事典》208頁)

同治六年三月初六日,李鴻章致潘鼎新函:仲良(劉秉璋)來信又活動,云初十內外拔營前進,舍幼弟(李昭慶)已自固始、商城進麻城略息,約會仲良、海舲分路再進。……看鄂中賊情奚似,若已趨德安,必由隨(州)、棗(陽)出豫,即須在豫邀擊;若尚在蘄(州)、黄(州),仲(劉秉璋)、幼(李昭慶)俱進,霆(鮑超)亦西上;或請尊部與銘(劉銘傳)由信(陽)、羅(山)橫出,就鄂界圖之,更得地勢。(《李鴻章全集》[29]481頁。固始、商城:河南南部,屬光州,

今河南省固始縣、商城縣）

同治六年三月廿二日,李鴻章復黃翼升函:弟自來周口倏已
四旬,匪股踞擾鄂中,由黃(州)、德(安)西趨安陸,該處蹂躪已久,
計無可掠,瞬屆麥秋,必仍循隨(州)、棗(陽)出豫。仲良、海舲、紹
銘(楊鼎勛)諸軍會師兜進,苦於追趕不及。(《李鴻章全集》〔29〕
485 頁)

◎園生按:原稿無日期,有"來周口倏巳四旬"句。李鴻
章二月十二日抵周口,"四旬"之後,應是三月廿二日左右。

同治六年三月廿三日,李鴻章致潘鼎新函:仲良(劉秉璋)十
三日始自太湖(安徽省太湖縣)拔隊。……舍幼弟(李昭慶)久役多
病,鄂事竣,擬解兵柄,以鳳軍(董鳳高部)益仲良,開(程學啓舊
部)、奇(劉士奇部)由兄自將,俟回周口,再妥議歸并。(《李鴻章全
集》〔29〕483 頁)

同治六年四月初九日,李鴻章致潘鼎新函:初五黎明,銘軍
(劉銘傳部)由信(陽)追擊,賊往東竄,適良(劉秉璋部)、盛(周盛波
部)各軍自應山廣水驛進武勝關,在台子畈出隊迎剿,斬擒甚多,奪
獲騾馬器械多件。(《李鴻章全集》〔29〕485 頁。應山:湖北北部,
屬德安府,今廣水市。武勝關:今廣水市北,鄂、豫交界處)。

數年間與賊馳逐於鄒、魯、皖、豫、淮、徐、湘、楚間大小凡數十
戰。(《文莊公墓誌銘》)

公之剿撚雖與曾、李二公運籌帷幄,主閫外之權,然實身在行
間,不辭勞苦。(《宮保公行狀》)

劉秉璋補授山西布政使,時在軍營,未到任。

同治六年四月,劉秉璋謝授山西布政使疏:臣於湖北蘄水營
次,接奉欽差大臣湖廣督臣李鴻章行知,同治六年二月十四日,內
閣奉上諭:劉秉璋著補授山西布政使。該藩司現在軍營,未到任
以前,著胡大任署理。

臣皖江下士,倖列詞垣,自同治元年奉旨調往江蘇軍營,六載

從征,偏師分領,戎機謬贊,愧方略之未諳。臬事濫陳,策馳驅而寡效。……竊查藩司有表率地方之責,晋省實屏蔽畿輔之衝。嚴疆況接夫關中,斥候正嚴於境上。臣戎行久厠,吏治多疏,雖存經營江漢之心,莫副表裏山河之寄。……微臣感悚下忱,謹繕摺附湖廣督臣奏報,叩謝天恩。(《劉文莊公奏議》一卷,四頁)

　　◎圉生按:布政使,亦稱"藩司""藩台",從二品,品級與巡撫同,"掌一省之行政,司全省財賦之出納"。

劉秉璋、楊鼎勛小河溪之戰。

　　同治六年賊不得志於皖,旋復入鄂,自孝感縣之小河溪竄至河口鎮,先公(劉秉璋)會同勛軍(楊鼎勛部)追至小河溪。(《宮保公行狀》。小河溪:湖北東北部,孝感以北,屬漢陽府,今孝感市孝昌縣小河鎮)

　　同治六年四月初九、十日,"仲良(劉秉璋)與勛軍(楊鼎勛部)在黃安追剿,均獲小勝。十一日,良、勛由黃陂河口鎮緊追,途中遇伏,勛軍小挫,良部(劉秉璋部)接應,幸亦擊退"。(《李鴻章全集》〔29〕488頁。黃安:湖北東部,屬黃州府,今紅安縣)

　　撚匪自初起以迄於亡,均以抄掠爲生,不與官兵戰。追之急,則擇一平原之地,面有深河,以爲之蔽,背倚於高阜,以爲陷阱。寇匿阜側,先以殘兵羸馬誘官軍渡河。既渡,軍稍亂,乃縱騎出擊,馳逐過河,迫之於平原,蹂之以馬足,雖有猛將精兵,罔不挫敗。臼口、麒麟凹、尹灄河之敗,胥由于此。先文莊率所部親慶軍至鄂,與楊忠勤(楊鼎勛)之勛軍,追賊於小河溪。入鎮,無鎮焉者。忠勤曰:"去遠矣,速追勿失。"錢玉興總鎮時爲探路員,諫曰:"竈突尚暖,賊離未久,宜慎之。"弗聽,未幾,勛軍中伏,總兵張遵道等皆歿,軍士死傷强半。賊挾潰卒,且著其冠服,洶湧而下,兵匪莫辨。時文莊在鎮中,聞之,以親軍哨弁吳建昭配以銳卒百人橫截之。矛揭其草帽,見長髮,大呼曰"賊也",刺而殺之。慶軍分統吳長慶,以槍隊瞄準射擊,每發悉中。撚多殪,驚退返隊,勛軍餘衆乃得歸。……鎮外樹林，枝幹尚密；劉秉璋命工夫植椿於外，移營據守。軍中過山炮四尊，悉置前方，滿實子彈，令曰："待旗舉而後發。"……文莊嚴陣以待，令曰："賊百步，告我。"及賊近百步，又令曰："再二十步，告我。"須臾，令旗一舉，彈子橫飛，如雨電驟下。賊萬馬密集，長矛齊舉，望之如春筍，經炮火一震而全倒，悉駭遁。（《異辭錄》49、50頁）

寇老弱輜重皆在數百里外，既退馳與其合隊而疾走，且夕間已不知去向，追之不及。（《清代年表》826頁）

其後文莊見曾文正（曾國藩），文正曰："臼口、麒麟凹、尹瀧河三役，賊勝而驕極矣。小河溪一戰，將使彼知其我軍之有人。"（《異辭錄》50頁）

劉秉璋、李昭慶各軍往周口暫息。東捻趨向未定，俟賊竄往山東再調追剿。

同治六年四月廿八日，李鴻章上曾侯相（曾國藩）函：枯旱至此，數十年所未有，黃河以南麥收七八成，計可保護入寨，聞亦數年所未有。惟淮南稻未浸種，河北麥已乾死，亂機漸長，可憂甚大。任（任柱）、賴（賴文光）等股二十二三日竄入南陽、新野境內，東西趨向未定。省三（劉銘傳）由棗陽追出，沿途饑乏過甚，恐不得速。海艍（周盛波）已由信陽趨宛郡。仲（劉秉璋）、幼（李昭慶）各軍均須來豫暫息，俟賊竄東再調追剿。（《李鴻章全集》〔29〕489頁。棗陽：湖北北部，屬襄陽府，今棗陽市。南陽、新野：河南南部，屬南陽府，今南陽市、新野縣）

同治六年五月十一日，李鴻章復劉軍門（劉銘傳）函：仲良（劉秉璋）來信，爲就勛軍（楊鼎勛部）整頓軍裝，初六、七自定埠（疑宋埠之誤）啓行，須二十日後到此（周家口）。再令仲良十二營往替老君寨至孔集鼎營（潘鼎新部）地段。……仲良求退已久，此次堤工成與不成，准令過事再卸，不必徒嘔閑氣。（《李鴻章全集》〔29〕496頁。老君寨至孔集：山東省西南一帶）

◎圍生按：劉、楊"初六、七自定埠啓行"，同日李鴻章致曾國藩函有"劉、楊初六、七由宋埠啓行"，五月十五日李鴻章致潘鼎新函有"仲良、幼弟均於初六、七日由鄂起行"句。"定埠"當爲"宋埠"之誤。宋埠，位于湖北東部，屬黃州府，今麻城市宋埠鎮，距"勛軍小挫"之小河溪戰場約80公里。

同治六年五月十一日，李鴻章上曾侯相（曾國藩）函：擬催良（劉秉璋）、勛（楊鼎勛）、開（程學啓舊部）、鳳（董鳳高）各軍來周口察商，如不甚疲敝，能至大堤駐防歇夏，即使無成，亦於大局無損。盛、開、鳳三軍明日可到。仲良又欲乞退，初六、七日始與勛營（楊鼎勛部）由宋埠啓行。……鴻章俟仲良（劉秉璋）、幼弟（李昭慶）到此一晤，即赴豐、碭。若賊已南竄，移駐徐州，就近調度。（《李鴻章全集》496頁。豐、碭：豐縣、碭山，江蘇西北部，屬徐州府，今江蘇豐縣、安徽碭山縣）

同治六年五月十五日，李鴻章致潘鼎新函：仲良（劉秉璋）、幼弟（李昭慶）均於初六、七日由鄂起行，十二日抵信陽，即拔隊來周口，徑赴堤上，二十五六可到（潘鼎新駐地）。擬令仲良填紮貴軍一段，尊麾再替出赴濟、金等處游擊護運，但使長圍立就，入濟似未爲晚；否則各軍前後興工，而獨單縣空出一段，斷不可也。（《李鴻章全集》[29]498頁。信陽：河南南部，屬汝寧府，今信陽市。濟、金：山東西南，屬濟寧州，今濟寧市、金鄉縣。單縣：山東西南，屬曹州府，今單縣）

同治六年五月十九日，李鴻章上曾相（曾國藩）函：仲良（劉秉璋）、幼弟（李昭慶）已抵周口，值此軍情緊急，難遽更張。擬令仲良隨鴻章赴濟寧，幼弟赴徐州、宿遷分布扼紮。視賊趨向，再行調派。……鴻章本日冒雨啓行，而雨意甚濃，泥濘數尺，先至宋郡（河南商丘舊稱，位於周口至濟寧途中），候仲良軍到，并察賊踪，再定所向。盛（周盛傳）、開（程學啓舊部）、奇（劉士奇）三軍十八以前均至曹、單堤上，鳳（董鳳高）軍二十一日可抵徐州，勛軍暫留周口。

該軍四月十一之戰(小河溪之戰),先據仲良函報,小挫尚易復元。(《李鴻章全集》〔29〕499頁)

勛營將弁皆云,軍裝輜重退後保護,惟被擄殺之弁勇洋槍矛械失去。面詰仲良亦無異詞,且稱各槍隨帶五十藥卷,實已放完,不支乃敗。……軍中之敗,如殺傷相當,與未戰即退,似少有間,鴻章何敢代部將掩飾,但須深諒其敗時情事如何耳。(《李鴻章全集》〔29〕500頁)

二十年後,公(劉秉璋)有詩懷舊:"靴弓帕首舊書生,二十年前戰郾城。贏得霜痕堆兩鬢,曉風殘月馬蹄聲。"(劉聲木手稿《劉文莊公佚詩》。郾城:河南中部,周家口以西,屬許州,今漯河市郾城區)。

劉秉璋隨李鴻章赴濟寧,布置運防。擬合東、豫、淮、皖四省兵力,逼任柱、賴文光入登、萊海隅,再扼守膠萊河。

賊撲渡濰河竄山東,先公(劉秉璋)率軍至濟寧,復追賊至肥城、泰安、沂州,疊有斬獲。(《宮保公行狀》)

同治六年五月二十日,李鴻章復李中丞(李鶴年,字子和)函:琴軒(潘鼎新)十四夜赴濟(濟寧)、省三(劉銘傳)十八日續往,渠等擬逼賊往登、萊海隅,再扼守膠萊河。……反守運河西堤之議,在滌相(曾國藩)督師時即擬此著,今惟以運防爲外圈,逼入膠萊爲裏圈,合東、豫、淮、皖四省兵力或可做到。……鴻章十九日啓行,二十二日可至宋郡,俟仲良(劉秉璋)軍到,如賊尚在東境,當赴濟寧暫駐。(《李鴻章全集》〔29〕500頁。登、萊:指登州府、萊州府,山東東部,此處泛指膠東半島。膠萊河:縱斷膠東半島,往南入黃海膠州灣,往北入渤海萊州灣。宋郡:或指河南歸德府,今商丘一帶)

時李鴻章已奉命代曾國藩督師,自歸德移駐濟寧,始議扼運威賊海隅,檄秉璋隨赴濟寧,布置運防。(《文莊公國史館列傳》)

同治六年五月廿七日,李鴻章致劉軍門(劉銘傳)函:如膠萊之防可靠,則運西淮軍全數挪進更替,入登州游擊,真是平賊機會,

先難後獲,當共勉之。……兄與仲良(劉秉璋)月底準到濟(寧)。(《李鴻章全集》〔29〕504頁)

　　同治六年五月廿九日,李鴻章致潘鼎新函:"兄本日行抵濟寧,仲良(劉秉璋)偕至,會商省三(劉銘傳)、海艅(周盛波)分投趕辦。"(《李鴻章全集》〔29〕505頁)

　　李鴻章抵濟寧,分兵三路,"兜截而前",欲逼東撚入登州、萊陽絕境。(《同治事典》216頁)

　　劉秉璋率所部屯運西,合東、皖、豫三省兵併力蹙賊,賊竄地漸狹。(《文莊公國史館列傳》)

　　同治六年七月初一日,賴文光率東撚自即墨向膠萊河南麻灣口攻擊未果,揮兵(沿膠萊河東岸)北上。(《同治事典》219頁。麻灣口:膠州灣以北,膠州以東,膠萊南河渡口,今屬膠州市)

　　同治六年七月二十日,賴文光於膠萊河北段入海處沙灘,進入(膠萊河西岸)濰縣、昌樂,疾馳南走。(《同治事典》221頁。濰縣:山東東部,屬萊州府,今濰坊市。昌樂:山東東部,屬青州府,今昌樂縣)

劉秉璋等追東撚賴文光於揚州,獲斬之,東撚平。

　　同治六年七月廿二日,李鴻章復黃昌歧(黃翼升)函:弟親督良(劉秉璋)、盛(周盛波)兩軍由濟寧啓程,途次得膠防失事之信,現由濟寧折向泰安,赴沂州相機調度,就近督飭運防各軍嚴密堵扼。該逆趨向未定,難保不窺伺清、淮。(《李鴻章全集》〔29〕530頁。沂州:山東南部,沂州府城,今山東省臨沂市)

　　同治六年八月初,李鴻章致潘鼎新函:宿遷仰化集以下至清淮,尚空二百里,無牆無人,將來或令仲良(劉秉璋)與奇軍(劉士奇部)補其闕。兄初八必可抵沂,同仲良先往臺莊。(《李鴻章全集》〔29〕544頁。仰化集:宿遷東南,運河東岸,今仰化鎮。清淮:指清江、淮安。臺莊:山東省南端,屬兗州府,今棗莊市臺兒莊區)

　　李鴻章慮賊自下流逸出,急檄(劉)秉璋由臺莊渡河赴桃源,會

浙軍防清江。(《文莊公國史館列傳》)。桃源、清江:江蘇北部,運河西岸,屬淮安府,今泗陽縣、淮安市)

同治六年八月廿二日,李鴻章上曾相(曾國藩)函:仲良(劉秉璋)已至桃源設防,囑其就商青帥(張之萬,時任漕運總督)酌辦。(《李鴻章全集》[29]538頁)

同治六年八月廿九日,李鴻章復英西林(英翰,時任安徽巡撫)函:仲良(劉秉璋)率奇軍(劉士奇部)現紮仰化以至楊莊,正與皖軍聯紮。浙軍六營仍移防楊莊至清江一帶。(《李鴻章全集》[29]541、542頁。仰化至楊莊、楊莊至清江:運河沿岸,位於劉秉璋駐防之桃源東西兩側。桃源即今日宿遷市泗陽縣,清江即今日淮安市)

賊由浙軍汛地奔竄出境,沿運河而下,直撲清淮。先公(劉秉璋)督部將者貴、葉志超、楊岐珍馬隊三營追及之,於淮城之張橋,賊大潰,降。其老賊數千人,沿途追擊至揚州之東北灣。逆首賴文光僅隨十餘騎,遇華字營兵擒之以獻。(《宮保公行狀》)

◎圉生按:者貴,劉秉璋部將,疑為少數民族。古代滇、貴、黔交界有者洪汛、者海汛、者賓汛等軍隊駐地。今仍有者太、者兔、者夯、者保、者苗、者浪等鄉鎮地名。屬無特指之"廣西壯族自治區隆林各族自治縣"。

任柱死,賴文光不能統其衆,益以山東多水道,騎不馳驟。是以屢敗,跳而免,奔過六塘河。秉璋策文光當入運河,使馬隊官葉志超、楊岐珍追之。戰于淮城東,大破之,擒斬幾盡。(《清代年表》829頁)

同治六年十二月初六,"劉秉璋與道員李昭慶追及於淮城,大破之。賴逆竄高、寶(高郵、寶應)水鄉。遇華字營統將吳毓蘭(字香畹,原屬吳毓芬華字營),生俘以獻"。(《文莊公國史館列傳》)

葉志超、楊岐珍"臨行請命曰:'撚行有二路,一之蒙、亳(蒙城、亳州)尋老巢,一過揚州投李世忠(太平軍降將,皖籍)為求降計,將之若何?'文莊曰:'撚若歸皖,羽類眾多,千萬人一呼立集。吾求解兵權於東撚肅清之後,早有成議,不能久俟,爾行勿出蘇境。若入運河,則吾賀汝縶賴文光歸耳。'時賊眾尚不下二萬,與我軍戰于淮城東,大破之,擒斬幾盡。志超、岐珍知文光在逃,留俘獲於清江浦而率兵窮追。文光僅餘數騎,過閘輒呼曰:'吾官軍也,爲賊所敗,速去板,賊至矣。'及我軍追及,幾經解釋而後得過,遂落賊後。文光先至揚州(瓦窯鋪)舟渡中,小卒跪進金帶,稱大王,爲華字營兵所見,擒以獻。翌日,文莊至楊,語觀察(吳毓蘭)曰:'從此兵革休矣。'談笑甚歡。後三日而郭武壯(郭松林)至,爭曰:'吾輩耕之,君食之耶?'觀察引見文莊而解之,乃已"。(《異辭錄》52頁。淮城:即淮安,江蘇北部,淮安府城,今淮安市。瓦窯鋪:揚州城北,京杭運河西岸,今揚州市北郊瓦窯村)

同治六年十二月十六日,賴文光被殺於揚州,東撚平。東、蘇、皖、豫、鄂五省一律肅清。(《同治事典》232頁)

同治六年十二月廿二日,東撚平,加賚李鴻章、曾國藩世職,賞劉銘傳、劉秉璋、郭松林、黃翼升等有差,復曾國荃頂戴。(《清代年表》830頁)

得旨,賞給(劉秉璋)白玉翎管等件。東撚既平,秉璋亟議息兵,籌善後。(《文莊公國史館列傳》)

同治七年戊辰(1868) 四十三歲

劉秉璋請卸勇,乞假歸。

同治七年正月初四日,李鴻章致曾國藩函:省三(劉銘傳)、子美(郭松林)、琴軒(潘鼎新)諫求三月假,仲良(劉秉璋)、幼弟(李昭慶)請卸勇,皆來濟寧,聚訟不休。論軍情必須稍爲息養,論大局則又義無可辭。……變故環生,竟無止境,終必潰敗決裂而後已,奈何。(《淮軍志》227頁)

淮軍將領固係依附李鴻章而起,但亦不甘永遠在其脚下盤旋。特別是在羽翼漸豐之時,既有功高賞薄之怨,復有鳥盡弓藏之憂。……故其渴望自立,與湘系將領亦無若何差異。不惟文途出身如張樹聲、劉秉璋、潘鼎新諸人之冀望位致方面大吏。即武途出身如劉銘傳、吳長慶,也是極希望爲地方之長,以展其長才。(《淮軍志》228頁)

甘肅平涼道李鶴章(李鴻章三弟),因統領淮軍,未能大得志。致書劉秉璋:恨不能讀書成進士,入詞館,爲帶勇根基云云。公(劉秉璋)以書戲之曰"帶兵最合法有十等,一爲粵撚匪投誠,次爲土匪投誠,三爲光棍地痞,四爲行伍,五爲不識文字,六爲秀才,七爲五貢,八爲舉人,九爲進士,十爲翰林。公本爲六等,何必羨慕九十等耶"云云。公之言,實屬憤激之論。(《萇楚齋》672頁)。

西撚自河南入直隸,軍鋒直指京畿。劉秉璋已解兵權未去,以道義交,令部將迅速北援。

同治七年正月初八日,西撚張總愚自河南入直隸,抵保定,軍鋒直指京畿,京師震動。(《同治事典》234頁)

同治七年正月初十日,令李鴻章馳赴直隸,截剿西撚。(《同治事典》234頁)

時淮軍將領俱在山東濟寧度歲。鴻章諭令所部將帥北援，竟無一應者，且紛紛求退，大有排去鴻章之勢。李鴻章無如之何，難以應命，以至久不奏覆。(《淮軍志》226頁)

朝廷連下八道上諭，嚴旨催促。最後終於在正月十二日詔旨責其(李鴻章)應援不力，命拔去雙眼花翎、褫去黃馬褂、革去騎都尉世職。(《淮軍志》227頁)

詔至，天方黎明，文忠(李鴻章)讀而復臥，置之枕側。晨起，聞諸將咸集，切切私議。出視，郭松林曰："會兵北上，先取京都耳。言洩於外，朝廷益疑軍中有異志。"時先文莊(劉秉璋)已解兵權未去，密告文忠曰："諸將謀去公，顯而易見。惟琴軒(潘鼎新)究竟讀書人，可激以義。"又謂潘中丞(潘鼎新)曰："吾輩道義之交，緩急顧不可恃耶!"翌日，中丞(潘鼎新)乃率軍行。(《異辭錄》56頁)

張總愚忽由山西渡河北竄，直逼畿輔，公(劉秉璋)令部將者貴(者貴：劉秉璋部將，記名總兵)等迅速北援與諸軍合擊。(《劉文莊公別傳》)

劉秉璋解兵權，所部仲軍裁遣四營，餘由部將吳長慶接統，撤銷仲軍番號，改稱慶軍。至光緒末年，此軍遣散。

同治七年二月，劉秉璋乞假歸。(《文莊公國史館列傳》)

先文莊(劉秉璋)屢求解兵權。文忠(李鴻章)約："俟軍務之畢。"及賴汶光就獲，再請。文忠不許，且百端譬解曰："古人捧檄而喜，豈有親在而可以高蹈耶! 軍務以來，候補藩臬無簡缺者，今以學士任方面，上下矚望之殷，而可恝然視之乎!"文莊奮然曰："公謂我於區區一藩司之職，萬餘人之眾，而患失之乎?"文忠不可留，乃作調侃詞曰："儒者讀書，貴能下人。吾輩文人，臨戰非武夫比。"(《異辭錄》53頁)

襄辦軍務畢，詔授山西藩司，辭不赴任，歸，與其兄半霞封公(劉贇，號半霞府君)、弟介如觀察(劉秉鈞，字介如)侍奉太封翁、太夫人之養。(《劉氏宗譜・文莊公逸事》)

先文莊(劉秉璋)之解兵柄也,並開山西布政使之缺。左文襄(左宗棠)示意將請於朝,俾署晉撫,率所部往,當西北路,文莊辭謝之而止。(《異辭錄》55頁)

先文莊於東撚平後乞病歸,知軍力單薄,不足當撚衆也。請以所部一軍予潘琴仙方伯(潘鼎新),俾合衆擊賊。時李文忠(李鴻章)代曾國藩爲帥,不允,使本軍中資望稍深者吳武壯(吳長慶)領之,且曰:"吾終當留此軍與子。"(《異辭錄》94頁)

劉秉璋傷疾復發,告假回籍就醫,所部仲軍裁遣四營,其餘馬步十一營(馬隊三營,步隊八營)由部將吳長慶接統,此後撤銷仲軍番號,改稱慶軍。不久,吳長慶統軍北上,參加了鎮壓西撚軍作戰。劉秉璋從此離開淮軍。(《淮系軍閥劉秉璋》,《東北師大學報》1983·2,82頁)

西撚平後,淮軍人數仍在六萬人以上。(《淮軍志》353頁)

先文莊(劉秉璋)解兵柄,所部親慶軍,吳武壯(吳長慶)繼爲統帥,數亦萬餘人。(《異辭錄》57頁)

同治壬申(同治十一年),文莊(劉秉璋)由陸道入覲,武壯(吳長慶)時駐軍揚州,送至清江浦始返,骨肉之親,殆不啻焉。(《異辭錄》95頁)

光緒六年九月初四日,命吳長慶率所部赴山東駐防,加緊海防。(《光緒事典》108頁)

光緒八年六月,吳長慶率登州駐防之師,以援高麗,即先文莊公(劉秉璋)當年剿平粵撚時親兵五營,後號"慶"字軍者。(《萇楚齋》822頁。登州:山東半島東端,登州府城,今蓬萊市)

光緒九年浙防漸急,吳武壯(吳長慶)率師在朝鮮,文莊(劉秉璋,時任浙江巡撫)函致文忠(李鴻章)索之,文忠游移其詞。未幾,豐潤張幼樵副憲(張佩綸)來書云:"筱軒(吳長慶)久駐朝鮮,其雅歌投壺之概,尚足愚朝鮮人耳目。若移而之浙,文人無行者,必將趨之若鶩,截曠之餉,不足以供其揮霍云。"文莊得書,笑曰:"傅相

(李鴻章)示意也,此軍終不予我矣。"(《異辭録》94 頁)

光緒十年二月十二日,吳長慶由朝鮮赴津,并請陛見。(《翁同龢日記》3721 頁)

光緒十年五月廿一日,吳長慶卒於金州防次。(《淮軍志》171 頁。金州: 遼東半島南部,屬奉天府,今大連市金州區)

中法戰事起,沿海積極籌防。防吳淞口者,有曹德慶的慶軍六營。甲午戰後,裁去一營。(《淮軍志》360、364 頁)

光緒十一年(駐朝鮮慶軍)始撤回遼東,是爲淮軍駐防外藩之特例。(《淮軍志》358 頁)

其後軍(親慶軍)分爲二: 留江南者,曹德慶、班廣勝領之,駐吳淞;在冀北者,黄士林、張光前領之,駐旅順。(《異辭録》94 頁。曹德慶,字肯堂,廬江人,官至記名提督狼山鎮總兵。班廣勝,字福齋,巢縣人,官至處州鎮總兵。張光前,字仲明,廬江人,官至提督,光緒卅一年卒。黄士林,字松亭,江西豐城人,記名總兵)

武壯(吳長慶)征高麗薨,張光前、黄仕林分駐旅順,寇(日軍)至皆潰走。己亥(光緒廿五年),文忠復出督粵。光前(張光前)往賀,述及曾至無爲謁文莊,公(劉秉璋)拒弗納。文忠曰:"汝敗軍之將,不見宜也。既而仍用爲粵中防營統領,文忠於淮部,究有念舊情也。"(《異辭録》133 頁)

◎圍生按: 吳長慶光緒十年二月從朝鮮回國,五月卒於金州,非"征高麗薨"。

同光間,吳淞駐紮淮軍五營,名曰"慶"字軍,舊爲先文莊公(劉秉璋)所統帶親兵五營。遂謝病歸,以此軍讓歸同邑吳長慶統領。吳卒,復歸曹德慶軍門。曹卒,復歸班廣勝軍門。班(班廣勝)卒於光緒末年,此軍亦遂遣散。(《莨楚齋》40 頁)

隨公至浙撫、川督任者有: 葉志超,字曙青,合肥人,位至直隸提督,光緒二十八年卒;楊岐珍,字西園,壽州人,位至福建水師提督,光緒廿九年十月卒;錢玉興,字榮山,壽州人,位至四川提督;蔡金章,字綏亭,壽州人,位至廣東陸路提督;何乘鰲,位至記名提督川北鎮總兵;馬朝選,字聘三,位至總兵;終守鎮海者吳杰等。其餘無實職者、未及顯貴而戰死者、雖部下而非親隨者,不在此列。(《異辭録》94 頁)

西撚平。

同治七年二月初五日,直隸軍務緊要,諭令各路統兵大臣及各督撫均歸恭親王奕訢節制。(《同治事典》236 頁)

同治七年四月,潘鼎新等擊賊於吳橋、東光、南皮、滄州、靜海、天津,皆破之,賊不得渡運河而西,河防始固。(《清代年表》831 頁。吳橋、東光、南皮、滄州、靜海:均爲直隸省東部城市)

同治七年六月初七日,潘鼎新敗撚軍於山東商河縣沙河鎮,張總愚敗退至茌平。(《清代年表》832 頁。商河縣沙河鎮:山東北部,屬武定府,今惠民市以西沙河鎮。茌平:山東西部,屬東昌府,今聊城市茌平縣)

同治七年六月十二日,潘鼎新再敗西撚于濟陽縣玉材鎮,撚軍陣亡六七千人,主力覆沒,輜重盡失。六月十六日張總愚率殘部數千人突圍至德州,過運河未成。(《同治事典》244、245 頁。濟陽、德州:山東北部,屬濟南府,今濟陽縣、德州市)

同治七年六月廿八日,張總愚敗退至茌平境,潘鼎新等諸軍合圍於徒駭、黃、運之間兜擊之,撚衆大敗。從張總愚者僅八騎,走至徒駭河投水死,西撚平。(《清代年表》832 頁。徒駭河:西接運河,流經博平、高唐、禹城入渤海灣)

自粵撚匪亂平,論者每歸美於曾(曾國藩)、左(左宗棠)、胡(胡林翼)、李(李鴻章),"而不知當日能削平大難,推賢任能,其功猶在恭忠親王(奕訢,道光帝第六子)。恭忠親王感念文宗顯皇帝友愛之殷,任用之專,誓竭力致身以爲國"。(《莨楚齋》754 頁)

聲木謹案:"恭忠親王當國時,用人行政,備極苦心孤詣,實有外人所不及知者。成都將軍宗室岐子惠將軍元(岐元,清宗室,滿洲正紅旗人)，嘗謂先文莊公(劉秉璋)云：恭王當國時，京官自五品以上，外官自司道以上，恭王自書記名冊一本，每人增注考語於下。用人時憑冊支配，舉措一時稱最。將軍親見此冊，並謂先文莊公(劉秉璋)名氏下，注'結實開朗'四字云云。"(《萇楚齋》754頁)

文宗(咸豐帝)用人，惟賢是尚，不分滿漢，皆肅順(愛新覺羅·肅順，滿洲鑲藍旗人)匡輔之功。……恭邸(恭親王奕訢)當國，陰行肅順政策，親用漢臣，李文忠(李鴻章)尤其倚賴，凡所措置，足奠邦基。直至宣統末年，宮禁並無失德。(《異辭錄》82頁)

劉秉璋解兵權後，以父年高多病，請假歸里，定居無爲州。

(同治)五年四月授劉秉璋江蘇按察使，(同治)六年授山西布政使，皆在軍，未及履任。至是公以父年高多病，請假歸里。(《宮保公行狀》)

先文莊公(劉秉璋)於粵匪亂後，約在同治六、七年間，購得無爲州徐姓屋居住。舊有樓一所，懸"遠混天碧"四字榜額，爲本地亂前書家李旦初先生旭所書，字體仿米芾，頗有雄傑氣概，遂仍之，因以"遠碧"名樓，爲藏書所。聲木謹案：柳子厚《永州新堂記》中，有"邐延野綠，遠混天碧"之語，李旦初先生題榜，蓋即用其語。(《萇楚齋》26頁。無爲州：安徽中部，屬廬州府，今無爲縣。劉秉璋辭兵權後，定居無爲)

公當日藏書有肆伍萬卷，編《遠碧樓書目》十卷，後析歸第四子劉體智，沿襲舊稱，擴而大之，藏書貳拾餘萬卷，以明以前本爲多，宋槧元鈔者亦略備，重編《遠碧樓書目》三十二卷。(《萇楚齋》774頁)

民國廿九年，劉體智請長樂鄭振鐸先生翻檢重編，選宋元刊本、鈔校本及明刊精本爲主，寫定《遠碧樓善本書目》五卷。(《鄭振鐸書話》220頁)

同治八年己巳（1869）　四十四歲

　　劉秉璋入都候簡，路過天津，署理直隸總督兼北洋大臣張樹聲
留住行轅。

　　同治八年五月，先文莊公（劉秉璋）入都候簡，路過天津。時合
肥李文忠公鴻章丁母憂，賞假百日。合肥張靖達公樹聲署理直隸
總督，兼北洋大臣，留住行轅。（《萇楚齋》774 頁）

　　◎圜生按：記載無月日。四月十四日李鴻章自天津啟程
　　奔喪，六月十九日以韓亂危急，諭催李鴻章即行回津，故李鴻
　　章離津，劉秉璋入都，約在同治八年五月。

同治九年庚午(1870)　四十五歲

天津教案。

同治九年五月廿三日,天津教案發生。毆斃(法國領事)豐大業(Henri Victor Fontanier, 1830—1870)及(秘書)西蒙,焚毀望海樓教堂、育嬰堂、法領事館及英美教堂六所,打死洋人二十名。(《同治事典》276 頁)

法國領事和他的妻子以及二十一名修女慘遭殺戮。(《親歷晚清四十五年》19 頁。譯者注: 打死的除法國領事豐大業及其秘書西蒙外,另外十八人中有傳教士、修女、商人等)

同治九年五月廿四日,俄、西、英、法、美、德、比、日等國公使聯銜照會總理衙門,要求懲辦天津教案凶犯。(《同治事典》273 頁)

同治九年五月廿五日,命直隸總督曾國藩赴天津查辦教案。(《同治事典》275 頁)

同治九年六月廿三日,曾國藩奏報調查天津教案情由,奏稱:傳教堂"挖眼剖心,則全系謠傳,毫無實據"。此次原因,教堂終年關閉,過於秘密,至謠言四起;教堂留病人醫治,被疑"不見其出";死人過多,夜間掩埋,有幾屍共一棺者,是以猝成巨變。(《同治事典》276—278 頁)

同治九年六月廿五日,諭曾國藩"和局固宜保全,民心尤不可失",又命沿江沿海各省整頓軍備。(《同治事典》276、277 頁)

同治九年六月廿八日,曾國藩奏:"中國目前之力,斷難遽啓兵端,惟有委曲求全之一法。"(《同治事典》278 頁)

同治九年七月,諭辦海上水師。諭曰:"海上水師與江上水師截然不同,欲捍外侮圖自強,非二十年之久未易收效。然因事端雖鉅,畏縮不爲,則永無自強之日。近年臣工值事,急時徒事張皇,禍患略平,又爲苟安之計。”“將校有熟諳風濤沙綫者,隨時擇保。即山野中或長於海戰,亦當隨時物色,量材超擢,各督撫其統籌全局以副委任。”(《清代年表》840 頁)

同治九年八月廿五日,李鴻章抵天津,接替曾國藩辦理津案。(《同治事典》280、282 頁)

同治九年九月十一日,命將天津知府劉光藻、知縣劉傑發往黑龍江效力。十五人正法,二十一人充軍流放。九月十五日懲處津案第二批人犯,五人正法,四人發配。九月十八日賠償所毁法國教堂、領事署、仁慈堂及財物合計二十一萬兩,撫恤銀二十五萬兩;俄人恤銀三萬兩。九月廿五日天津教案結案。(《同治事典》282—284 頁)

是歲,貴州遵義等地九起教案一律結案。(《同治事典》279 頁)

同治十年辛未(1871) 四十六歲

洋務運動。

同治十年二月廿九日,香港上海間海底電綫成,是爲外國鋪設至中國之首修電報水綫。四月十六日上海至倫敦海底電綫架通。(《同治事典》291、292頁)

同治十年八月初一日,允准曾國藩、李鴻章擬選子弟赴泰西各國肄習技藝之奏請。容閎在上海設立留美學士預備學堂。(《同治事典》295、298頁)

同治十年,美國聖公會在武昌設立文氏學堂,是爲華中大學之前身。美國監理會在蘇州設立存養書院,是爲東吳大學之前身。(《同治事典》298頁)

同治十一年壬申（1872） 四十七歲

曾國藩卒，劉秉璋贈輓聯。

同治十一年二月初四日，曾國藩卒于金陵，年六十二歲。贈太傅，謚文正。（《同治事典》299頁；《清代年表》845頁）

劉秉璋贈輓聯：天上大星沉，氣壯山河，身騎箕尾；人間紛雨泣，功在社稷，澤被生民。（《曾國藩傳》281頁）

先一月，致書文莊（劉秉璋），約至金陵，且云：「願送東山之雲，出沛敷天之雨。」及見，言及李文忠，出巨擘曰：「奈何與此公相背，今上甚從其言也。」文莊（劉秉璋）退而告梅小巖方伯（梅啟照，字小巖，時任江蘇布政使），方伯笑曰：「公（曾國藩）真衰矣，乃以巨擘指門生。」翌日，方伯又謂文莊曰：「聞衛士言，公（曾國藩）輿中口誦《論語》'吾日三省'一章，殆指公（劉秉璋）乎。」文莊曰：「吾始從公剿撚，馳驅數省，頗形困頓，告公，公曰：'何不默誦書。'既而學爲古文辭，以就正於公，曰：'此默誦書之所得也。'公曰：'要默誦經書。'公事事引人入勝，此殆默識之功與。」（《異辭錄》64頁）

劉秉璋服闋。奉旨入覲，授江西布政使。

撚匪平，（劉秉璋）以父年老告終養，旋丁父憂，十一年服闋。奉旨入覲，授江西布政使。（《劉文莊公別傳》）

同治壬申，文莊（劉秉璋）由陸道入覲，武壯（吳長慶）時駐軍揚州，送至清江浦始返，骨肉之親，殆不啻焉。（《異辭錄》95頁）

適李文忠（李鴻章）亦有書勸出仕，是時恭王（恭親王奕訢）當國，頗受饋遺。文莊（劉秉璋）至津，寓北洋大臣行轅中，偶談言之，文忠不顧而言他。次日，天津府知府馬松浦太守來見，曰：「奉傅相命，隨公乘船，觀大沽炮臺。」文莊於舟中，以昨日之語告之，太守慨然引爲己任，其實不過千金之數而已。文莊將出京，向王辭行。王送將至門，僕屬耳有所言。王謂文莊曰："馬松浦還費心。"當日受賂甚微，猶不苟如此。於斯益見文正之守經，文忠之從權。然其雄才大略，信足以長駕遠馭，後之人不可企及也已。(《異辭録》64頁)

同治十二年癸酉(1873)　四十八歲

日本覬覦中國臺灣與琉球。

正月廿六日,同治帝親政。(《同治事典》310頁)

五月廿六日,日本駐華副使柳原前光,就臺灣當地住民殺斃琉球船民事,會晤總理衙門大臣毛昶熙、董恂。(《同治事典》316頁)

◎園生按:同治十一年,日本國宣布吞并琉球,冊封琉球王。(《中外年表》658頁)琉球王尚姓,我朝冊封琉球中山國王,共計八次。第一次於順治十一年冊封王尚質,第八次爲同治五年冊封王尚泰。(《蕞楚齋》826頁)

又:光緒五年,日本廢琉球爲縣。(《清實録》〔53〕363頁)

因籌解滇餉,獎勵劉秉璋加一級記録三次。

同治十二年十一月十六日,以雲南全省肅清,將各省籌解餉銀、軍火,各督撫、藩司獎勵。奉旨劉秉璋著加一級記録三次。(《劉文莊公奏議》卷一,六頁)

公十一年授江西布政使,清釐軍興以來二十餘年膠葛庫款,盤查各屬交代數百起,廉能甚著。(《宮保公行狀》)

劉秉璋繼子劉詒孫卒,長子劉體乾生。

初無子,以弟之子爲子,曰詒孫,同治十二年拔貢生。(《劉文莊公墓誌銘》)

公舉子遲,先撫弟(劉秉鈞)之子爲繼,名詒孫,娶李鴻章四弟李蘊章之女爲妻。同治十二年(1873)癸酉科拔貢,赴鄉試,夭於金陵,無嗣,遺腹生女。公有詩:"鈴語聲聲入夜哀,金陵何處望思臺。冤魂可有巫咸訴,死者難逢伯樂來。"(劉聲木手稿《劉文莊公佚詩》)

長子劉體乾生。體乾,字健之,二品蔭生,江蘇補用道,娶李鴻章六弟李昭慶之女李玉英爲妻。民國初任四川省督軍,一九四〇年去世。

同治十三年甲戌(1874)　四十九歲

日本軍艦於臺灣琅嶠登陸,中日開戰。

同治十三年三月廿二日,日本軍艦於琅嶠强行登陸。(《同治事典》329、331 頁。琅嶠:臺灣島南端,屬臺南府恒春縣)

同治十三年六月初八日,調徐州劉銘傳武毅軍六千五百人赴台。(《同治事典》333 頁)

同治十三年九月廿二日,與大久保利通簽訂中日北京專條。十月廿五日西鄉從道率侵台日軍撤出臺灣,日軍戰死十二人,病殁五百六十一人。(《同治事典》338 頁)

同治十三年十一月初二日,李鴻章奏籌海防,暫棄新疆,嚴守邊界,以停撤之餉勻作海防用。日本志不在小,爲中國永遠大患。(《李鴻章傳》219 頁)

日本軍艦於臺灣琅嶠强行登陸後,李鴻章上《籌議海防折》,主張停撤收復新疆的軍隊,將"停撤之餉,即勻作海防之餉"。劉秉璋對李鴻章的主張持異議,他認爲新疆既可以收復,又可以防守,如果經費困難,可以"減兵縮餉,克期蕆事"。(《淮系軍閥劉秉璋》,《東北師大學報》1983·2,83 頁)

同治皇帝駕崩,立醇親王子載湉入承大統。

同治十三年十二月初五日,上崩,壽十九。兩宮皇太后懿旨,立醇親王子載湉承繼文宗爲嗣,入承大統。慈安、慈禧皇太后再度垂簾聽政,詔以明年爲光緒元年。(《清代年表》854、855 頁)

劉秉璋奉旨署理江西巡撫。

同治十三年十二月初八日,李鴻章致潘鼎新函:峴莊(劉坤一)署兩江,仲良(劉秉璋)遂權開府,江力雖不能多幫,慰情聊勝無

也。(《李鴻章全集》[31]160 頁)

　同治十三年十二月,劉秉璋奉旨署理江西巡撫。(《劉文莊公奏議》卷一,七頁)

光緒元年乙亥(1875) 五十歲

李鴻章就加强海防,致函劉秉璋:"執事從軍數年,洋務却毫無探討,理當略加揣度。姑就閣下所疑議數端,一爲決正。"

光緒元年正月初八日,李鴻章復署贛撫劉仲良(劉秉璋)中丞函:敝處覆議海防一疏,實緣身任其事,不得不斟酌時勢,啓發聵聾。明知當世人才不能准行,亦斷不能辦到,但既灼見真知,亦須留此空言,以待後之作者。庸衆無識,橫加訾議,固無足怪。執事從軍數年,當有閲歷,洋務即毫無探討,事理當略加揣度,乃猶大肆簧鼓,實出期望之外,兹姑就閣下所疑議數端,一爲決正。西師不撤,斷無力量兼謀東南,此所已知者也。

又謂只可議令減兵減餉,克期蕆事。夫添兵添餉必不能克期蕆事,三尺童子當共諭之,今既減兵又縮餉,而仍責其克期,此期惟執事久充統領者可克,廟謨帥令恐未便操作。若作克期蕆事之空文虛愿,欺人乎?自欺乎?鄙疏本有嚴守現有邊界且屯且耕之語,非盡撤也,也非舉玉門以外棄之也。所述曾文正暫棄關外之議,却非正筆,何未看清文義遂下斷語。吾謂新疆不可復,嫌於蹙地。尊意豈料新疆必可復耶?復之必可守耶?此何異盲人坐屋内説瞎話。我既知其不可復、不可守,自應預作一自守之謀,屯守現有邊界,即是杜俄人蠶食,屏蔽西北各城及内地也。現即不議減兵縮餉,亦不過做到如此地步。決大計大疑,豈容稍涉虛飾耶。煤鐵爲船炮必需,可以開挖,此所已知者也。何以樂、平煤鐵官場合力阻撓?

又謂文中帶説開礦利小而害大,非數十年所能收效,似閣下曾經用機器開礦,熟知其利害者。若尚不知,請撥冗赴西洋各大國游歷一遍,當悟鄙言之有據,蓋雜採諸國諸書而爲之,非杜撰也。

又謂文策疏論,出入經史,可覘經濟,惜未於稍加變通下暢言之,誠然,誠然。至稱制科代有偉人,曾文正與兄等皆科目得之,此論前數年早經辟過,尚記憶否。且即得文正與兄等數十輩,洋務亦斷辦不好,此微明自照,不敢强飾,正誤于當日之時文小楷也。

又謂算學比于天文,生爲六藝之一,聖人未嘗不講究,兄卻未見聖人留下幾件好算數器藝來。

又謂格致、測算無非欲其用諸制造,然天地萬物萬事皆有制造之法之意,何可藐視。

又謂統名之洋學局,疑於用夷變夏,名不正則言不順,是必華學即可制夷,即可敵夷,若尚不足以制敵,則取彼之長,益我之短,擇善而從,又何嫌乎。姑不必以趙武靈王胡服爲比,即須綜合名實,洋學實有逾于華學者,何妨開此一塗。且夷人已入内地、駐京師,公尚斷斷於夷夏之防,則必真有攘夷之本領,然後不爲用夷之下策,請問公有何術乎。僅僅清理數十萬交代,遂爾目空四海,自命籌餉生財确有把握,吾斯之未能信。

又謂於枝葉上刻畫,未於根本上推勘,而仍以用人、理財、經武爲根本,則鄙人正摺條議内已反復言之,何以不將吾疏通體研究精明,再爲發難。

又謂陸兵數十萬皆持後門槍,沿海數千里遍布鐵甲船,而以圓軟寬弛之人督之,將不遇敵而敗可決。果能如此,亦未見其必敗。今既不易其人,又不講其器,遂必勝乎!

又謂端謹者多苟且不任事,其敢任事者往往喜用偏鋒,卒亦不能行其説。然則將用何等人爲宜。如公之端謹,恐亦蹈不任事之過,若欲任事,不應妄以任事爲偏鋒也。

又謂招延有學識之士參議軍國,勿輕聽輕淺小才之新論,如執事可稱有學識矣,乃于軍國重事强不知以爲知,其他又何賴而何望也。

又謂言之而行則誤國,不行則損望。竊以此言若行,可延宗社數百年,不行則後有王者必來取法,無所誤也無所損。

危言過慮,非所敢承,以閣下托于諍臣諍友之義,聊布腹心,以當面談。原函及復信可抄致品蓮(沈保靖)一閱。(《李鴻章全集》〔31〕173頁)

◎圉生按:此函爲本文蒐集到的李鴻章致劉秉璋篇幅最長的一封信。信中不僅記録當年海防與塞防之爭,也反映了李、劉推心置腹討論國是的親密無間。

光緒元年正月二十日,光緒帝登極典禮行於紫禁城太和殿。翌日,頒詔大赦天下。(《光緒事典》51頁)

劉秉璋著補授江西巡撫。

光緒元年八月初二日,以江西布政使劉秉璋爲江西巡撫。(《清實録》〔52〕256頁)

光緒元年八月十三日,李鴻章致劉秉璋函:昨閱初四日邸抄,知已晋擢專圻,賢者匯征,中外稱慶。海防撥款現未解到分毫,鄙疏前請停減西征,蓋通盤籌畫而出,廷臣模棱敷衍,不云暫緩海防,乃云從容籌備,數十百年仍辦不成,徒擁虛名,終受實禍,焦悚奚如。尊論龍肉之喻,實獲我心。外侮日甚,敵國日驕,即如滇邊一案,威使(英使威妥瑪)來津,吵鬧月餘,所要七條,大半案外之事。兄與總署商議。有准有駁,仍不見允。昨已赴京向總署饒舌,謂半月內如不定議,即率北方英屬官商南下,請伊國另行派員辦理。其意謂南北炮臺兵力皆不足以阻遏,一經決裂,如探取囊中物耳,能不令人氣憤。(《李鴻章全集》〔31〕311頁)

光緒元年八月廿五日,劉秉璋謝授江西巡撫疏:臣皖北庸才,詞垣供職,從軍各省,洊升江西藩司,在任兩年,慚無寸效。上年十二月奉旨署理江西巡撫,時過半歲,未報涓埃。聞命之下,感悚倍增,查江右幅員遼闊,巡撫責重事繁,臣深懼勿克勝任,惟有仰懇聖慈俯准。臣恭詣闕廷跪聆恩訓。(《劉文莊公奏議》卷一,七頁)

◎圉生按:巡撫,俗稱"撫軍""撫台",從二品(兼兵部侍郎銜,爲正二品),總管一省地方政務,考察全省官員,監理全省關稅、漕政,節制各鎮總兵,職權僅遜於總督。

光緒元年九月,命江西巡撫劉秉璋來京陛見,以布政使李文敏護理巡撫。(《清實錄》[52]256頁)

光緒二年丙子（1876）　五十一歲

劉秉璋爲前軍營將弁，迫於饑寒者請飭寬爲收標，給予半俸，以示體恤，免致流爲會匪。

光緒二年二月初九日，劉秉璋奏江西候補武職收標章程現無流弊疏：光緒元年十二月二十日奉上諭，前據劉坤一奏，哥老會匪蔓延湘鄂浙閩、雲貴川陝、安徽江西各省，而江蘇爲尤多，該匪半係前軍營將弁，其中迫於饑寒者不少，請飭寬爲收標，給予半俸，以示體恤。著劉秉璋體察情形，悉心妥議，奏明辦理。

臣查匪徒拜會結盟，謀爲不軌，誠宜嚴拿。在江西，武職收標於部章之外，復加詳細考核。實係年壯技嫻，始准收標效力。收標之後如有不安本分，仍即隨時參辦，不稍姑容。似此稽察綦嚴，應無匪類溷迹營伍之患。劉坤一原奏其意欲使寬爲收標，免致流爲會匪，非謂已爲會匪，亦准收標。江西省自髮逆蕩平之後，因土匪根株未盡，游勇出没靡常，酌留水陸防軍，擇要布置，緝捕巡防。並不時策勵各屬，督率紳耆一體，編查保甲。江西拿辦會匪，本未敢稍涉疏虞。至於軍營保舉武職，收標候補。誠以該員效命戎行，頻年征戰，出入生死，而得一官。若事平遣撤，置散投閑，情殊可憫。是以准其投標候補，上則爲國儲備將材，下則振作行閒士氣，非苟爲贍恤。而各省情形，臣未敢懸揣，惟悉心體察。江西現辦收標章程，尚無流弊，理合恭摺覆陳。（《劉文莊公奏議》卷一，八頁）

劉秉璋奉旨入覲，懇請開缺終養。

光緒二年二月初九日又奏，起程入覲，請假十五日，送母回籍。允之。（《清實録》〔52〕402頁）

光緒二年四月十六日，翁同龢訪劉仲良中丞（劉秉璋）未見。（《翁同龢日記》1238頁）

光緒二年四月十八日，劉秉璋奏請終養疏：臣母因近來血氣愈衰，目疾愈劇，視物不見，起動飲食，刻須扶持，衰邁思鄉，不願羈留異地。臣陳請給假半月，便道送母回籍。抵里之後，隨即星馳北上，趨赴闕廷，仰蒙召對。臣母今年八十有四，去日苦多，為人子者，情難恝置，況兩目復膺痼疾，左右未敢遠離。臣若徑直赴任，不免分心內顧，更恐貽誤公事。輾轉籌思，事處兩難，不得不瀝陳於聖主之前。聖朝以孝治天下，官員親年八十以上，例准呈請終養，臣年甫五十，將來報國之日尚長，惟有仰懇天恩，准臣開缺回籍終養。（《劉文莊公奏議》卷一，十頁）

　　光緒二年四月十九日，內閣奉上諭：劉秉璋奏懇請開缺終養一摺，劉秉璋之母胡氏，年逾八旬，兼患目疾，侍奉需人。覽其所奏情詞懇切，原應俯如所請，以遂孝思，惟江西地方緊要，劉秉璋向來實心任事，於吏治民風頗能整頓，朝廷倚重方殷，且該撫尚有兄弟二人可資奉養，正當及時圖報，用副委任，著毋庸開缺。（《清實錄》〔52〕438頁）

　　光緒二年四月廿一日，翁同龢訪劉仲良（秉璋），未見。四月廿四日劉秉璋回訪翁同龢。（《翁同龢日記》1240、1241頁）

　　光緒二年五月，劉秉璋自京回江，道出湖口，親往九江湖口炮臺查勘。（《劉文莊公奏議》卷一，三十二頁。湖口：江西北部，屬九江府，贛、鄂、皖三省要衝，長江入鄱陽湖之口，今九江市湖口縣）

　　光緒二年六月初三日，劉秉璋奏報回任接印日期疏：臣前因蒙恩擢授疆寄，趨赴闕廷，恭請聖訓，疊蒙召見，誨勉再三，舉凡吏治、營伍、理財、用人諸要務，莫不指示周詳。陛辭後隨即束裝出京，行抵江西省城，於六月初二日准護撫李文敏將巡撫關防、王命旗牌等項委員齎送前來。（《劉文莊公奏議》卷一，十四頁）

　　劉秉璋奉到頒賞《欽定剿平粵撚匪方略》《御制詩文全集》。

　　光緒二年四月十七日，頒到欽定方略，劉秉璋謝恩疏：本月十

六日由軍機處將欽定《剿平粤匪》《撚匪方略》各一部頒發到。微臣感激下忱,謹繕摺叩謝天恩。(《劉文莊公奏議》卷一,十三頁)

光緒二年七月廿八日,奉頒穆宗(同治帝)《御制詩文全集》,劉秉璋謝恩疏:"臣齎摺差弁於光緒二年七月十五日自京回江,奉到頒賞,穆宗毅皇帝《御制詩文全集》,臣當即恭設香案叩頭祇領。"(《劉文莊公奏議》卷一,十五頁)

長江水師提督黃翼升不勝欣慕,時欲借看借鈔。文莊告以:"此系欽賜之書,不能贈人。不然,公如好之,即可奉讓。"(《莨楚齋》1051頁。黃翼升,字昌歧,湘鄉人,初從曾國藩建淮揚水師。同治元年,輔李鴻章援江蘇。官至長江水師提督,加尚書銜。光緒二十年卒,謚武靖。雖以軍功出身,而篤好風雅,留心典籍。與文莊相善,共事多年)

以上年英國駐華使館翻譯官馬嘉理雲南被殺案,李鴻章與英使威妥瑪(Sir Thomas Francis Wade, 1818—1895)簽訂《中英烟臺條約》,增闢通商口岸。

光緒二年七月初三日,命李鴻章與英使威妥瑪商馬嘉理案。(《清代年表》859頁)

光緒二年七月廿六日,李鴻章與英使威妥瑪簽訂《中英烟臺條約》,附《另議專條》增闢宜昌、蕪湖、溫州、北海四處爲通商口岸。(《光緒事典》70頁)

劉秉璋認爲,開口岸過多,於"國體餉源"有礙。(《淮系軍閥劉秉璋》,《東北師大學報》1983·2,82頁)

劉秉璋因江西被水,免抽米穀釐金,俾裕民食。

光緒二年八月,上諭:劉秉璋奏,寧都、興國二州縣,本年六月間雨水過多,溪河泛濫,田廬均被淹没,居民多有淹斃。又南豐等縣,因六月間晴少雨多,河水又復泛漲,小民蕩析離居,深堪矜憫。著劉秉璋飭令委員暨該地方官,確切查勘,妥爲撫恤,毋任失所。(《清實録》〔52〕561頁。寧都:江西南部,寧都州城,今寧都縣。興

國：屬贛州府,今興國縣)

　　光緒二年九月,江西巡撫劉秉璋奏：江西被水,業已免抽米穀厘金,俾裕民食。(《清實録》[52]580 頁)

光緒三年丁丑（1877）　五十二歲

劉秉璋奏,將常平倉穀價項下,撥銀二十萬兩,放給招商局併歸美國旗昌公司用,並令分年歸還本息。

上年十二月初五日,命浙江、江西、湖北撥銀收購美國旗昌洋行船産。(《光緒事典》74 頁)

光緒三年正月,江西巡撫劉秉璋奏,將常平倉穀價項下,動撥銀二十萬兩,放給招商局濟用,並擬令分年歸還本息。(《清實錄》〔52〕648 頁)

光緒三年六月,劉秉璋奏撥常平倉穀價放給招商局濟用片:光緒二年十二月初五日奉上諭,美國旗昌公司願併歸招商局,議定各項價值,請飭撥款一摺。

旗昌公司輪船、棧房,等項,現經議定價值,需款甚鉅,除各商集成銀一百二十二萬兩外,不敷一百萬兩。兩江總督沈葆楨(兼任南洋通商大臣,參與輪船招商局),擬由該省藩司等籌銀五十萬兩,並請飭浙江、江西各撥銀二十萬兩,湖北撥銀十萬兩。即著李瀚章、翁同爵、劉秉璋、楊昌濬迅速照數撥解,毋稍延誤。

奉諭旨飭江西撥銀二十萬兩,自應竭立籌辦。經奏報有案是江西庫款,入少出多,拮据實情,尚有何閑款堪以撥充招商局之需?然事關中外交涉,期不可誤。臣與司道再四熟商,僅有各屬常平倉穀價一款,本應發給各屬買穀還倉,衹緣司庫解款浩繁,每遇告罄之時,賴有此銀暫借濟急。今奉撥招商局銀二十萬兩,捨此別無可動之款。應請即於常平倉穀價項下撥銀二十萬兩,先放六萬兩,已領解回滬。餘銀十四萬兩,亦飭該局自行陸續來江請領。常平倉穀價乃地方儲備,攸關通省民食民命所繫,必須分年歸還本息。現咨會沈葆楨轉飭招商局,照議分作十年,每年歸還本銀二萬兩。其息銀隨本遞減,第一年按二十萬繳息,次年還過本銀二萬兩,即按十八萬兩繳息,以此類推,還畢而止。(《劉文莊公奏議》卷一,二十二頁)

◎圍生按:美國旗昌公司(Russell & Co.),總行在美國波士頓,道光四年在廣州設分行,道光二十六年在上海設分行。專事對華貿易,經營絲綢、茶葉和鴉片,另有輪船公司,光緒十七年停業。

著劉秉璋、沈葆楨等按該省應解西征餉數,迅速提前合解四百萬兩,毋得遲延。

上年九月,左宗棠規取新疆南路,爲程四千一百餘里。十一月,左宗棠以北路肅清,奏請汰防軍,期收餉節兵精實效。北路防軍號稱四十餘營,餉較劉錦棠所部爲多,故有此請。(《清代年表》862頁)

光緒三年三月,左宗棠奏:西征軍務正在得手,目下已屆春融,所有進攻南路及規取吐魯番各軍需餉甚急,亟須速籌巨款,以期無誤戎機。各省、關應協本年西征軍餉,著沈葆楨、劉秉璋、梅啓照、李瀚章、劉坤一、丁寶楨等,各按照該省應解西征餉數,迅速提前合解四百萬兩,毋得稍有遲延。(《清實錄》〔52〕684頁)

光緒三年五月十九日,李鴻章致潘鼎新函:仲良(劉秉璋)因餉源日絀,核減各省額撥,豈能另添滇餉(潘鼎新時任雲南巡撫)。前俊侯(唐定奎,字俊侯)、小軒(吳長慶,字筱軒)、仁山(疑爲仁軍唐仁廉之誤)等來津籌商,秋後擬揀裁十營。倘從此海疆無事,得漸遣汰,鄙人可釋重負矣。(《李鴻章全集》〔32〕67頁)

劉秉璋與李鴻章數十年師生至契,每與論洋務,則意見相左。

光緒三年五月十九日,李鴻章致劉秉璋函:津、滬機器局巨費,在各國視若毫芒,近日粵東、山左、湖南踵行之,各沾沾自喜,坐井而不知天大,莫如歸併一局,分濟各省,或可擴充,以抵西洋之一小局。愈分愈多,則愈不足以成事。尊處以費絀而止,豈亦窺見斯

義耶？（《李鴻章全集》〔32〕67頁）

日來由東局至敝署電綫置妥，僅費數百金，通信立刻往復，即用局內學生司之，神奇可詫，各使均相道賀。執事聞之，將又啞然笑，數十百年後，必有奉爲開山之祖矣。（《李鴻章全集》〔32〕68頁）

上年，李鴻章致劉秉璋函：言不談洋務則無術以支持天下，海防百年可不用，一日不可無備。（《李鴻章傳》222頁）

公與李鴻章數十年師生至契，每與論洋務，則意見相左。公嘗曰：“今之善辦洋務者，我知之矣，譬如西人索一酒杯，不與，暗中轉與以酒壺。索一湯勺，不與，暗中轉與以大碗。西人只須利大，不問合用與否也。”文忠怫然不悅曰：“不若是，公有何辦法？”文莊言：“我未嘗言我有辦法也。但我無辦法，不掛辦洋務招牌，又何害焉？”（《萇楚齋》1093頁）

劉秉璋爲已故江西鄱陽縣知縣沈衍慶請贈道銜，入祀昭忠祠祭葬，入《循吏傳》。

光緒三年六月，劉秉璋奏已故知縣政績請旨宣付史館疏：原任江西鄱陽縣知縣沈衍慶，安徽石埭縣人，道光乙未科（道光十五年）進士。時多惠政，戢吏役，鋤豪强，聽訟敏決，積牘一清。鄱邑向有溺女之習，沈衍慶廣育嬰堂，擇端士董之，保全嬰命無算。夏施藥餌，冬散綿衣，掩骨埋胔，矜恤無告，舉便民之政，靡利弗興，民感之次骨。生平頗講性理之學，拓芝陽書院，暇則進諸生而講肄之，士風丕變。鄱濱巨湖盜賊出沒其間，沈衍慶增哨船，嚴督捕，境內肅然。（道光）二十八九兩年大水，城鄉民舍皆没，民蹲樓頭屋脊若饑鷗，每風濤震蕩呼救之聲四起。沈衍慶擇高阜，結棚爲徙居。其不能徙者，作餅餌椑小艇親散之。城中四門分設粥廠。日乘扁舟，往來疾風駭浪間。督察胥吏，不能爲奸。衣忘澣，食忘飽，始終不懈，前後存活數十萬人，以治行稱最。

咸豐三年粵逆犯江（西），沈衍慶團結壯丁，豫爲訓練防備。五月南昌圍急，前撫臣張芾檄調援省，率衆即行，會合省防各軍力戰。大破之，轉敗爲勝，斬獲甚夥。七月沈衍慶馳歸，索印籌防，力戰守饒郡，城垣被水衝塌。時久雨湖漲，城内外水深數尺，無險可攖。審度地勢，迎擊殺賊，卒以衆寡不敵，爲賊所困，身已被創。知事不可爲，益發憤，力戰死之。所部從難者三百餘人，旬日賊退，獲其屍，貌如生，衷衣遍鈐鄱陽縣印。

前撫臣張芾奏，奉諭旨優卹沈衍慶贈道銜，入祀昭忠祠予祭葬，於鄱陽縣建專祠在案。沈衍慶政績有古循吏風，死事有古烈士風，紳民等追念遺愛，不忍没其治行，呈乞奏請編入《循吏傳》。（《劉文莊公奏議》卷一，廿九頁。鄱陽：江西北部，鄱陽湖東岸，屬饒州府，今鄱陽縣）

劉秉璋奏，禁種罌粟必先禁吸鴉片，禁吸鴉片應始自官吏，禁吸鴉片必先斷絶洋土。

光緒三年六月十三日，劉秉璋奏禁鴉片烟疏：臣查鴉片烟流毒中國，幾遍天下，丁壯化爲孱弱，財用費于無名，洋貨入内地如大呢、羽毛、嗶嘰、洋布之類，爲數雖多，究系有用之物，而洋商所購中國絲茶尚足相敵。惟鴉片一項爲害最酷，每歲出洋之銀無慮數千萬，民窮財盡，自應設法禁止，以培邦本。惟是華人吸食鴉片已非一朝，臣猶憶微兒童時，鄉里吸食者百家之中僅一二人，迄今四五十年來傳染日衆，習爲故常。臣愚以爲禁止鴉片烟應自官吏始，國恩拔擢於衆人之中，置諸百姓之上。不能自正其身，安望其化民察吏，整頓戎行。擬請文武官員吸食鴉片烟者，勒限一年戒除，逾限不戒，立刻參劾，永不敍用。（《劉文莊公奏議》卷一，二十四頁）

光緒三年六月十三日，劉秉璋密陳禁鴉片烟片：洋土不禁而禁華土，是驅中國吸烟之人盡吸洋土。洋土力厚毒深，斷癮更難；華土力薄毒淺，斷癮較易。兩害相權當取其輕者。今既難禁吾民之吸食，又必使其服厚毒而利歸敵國，非計之得也。臣愚以爲欲禁種罌粟必先禁吸鴉片，欲禁吸鴉片必俟斷絶洋土，然後名正言順示

天下。(《劉文莊公奏議》卷一,二十六頁)

劉秉璋於省垣設立候審公所。

光緒三年八月初三日,劉秉璋奏設立候審公所疏:臣查各屬訟案牽連人証在處,難免有凌虐需索之弊。現經嚴定月報章程,勒催趕辦,分別功過,認真考覆。省垣爲首善之區,尤當督飭讞局,設法清厘,加意體恤。向來京控上控之案,行提人證到省,皆歸南昌府發審,讞局審理一切。原、被詞證發南昌、新建二縣分別保押。然情節重大者,一案人證,動輒多人,依限訊結,而往返需時,已滋拖累。設遇原、被狡執,人證不齊,則累月經年,羈留候質。夏則厲疫堪虞,冬則饑寒交迫,牽累無辜,情實可憫。

臣與藩、臬兩司,察度情形,在省垣設一候審公所。現於臬司後牆購得房屋一所,約計可容七八十人,編列字號,派廉幹委員駐所,督丁看管。凡提省發審案証,一經解到,先由南昌府督同讞局委員,查閱案中大概,分別重輕。除情重應行派差管押,情輕自願取保外。其並非身犯罪戾,因人指証牽連,或雖係被告情有可矜,與應保而人地生疏者,均交候審公所,暫時收管。仍不准擅自出入,以杜句串。每名日結米一升,鹽菜錢十文。遇有疾病,由委員隨時驗明,延醫調治。夏給蓆扇,冬給薑炭,隨時稽查照料。並嚴定限期,遇案速結,應釋人証,立時開釋,以杜需索留難諸弊。(《劉文莊公奏議》卷一,廿七頁)

劉秉璋奏謝恩賞福字一幅。

光緒三年十二月廿九日,恩賞劉秉璋"福"字一幅,奏謝。(《劉文莊公奏議》卷一,三一頁)

光緒四年戊寅(1878) 五十三歲

劉秉璋第三子劉體信生。

光緒四年三月廿一日,劉秉璋第三子劉體信生。體信,字述之,又名聲木、十枝,娶淮軍將領吳長慶之女爲妻。光緒末年分省補用知府,每遇實授,輒辭不就。民國後,所著甚多,有《桐城文學淵源考》《寰宇訪碑録》《萇楚齋隨筆》等著述,一九五九年逝世。

劉秉璋查閱江西營務,查勘江防、修築九江湖口炮臺。

光緒四年三月,上諭,本年輪應查閱山東、河南、江蘇、安徽、江西五省營務之期。江西即派劉秉璋逐一查閱,認真簡校。如係訓練不精,軍實不齊者,即將廢弛之將弁,據實參奏,毋得視爲具文。(《清實録》〔53〕44頁)

光緒四年四月初六日,劉秉璋奏九江湖口所築炮臺扼要疏:奉上諭,有人奏江西所築炮臺多未合宜,監工皆候補人員,並無歷練出色之才等語。著沈葆楨、吳元炳、劉秉璋即行據實覆奏,不准稍有粉飾。(《劉文莊公奏議》卷一,三十二頁)

臣跪讀之下莫名惶悚。伏查同治十三年間,因下游辦理海防、江防事宜,江西九江府實居長江適中之地,而湖口縣爲水路入境要衝,不可不一體籌防。即經前撫臣劉坤一奏明,於九江、湖口建築炮臺,札飭廣饒九南道沈保靖查堪沿江一帶形勢,繪圖呈送,並委員馳往江寧、鎮江、江陰、吳淞等處察看炮臺做法,擇其善者而從之。臣接署撫篆,適前兵部右侍郎彭玉麟巡閱長江水師,行抵九江,臣復函商彭玉麟,就近再加體察,期於妥善。光緒二年臣自京回江,道出湖口,親往各臺查勘,實皆扼要得宜,此建築炮臺,審慎擇地之實情也。此委辦炮臺各員詳慎揀擇,半係實缺,並無濫竽充數之實情也。前次察看下游各處,以吳淞口炮臺爲最,炮門亦復寬大,是以一切仿照辦理,加以因地制宜,變通盡利,遂購機器於上海。打樁皆用巨木,填築之土,特派兩營弁勇寸寸夯碬,臺上所用木料、鐵板悉係購自外洋。臺頂及四面俱以三合土加功築成,其堅結過於磚石。炮門作八字形,炮位轉移極靈,炮綫正出斜出可以兼擊上下游來船。炮臺之外復砌石岸,以衛臺基。自上年八月工竣之後,九月下旬起至本年三月中旬,陰雨連綿半年之久,各炮臺完固如初,其工堅料實,已可概見。

至於炮位一項,原定每台安設大炮五位,四台共二十位。亦經洋商如數購運到潯(九江),已分別安設妥帖。其炸彈火藥與應用器具均購備齊全。現招募老練炮手教習,弁勇輪流演放,以期精熟有准。

伏念籌辦江防事關重大,臣受恩深重,具有天良,所有江西九江、湖口修築炮臺,擇地固屬相度再三,用人尤爲悉心精選,工程堅固,炮械齊全,原爲未雨綢繆,不敢稍有草率。(《劉文莊公奏議》卷一,三十三頁)

劉秉璋續修《江西省通志》成。

光緒四年四月初三日,劉秉璋奏《江西省通志》修成校訂竣事疏:《江西省通志》修自雍正年間,迄今一百四十餘年,庶務損益無可稽考,經前撫臣劉坤一商之,於同治八年設局續修。採訪百四十年之事,迹歷十稔之辛勤,巡撫已經兩任,規模始具,纂修原請三人,前大理寺卿李聯琇、前京畿道監察御史帥方蔚先後物故,現祇三品京堂銜翰林院編修劉繹一人,監定全志。修成稿本勒限校訂竣事緣由,臣謹會同兩江督臣沈葆楨恭摺具奏。(《劉文莊公奏議》卷一,三十六頁)

劉秉璋以母老再乞終養。

光緒四年七月,以母老再乞終養。(《清史稿》447卷《劉秉璋列傳》)

光緒四年七月初三日,劉秉璋奏乞終養疏:臣於光緒二年四月間赴京陛見之後，因臣母胡氏年逾八十，專摺奏請開缺終養。仰蒙溫綸獎勵，未允所請。臣黽勉任事三歲於兹，乃自上年以來，時接家信，臣母體氣益衰，屢患感冒氣痛諸症，雖云旋即痊癒，而臣悚惶憂懼，不免寢饋俱忘。然尚幸有兄弟兩人在家奉養，藉可强自寬懷。詎意臣兄劉贊年逾六十，竟於今春一病不起。臣弟劉秉鈞前在軍營，感受風濕，留滯筋絡，迄今語言蹇澀，步履未能如常。臣母今年八十六歲，久患目疾，視物不見，況當垂暮之秋，又遇臣兄之變，悲思交集，衰憊愈增。

臣母年登大耋，動息俱待扶持。竊思巡撫事繁責重，如臣駑鈍，況以内顧之私，紛其志念，設有貽誤，臣一身獲咎不足惜，實於地方大有關礙。仰懇天恩俯念，准臣開缺回籍終養。(《劉文莊公奏議》卷一，三十九頁)

七月廿二日，奉上諭，江西巡撫劉秉璋著准其開缺養親。九月初一日劉秉璋將江西巡撫關防、王命旗牌、書籍文卷等項，委員送交新任撫臣李文敏接收。是日交卸任內一切經手事件，即日束裝起程回籍。(《劉文莊公奏議》卷一，四十頁)

因太夫人年老有病，由贛撫請假終養。問安侍膳之餘，無日不以溫經讀史爲業，當時中興諸將帥之歸田者類，皆以亭臺池沼大興土木，抑或寄情絲竹以自娛，公獨於詩書之外無他好。(《劉氏宗譜》文莊公逸事)

◎圉生按：劉贊生卒年不詳，據“年逾六十”計，劉贊長劉秉璋七八歲。且“今春一病不起”後不再提及。推算劉贊約生於嘉慶二十四年(1819)，歿於光緒五年(1879)。

光緒五年己卯（1879）　五十四歲

劉秉璋第四子劉體智生。

光緒五年七月十二日，劉秉璋第四子劉體智生。體智，字晦之，號善齋，娶光緒帝師大學士孫家鼐之女爲妻。晚清戶部郎中、大清銀行安徽總辦。民國後任中國實業銀行總經理，一九三五年去職，一九六二年病逝。富收藏，藏甲骨二萬八千片，鐘鼎千餘件，古籍二十萬卷。刊行著述《善齋吉金録》《小校經閣金文拓本》《善齋藏契萃編》《辟園史學四種》等。

劉秉璋五世同堂，賜御書匾額。

光緒五年以母胡太夫人五世同堂，賜御書匾額。（《劉文莊公墓誌銘》）

公五世同堂，賞御書匾額一方。（《宮保公行狀》）

光緒六年庚辰(1880) 五十五歲

劉秉璋光緒四年以母老准其終養。上欲破例,命來京陛見,有"時事艱難,毋稍拘泥"之諭。公以胡太夫人年邁多病,不能遠離,力辭不起。旋丁母憂。

光緒六年上欲破例用公(劉秉璋),詔陛見。有"時事艱難,毋稍拘泥"之諭,公力辭不起。其疏稿天下傳誦焉。(《劉文莊公墓誌銘》)

光緒六年,公(劉秉璋)奉明詔,命來京陛見。有"時事艱難,該前撫(劉秉璋)向來辦事認真,著即行啓程,毋稍拘泥"之諭。公以胡太夫人年邁多病,不能遠離,疏辭曰:"自維愚直,何補時艱,倘以寵利爲心,藉口宏濟,棄九旬之病母,竊一己之榮名,天下安用有是子,即朝廷亦何貴有是臣。疏入,聞者傳誦。"(《宮保公行狀》)

◎圉生按:"時事艱難……著即行啓程,毋稍拘泥"句,清政府爲伊犁中俄之爭,作周密部署。命曾紀澤出使俄國大臣,交涉伊犁事,改議條約。(《清代年表》875頁)密諭李鴻章統籌營口、烟臺海防,彭玉麟整頓長江水師,左宗棠籌畫新疆防務,劉坤一、何璟、張樹聲等布置蘇、浙、閩、粤海防,曾國荃等籌備内、外蒙古及東三省邊防。(《李鴻章傳》225頁)命湖南提督鮑超帶兵于天津、山海關擇要扼紮。(《光緒事典》107頁)

旋丁母憂,公有詩二首:"苦念高堂夢欲飛,禪關風冷泣靈幃。洛陽回首家何在,月夜魂隨催馭歸。"又:"含悲不忍別慈幃,手疊雲箋淚暗揮。寄語同堂諸弟妹,萱花蔭好護斜暉。"(劉聲木手稿《劉文莊公佚詩》)

光緒六年七月十七日,李鴻章唁前江西撫臺劉(劉秉璋)函:

仲良仁弟親家大人苫次,接讀尊慈太親母大人之訃,徽音雲渺,里社言哀,聞信之餘,莫名驚愴。我太親母大人慈孝之德著聞皖中。早歲持家,心勞力瘁,迨乎晚景優游,板輿就養。一至蘇台,再至章門,旋以思鄉還皖,含飴弄孫。八旬以外,親見五世同堂,科名鵲起,九重錫祜,福祿並臻。而執事陳情得請,克酬烏哺之私;視膳躬親,兼侍鳩杖之役。俾太夫人得以漸躋九秩,頤養大年。可謂極天倫之樂,備人世之榮矣。今者考終邸第,何啻登仙。含笑歸真,殆無遺憾。願弗以終天之慟,過自悲哀。瞻望禮廬,曷勝馳切。松楸何時得卜,并所系懷。兄勉肩時局,遥隔鄉關,屬葭誼之頻叨,愧蕉漿之莫奠,僅具幛聯二事,寄達靈筵,借伸奠惘。肅唁,敬候孝履,不一。姻世愚兄。介如令弟、獻夫令侄並此布唁,不另。(《李鴻章全集》[32]581 頁)

光緒六年七月十九日,李鴻章復揚州淮軍糧台、江蘇候補道劉鐘靈函:"仲良遽失慈蔭,代爲惻然,附去挽聯素幛,希爲便寄無爲是荷。"(《李鴻章全集》[32]582 頁。無爲州:安徽中部,屬廬州府。同治七年劉秉璋卸兵柄後,定居無爲)

是歲,新疆南北肅清,左宗棠以劉秉璋在江西任內籌辦甘餉,請敘舊勞。奉旨賞劉秉璋頭品頂戴。(《宮保公行狀》)

光緒七年辛巳（1881） 五十六歲

中俄簽署《中俄改訂條約》，俄國交還伊犁。

光緒七年正月廿六日，曾紀澤簽署《中俄改訂條約》於聖彼得堡。其最要者爲：交還伊犁，償兵費恤款九百萬盧布等。（《光緒事典》112 頁）

光緒八年壬午(1882)　五十七歲

法越構兵，法人志在越南，以窺滇粵。

光緒八年三月，以法越構兵諭李鴻章、左宗棠、張樹聲、劉長佑籌邊備。(《清代年表》883 頁)

光緒八年三月初八日，法人以兵艦攻東京(越南河内舊稱)，破之。法人志在得越南，以窺滇粵。(《清代年表》883 頁)

光緒八年三月十九日，曾紀澤照會法外部，抗議法軍占領越南河内。(《光緒事典》124 頁)

光緒八年三月廿四日，准李鴻章丁母憂開缺，仍俟穿孝百日後駐紮天津。(《李鴻章傳》228 頁)

光緒八年以兩廣總督張樹聲署理直隸總督兼北洋大臣。(《光緒事典》123 頁)

光緒八年四月十四日，以法越事急，命陝甘總督曾國荃爲兩廣總督。五月初七日以福建巡撫岑毓英署雲貴總督。(《光緒事典》124、125 頁)

朝鮮京城事變。朝鮮國王之本生父李罡應，戕害王妃及大臣。

光緒八年六月初九日，朝鮮京城事變(壬午事變)。六月十九日諭催李鴻章即行回津。(《李鴻章傳》228 頁)

有旨諭令李鴻章即回北洋大臣署任。(《清實録》〔54〕267 頁)

光緒八年六月，上諭軍機大臣等，前因越南、朝鮮事變疊出，疊經諭令李鴻章迅速赴津，籌辦一切。接張樹聲函稱，朝鮮之亂係該國王之本生父李罡應爲首，戕害王妃及大臣多人。朝鮮久列藩封，現值中外多事之際，該國忽生内變，日本已有兵船前往，乘隙蹈瑕，藉端逞志，後患不可勝言。(《清實録》〔54〕97 頁)

光緒八年七月初七日，張樹聲急檄提督吳長慶率所部三千人，

提督丁汝昌率軍艦三艘東渡援朝鮮。七月十三日,吳長慶軍執其大院君李罷應,安置之於保定。(《清代年表》883、884頁)

光緒八年七月十六日,吳長慶調兵剿捕朝鮮亂黨,擒獲一百七十餘人,戮其魁首十人。(《李鴻章傳》229頁)

劉秉璋光緒六年丁母憂,光緒八年服闋,入都陛見。補授浙江巡撫。

劉秉璋丁母憂,光緒八年服闋,入都陛見。(《宮保公行狀》)

過金陵,時左文襄(左宗棠)任兩江總督,公(劉秉璋)往見之,係初次見面。左公高譚雄辯,口若懸河,聲如洪鐘,氣象甚偉。自言年老,不能任事。公謂其尚須爲國家辦事二十年,再行退老林泉。左公大悦,手握長杆烟筒,不時呼"烟來"。公因其年高望重,止其答拜,自言回船立即起行。未出督署,即聞傳呼"伺候",及公回船,文襄早至矣,其謹抑亦恒人所難及。(《莨楚齋》1007頁)

入京過天津,寓文忠(李鴻章)行轅,聞傅相(李鴻章)疏薦,旋見而言謝。文忠笑曰:"内意將簡東撫(山東巡撫),以法越生釁,浙省海疆事急,陳傅丞求調,因移傅丞於東,而以浙江借重使君。"(《異辭録》84頁)

光緒八年十二月初一日,劉秉璋在京訪翁同龢。初三日翁同龢答劉仲良:"值其病,未見,其家人云急躁,以手搏胸,狀甚異,請余往邀薛撫屏(薛福辰,字振美,號撫屏,江蘇無錫人,同光年間名醫)一診,余爲一行,未晤,留語而去。"(《翁同龢日記》1745頁)

光緒八年十二月初五日,翁同龢問劉仲良疾,云:"服薛公葯漸愈。"(《翁同龢日記》1746頁)

時陳士杰(雋丞)任浙江巡撫,因(東南盗案)黄金滿事愈鬧愈大,懼而求去。樞府中有與之聯絡者,乃於十二月初九日調任山東。讓出浙江一缺由劉秉璋補授。(《莨楚齋》519頁)

光緒八年十二月廿一日,内閣奉上諭,著劉秉璋補授浙江巡撫。

光緒八年十二月廿二日,劉秉璋謝授浙江巡撫疏:聞命倍切
悚惶,伏念浙江爲濱海要區,最爲繁庶,所有安民、察吏、理財、練兵
諸大端均關緊要,臣惟有殫竭愚誠,實心實力,妥籌辦理,以期仰答
高厚鴻慈於萬一所有。(《劉文莊公奏議》卷二,一頁)

光緒九年癸未(1883)　五十八歲

　　劉秉璋入見陛辭，起程。過津，李文忠(李鴻章)使招商局新艦 "海晏"號專程送行至上海。

　　光緒九年元月十二日，劉秉璋入見於西暖閣，陛辭。(《翁同龢日記》1757頁)

　　光緒九年元月十五日，"飯后劉仲良(劉秉璋)中丞來，王閏卿方伯來，皆長談。仲良言，金滿必購人窮探，始得消息，并擬添帶勇丁二營。又言江西同知崔國榜實能吏第一，擬奏調"。(《翁同龢日記》1758頁)

　　光緒九年元月十六日，詣孫燮臣(孫家鼐)處便飯，散後送劉仲良，未晤。(《翁同龢日記》1758頁)

　　光緒癸未(九年)文莊(劉秉璋)簡浙撫，過津，將航海往。李文忠(李鴻章)專船送行，時招商局方制新艦曰"海晏"，乘至上海。因其案情之重(葛畢氏案、黃金滿案等)畏清議，未敢延納也。(《異辭錄》75頁)

　　光緒九年二月十二日，劉秉璋行抵浙省。二月十六日署理浙江巡撫德馨委員齎送浙江巡撫關防，兩浙鹽政印信，並王命旗牌文卷各件。(《劉文莊公奏議》卷二，二頁。德馨：署理浙江巡撫，劉秉璋接任後任布政使)

　　劉秉璋奏調崔國榜、楊岐珍。

　　光緒九年二月廿四日，劉秉璋奏調崔國榜片：江西南昌府同知崔國榜篤實精幹，體用兼資，循聲卓著，疊經前任兩江總督劉坤一、沈葆楨及臣在江西巡撫任內保薦有案。若能調赴浙江，交臣委用，屬以台防，可收指臂之助。(《劉文莊公奏議》卷二，三頁)

　　光緒九年二月廿六日，劉秉璋奏調楊岐珍疏：查溫、台毗連各屬,山深林密,又復處處濱海,土匪金滿竄伏其間。差役緝捕則糾眾抗拒。官兵搜剿則潛踪遠颺,地方奸民爲之耳目,甚或託金滿之名,肆行搶劫,必得廉正善戰、又和易近人之將領,與地方官紳百姓聯絡一氣,庶可購綫捕拿,戡靖地方。查有記名提督楊岐珍操守清潔,樸勇耐勞,隨臣攻剿粵、撚各匪轉戰數省。現在直隸統領馬隊三營,以之調辦台防可資得力。請旨飭下現署直隸總督北洋大臣張樹聲,飭該提督迅速束裝來浙,召募親兵一營,配以精利槍械,而利剿捕。(《劉文莊公奏議》二卷,三頁)

光緒九年三月,命記名提督楊岐珍,江西南昌府同知崔國榜均發往浙江,交巡撫劉秉璋差委。(《清實錄》[54]259頁)

劉秉璋處理浙省積案,暫緩開設北新關,關口各稅一概暫停抽收。

光緒九年三月十六日,劉秉璋奏體察商情地勢南北新關礙難開設疏:上年戶部奏催龍江西澔暨南北新關一律開徵一案,經前撫臣陳士杰查明實在爲難情形,奏請照案停止。

浙省蹂躪已深,正宜休養生息,以培元氣,若任令關胥巡役人等擅作威福,肆意誅求,於國課毫無裨益,而閭閻苦累甚深,殊非體卹商賈之道。著恒延將北新關暫緩開設,關口各稅一概暫停抽收。

部文謂安徽鳳陽、蕪湖兩關釐稅並征未聞窒礙一節。臣等未能深知,即以地勢而論,各有不同。鳳陽、蕪湖兩關,一在長江適中之地,一設淮河扼要之區。汊港無多,稽查較易。若杭州省城,地居腹裏,而又河港甚多,四通八達,最易繞越。該關分口舊址三十餘處,皆設釐捐分卡之地,倘讓出要區,俾便設關,則其餘各卡全成虛設。若關卡並立,商人成本愈重,必致多方趨避,百密不敵一疏。徒損於釐,無益於稅,不得不捨舊維新,顧全成局。(《劉文莊公奏議》二卷,四頁)

劉秉璋處理浙省積案,嘉興府土民仇殺客民案。

光緒九年四月,上諭,浙江巡撫劉秉璋奏嘉興府土民仇殺客民案。杭、嘉、湖各府客民開墾荒地,與土民時啓釁端,該撫當督飭屬員,將地畝詳細清查,酌議章程,妥爲辦理,務令日久相安。(《清實録》〔54〕284頁)

劉秉璋處理浙省積案,查大嵐山並未開挖鐵礦案。

光緒九年四月十七日,劉秉璋查明大嵐山並未開挖鐵礦片:三月奉上諭,浙江大嵐山界連寧、紹、台三府,向爲盜匪出没之所,近有劣員勾結土棍,捏造士民公信,禀請開辦壙場,聚衆設局,情勢洶洶,請飭查禁。著劉秉璋確切查明,嚴行禁止。如已開工動衆,亦即設法妥爲遣散,毋任滋事。

伏查紹屬上、餘(上虞、餘姚)兩邑連界有大嵐山一座,素來出鐵,向係私挖,諸同人集資開辦,以自然之利,化私爲官。臣抵任後,接據紹興知府禀稱,即轉飭餘姚知縣、上虞知縣會同往勘。土人引至上虞之王墺,土名沙山,不生草木,並無墳墓人烟。旋勘至餘、上交界之五姑嶺,萬山叢雜,鳥道分歧,遠人皆名大嵐山,地方遼闊,人烟稀少,鐵沙之來,既莫知其底藴,則開挖更無把握,自應停辦,以免釁端。惟既有貧民淘沙售賣,亦應設法稽查,以清其源。已飭地方官前往確查户口,編立保甲,驅逐游民,以杜後患。(《劉文莊公奏議》卷二,九頁。大嵐山:浙江上虞、餘姚界,今有寧波市大嵐鎮)

劉秉璋處理浙省積案,勘明慈溪縣侵占湖田案。

光緒九年四月廿七日,劉秉璋奏勘明慈溪縣侵占湖田疏:光緒八年七月奉上諭,稱浙江慈溪縣北鄉五都地方有農田十餘萬畝,全賴杜、白二湖蓄水灌溉,同治九年經巡撫楊昌濬將占湖民田,給價平毁。去年,知府宗源瀚有開禁種桑之諭,鄉愚藉端種稻,誠恐水利日壞,受害無窮。前經楊昌濬奏明禁種,何以復議開禁,所呈各節是否屬實。如果有礙水利,應仍行禁止。著確切查明,據實具奏。

臣查慈溪縣杜、白二湖所關居民侵湖成田,自明(朝)迄今,盜争搶割,訟無已時,屢經議削議禁,久亦懈弛,同治年間甚至釀成命案。經前撫楊昌濬委員勘明,擬由五都業戶,捐給田價,一律剷毀,以衛民田,果能照辦,法誠稱善。繫十餘年來,界址既未分清,田價亦有未給。原辦紳董,又已物故,削剷之舉,有名無實。而近湖貧民又不免見利思遷,仍行私種,而搶割隨之。上年寧波知府宗源瀚會商紳士葉方圻等,欲期杜絕訟源,遂有種桑之議。今該員紳等逐加勘丈,議以近山遠水之二百餘畝,歸抵未領田價之戶,再留三百畝爲近地貧民養生之計,其餘五百八十二畝一律釘界封禁。事屬從權,尚非經久之謀。舍禁種之外,殊無別法,而欲全行禁止,則又恐無業窮民終啓臨淵之羨。是留三百畝,爲兩全之策,事尚可行。(《劉文莊公奏議》卷二,十頁。慈溪縣:浙江東部,屬寧波府,今寧波慈溪市)

劉秉璋收撫台州匪黃金滿。

上年十一月,詔嚴緝台州匪黃金滿。時東南巨大盜案,胥謂金滿爲之,吏捕金滿久而不獲。(《清代年表》884頁)

光緒九年五月二十日,寄何璟、劉秉璋:黃金滿久未弋獲,現在教匪、客民滋事,嚴防勾結。(《翁同龢日記》3612頁)

台匪黃金滿嘯聚海濱,官兵追捕則竄入重洋深島中,兵去復爲民害。(《宮保公行狀》)

光緒九年六月初十日,劉秉璋奏查辦台州土匪情形疏:奉上諭,浙江匪首黃金滿迄未就擒。近時湖北、江蘇等省會匪、鹽梟、散勇、客民紛紛構釁,倘與金滿暗相勾結,更恐蔓延爲患。著劉秉璋迅即設計密拿,務將該匪首擒獲懲辦,以净根株。(《劉文莊公奏議》卷二,十三頁)

臣於正月間陛辭請訓,仰蒙聖諭周詳,刻不敢忘,蒞浙以來細心察訪,查得台州一帶民貧俗悍,好勇鬥狠。偶有睚眦微嫌,動輒互相燒殺。一經犯案,負罪潛匿,窮無所歸,則結党訛索,乘機搶劫。甚至抗官拒捕,釀成巨案。軍興以後,此風尤甚。十數年來,查拿懲辦不可勝計。此滅彼興，幾無了期。惟類皆本地附近棍徒，因事相爭，鋌而走險，與他省會匪、齋匪暗中勾結，預謀作亂者，情節不同。臣到任後，嚴飭地方文武，實力編查保甲，設法緝拿首要各犯。如有悔罪投誠者，察其真偽，予以自新之路，翦其羽翼，以孤其勢。

數月以來，地方較前安靜，歷據探報，金滿黨羽漸少，勢已窮蹙，竄匿深山，伏而不動，迫官軍按迹掩捕，則又潛逃無踪，迄今尚未就擒。（《劉文莊公奏議》卷二，十三頁）

光緒九年六月初十日，劉秉璋奏台州匪首悔罪投誠辦理情形片：奉上諭，有人奏台匪金滿乞撫，經台州紳民公具保狀，該撫已准令投誠，並擬安插撫標，徵其黨衆等語。所奏各節有無其事，著劉秉璋即行奏聞。（《劉文莊公奏議》二卷，十四頁）

竊查，台匪黃金滿本一土民，始由地方官辦理不善，愈激愈變，遂至披猖，此拿彼竄，遷延數載。台州素多土匪，自黃金滿拒捕後，搶劫者輒以金滿爲名，莫可究詰。藩司德馨於護巡撫任內，密飭管帶越軍中營舉人王右人相機妥辦，剿撫兼施。臣到任後檄飭府縣辦理保甲，以清盜源，以孤其勢。數月以來黃金滿漸窮蹙，遂萌畏罪悔禍之心。即有天台縣廩生謝夢蘭建議招撫，叩求兵部尚書彭玉麟轉向臣言，臣當傳見謝夢蘭，諭以如果真心悔罪，自當仰乞天恩，貸其一死。若猶首鼠兩端，仍當緝拿懲辦。謝夢蘭去後，尚未回覆。（《劉文莊公奏議》二卷，十四頁）

謝夢蘭叩求衡陽彭剛直公玉麟，請爲之轉達劉秉璋，許其投誠，並謂當寬其既往，看其將來。彭深恐劉秉璋于投誠後殺之，瀕行函中仍有“萬不可殺之，以致失信大衆”之語。其實金滿蠢然一物，僅爲海盜，並非巨寇，劉秉璋亦不必殺之也。蓋當時粵撚餘黨散布各州縣，假黃金滿之名，以搖惑人心，亦藉以恐嚇鄰省疆吏。（《莨楚齋》519頁）

舊部文員中徐春榮，杭人也，與天台縣廩生謝夢蘭習，令夢蘭入其穴,招之來降。問以近日江浙兩省事,均茫然不知所以,乃一委瑣不堪之賊也。文莊(劉秉璋)謂曰:"爲盗而梟首於吾轅下者不知凡幾,爾犯罪纍纍而許以不死,何其幸也。"(《異辭錄》89頁)

光緒九年六月廿一日,劉秉璋摺,(五百里)台州土匪三月中項君根、蔡吉求四十餘人投誠,四月中潘連樹、汪士雨等投誠,均准留營效力。

寄劉秉璋:台州匪徒項君根等數十人准其投誠,仍加約束。金滿勢既窮蹙,著即上緊緝拿,不准率意收撫。(《翁同龢日記》3622頁)

光緒九年七月,劉秉璋奏匪首投誠辦理就緒疏:黄金滿悔過自新,情願報效,立功贖罪。越軍中營舉人王右人於六月初二日,前往點名,察其悔悟情切,當經逐一點驗,册造百名作爲越軍新中哨。臣秉璋批飭統領温、台各軍記名提督楊岐珍親往點驗後,編成一哨,歸入越軍中營,交王右人約束操練,恪守營規,立功自效,以贖前愆。黄金滿率同諸人沿途跪接,感激涕零,自願力圖報效,察其所留百名皆年力强壯,堪以録用。

以彭玉麟之威信,素聞其一言許可,不但謝夢蘭深以爲榮,即台郡士民莫不歡欣鼓舞。而黄金滿投誠之説通省皆知,且已上達宸聰。(《劉文莊公奏議》卷二,十六頁)

旨:金滿著准其留營效力,如有不法,惟彭玉麟、何璟、劉秉璋及該紳士等是問。(《翁同龢日記》3631頁)

光緒九年十二月,上諭,著何璟、劉秉璋確查金滿就撫後,究竟是否安静,有無不法情事。據實覆奏,不准稍有粉飾。(《清實録》〔54〕444頁)

劉秉璋奉派織務料工銀數過鉅,工繁期迫,請從緩辦理。

光緒九年七月,劉秉璋奏奉派織務料工銀數過鉅請暫從緩辦疏:奉文派辦上用及賞用各色龍袍褂、蟒袍並各項緞、綢、紗、綾等共二萬三千五十五件匹,爲數既多,工繁期迫,畫樣尺寸尚未頒發到杭,工料細數一時未能詳核,准照成案,約計必須先行籌撥銀一百萬兩。俾得預先購料開工,咨令無論何款迅速籌撥。

伏查浙省上年被水成災,民情拮据,本年入春以後雨多晴少,蠶絲大歉,所有地丁、絲捐、厘金收數短少,庫藏竭蹷。本省春季綠營兵餉尚未能一律放給,防勇口糧積欠尤鉅。奉撥京協各餉,添撥山東河工等款,以及籌備海防諸務,應解未解,應給未給之款不一而足。

此次奉傳活計,估需銀至一百萬兩之鉅。現與各司道再四籌商,委難措此鉅款,可否乞恩,暫從緩辦,或請飭部將前項料工銀一百萬兩於外省指撥協濟,以資織辦。臣與藩司受恩深重,何敢以上用要需,稍存膜視,惟是浙省經費艱窘,百萬鉅款委實難籌。(《劉文莊公奏議》卷二,十八頁)

光緒九年八月初八日,又折:織造奉傳辦龍袍褂等二萬三千五十五件,約需銀一百萬兩,可否暫緩,抑飭部由他省指撥協濟。暫存。(《翁同龢日記》3640頁)

法越構兵,久未定局,著左宗棠、曾國荃、劉秉璋等沿海各督撫,嚴防毋懈,籌辦沿海防務。命李鴻章往廣東,節制雲南、兩廣軍務。

上年十月簽訂《中法越事協議》(又稱李寶協議),中國撤退駐越南北圻之兵,法國保證不侵占越南領土。越南分由中、法兩國保護,雙方以紅河為界。(《光緒事典》127頁。紅河:發源於中國雲南,往東南經越南河內,流入北部灣)

光緒九年三月廿五日,命李鴻章往廣東,督辦越南事宜,節制雲南、兩廣軍務。(《光緒事典》132頁)

光緒九年五月十六日,寄(六百里)李鴻章、左宗棠、曾國荃、劉秉璋等:法使脫利古與鴻章會晤,屢以中國助越為言,恐致挑釁,沿海各督撫務各嚴防毋懈。(《翁同龢日記》3611頁)

上諭:法越構兵一事久未定局,法人近為劉永福所敗,其蓄謀報復,自在意中。著李鴻章、左宗棠、曾國荃、劉秉璋等將沿海防務,實力籌辦,認真布置,不可虛應故事,徒令外人輕視。(《清實録》〔54〕294 頁)

光緒九年八月,法人破越南順化河岸炮臺,越人乞降立約。立約二十七條,其第一條即言:中國不得干預越南事,政權、利權均歸法人。(《清代年表》889 頁。順化:越南中部海港,順化省首府)

法國軍艦進入寧波内港測量水綫。劉秉璋添募勇營,布置浙省海防,在鎮海等處扼要設防,嚴扼要口。

光緒九年八月十六日,劉秉璋奏法國兵輪直進道頭内港片:八月初二日有法國兵輪一艘直進道頭内港停泊。船名拔多,有炮十一尊,弁兵二百名,以舢板赴各炮臺左右及内口測量水綫,並登山眺望至初三日辰刻,起椗出口。(《劉文莊公奏議》卷二,廿一頁。道頭:甬江入海口南岸,今寧波市鎮海區老道頭港)

光緒九年八月十六日,劉秉璋奏添募勇營布置情形片:浙江海防千里,口岸紛歧,以寧波爲最要。鎮海爲寧波口門,而定海孤懸海外,又爲鎮海外護。自海疆撤防,裁遣勇丁,定海僅留練兵一營。寧波、鎮海只有達字四營、練兵二營,過於空虛,未免示人以弱。現檄飭成邦幹募貞字楚勇二營,又挑定標練軍一營,幫同定海鎮布守定海。記名提督楊岐珍現駐台州,俟台防布置妥貼,即調該提督帶所部三四營助守鎮海,並於溫州鎮標挑選練軍一營訓練巡防,聽候調遣。所有沿海炮臺,擇要修整,配製藥彈,以備不虞。飭防軍支應局委員赴滬購辦機器,覓雇工匠,悉心講求。苟可自製者仿造試演,以資應用。但浙省頻年災歉,厘金減色,庫局空虛,實難措手。臣惟有盡心竭力,相時度勢,妥爲籌辦。固不能爲所欲爲,亦不敢稍存大意。(《劉文莊公奏議》卷二,十九頁)

光緒九年八月廿三日,陳寶箴(時任浙江按察使)摺:法越事,速援越都。兵則募土著,船則調内洋,餉則責粵海。請將劉秉璋調廣西,倪文蔚調浙。(《翁同龢日記》3647 頁)

光緒九年九月廿二日，浙江提督歐陽利見致劉秉璋函：鎮海以南岸爲重，兵力太少。定海爲寧鎮大門，須重點防守。

劉秉璋復歐陽利見函：軍事貴扼其要，枝枝節節防不勝防。（《鎮海抗法大事記》）

歐陽利見，湘人，曾文正（曾國藩）之妻黨遠族也。（《異辭録》96 頁）

光緒九年十一月，上諭：法人侵占越南，外患日亟，沿海設防必應綜覽形勢，統籌全局，爲未雨綢繆之計。……前據劉秉璋奏明，添營在鎮海等處扼要設防，著即迅速辦理，嚴扼要口。（《清實録》〔54〕425 頁）

光緒九年十一月十五日，法人破越南興安省，劉永福軍潰退，越南王阮福升暴卒。（《清代年表》889 頁。興安：越南北部省市）

上諭：該國（越南）爲我朝藩服，世修職貢，當此危急之時豈忍置之度外。著派張樹聲統帶兵勇迅速前赴越南，宣布天朝威德，相機戡定，一面令該國擇賢嗣位，奏請册封。（《清實録》〔54〕425 頁）

劉秉璋爲衝鋒臨陣、勞勣最著，積勞病故之臣，請從優議卹。特参庸劣不職，貌似有才，浮而不實，昏庸顢頇，操守不謹，性情油滑，遇事取巧等各員，著即行革職從嚴懲辦。

光緒九年十月十七日，劉秉璋奏浙江按察使劉盛藻生平戰積疏：劉盛藻係安徽合肥縣人，於同治元年投效淮軍前任直隸提督劉銘傳銘字營內，隨同李鴻章帶勇剿賊，轉戰江蘇、浙江、安徽、河南、湖北、山東、陝西諸省，所至有功。先後擒斬悍賊，克復郡縣，不可勝計。歷保以按察使遇缺題奏，並加布政使銜。該司忠樸廉明，條理縝密，治軍整武，威惠兼施，爲軍中不可多得之材。本年六月，奉旨補授浙江按察使，陛辭出都，於九月初三日到任。臣素悉該司器識宏遠，施措裕如，方幸共事一方，藉資臂助。乃以積勞已久，精血耗盡，竟至甫遘風疾，遽爾不起，年未六十，未竟厥施，良可悲已。竊維軍興以來，凡有衝鋒臨陣、勞勣最著之臣於立功後，積勞病故者,均蒙恩准優恤。仰懇天恩俯准敕部,將已故布政使銜、浙江按察使劉盛藻照軍營立功後病故例,從優議恤。並准將戰功事迹,宣付史館立傳,以彰崇報而慰幽魂。(《劉文莊公奏議》卷二,廿三頁)

光緒九年十一月,上諭:劉秉璋奏,特參庸劣不職各員一摺。鹽運使銜浙江候補道王維坼,貌似有才,浮而不實,革去鹽運使銜。試用同知揭裕鎔,昏庸顢頇,操守不謹。候補知縣張升猷,性情油滑,遇事取巧等等,均著即行革職。著該撫訊明究追,從嚴懲辦。(《清實録》〔54〕419頁)

劉秉璋命各廳、縣,會督紳弁,籌墊經費,搶險堵築被衝坍之海寧、海鹽、平湖境内的石土塘工程。

光緒九年九月,上諭:據稱浙江海塘工程,海鹽地濱大海,爲患最亟,舊工本極堅固。近來塘身雖間段被損,巨石完善尚多,亟宜一律修竣。海寧塘身三面受敵,必須塘根深固,則塘身始穩。歲修之費,均應涓滴歸公。無如承修者視爲利藪,上下蒙蔽。著劉秉璋督飭辦工各員,認真修築。如有偷減工料情弊,立即從嚴參辦。(《清實録》〔54〕370頁)

光緒九年十一月,劉秉璋奏勘明海寧、海鹽、平湖境内石土塘工疏:本年七月先後兩次風潮異常旺大,爲數十年來未有之奇災,致將海寧、海鹽、平湖等處石土塘工,間段被衝坍決灌口,情形萬分危險,當經各該管廳、縣,會督紳弁,籌墊經費,搶險堵築,暫資抵禦,並由塘工總局分委幹員馳往,逐細履勘,擇其必不可緩之工,先行確切估辦。(《劉文莊公奏議》卷二,廿四頁)

劉秉璋設局清理胡雪巖阜康商號倒閉,虧空公款案。

光緒九年十一月廿八日,阜康商號倒閉,虧空公款,將胡光墉(胡雪巖)革職。(《光緒事典》138頁)

光墉字雪巖,杭之仁和人。江南大營圍寇於金陵,江浙遍處不安,道路阻滯。光墉於其間操奇贏,使銀價旦夕輕重,遂以致富。

左文襄(左宗棠)至浙,一見大加賞識,軍需之事,一以任之。

疊經保案,賞布政司銜,黃馬褂,尤爲異數。藉官款周轉,開設阜康錢肆,富名震乎内外。江浙絲繭,向爲出口大宗。光墉以一人之力,壟斷居奇,市値漲落,國外不能操縱,農民咸利賴之。國庫支黜,常通有無。

文莊(劉秉璋)撫浙之初,藩庫欠光墉資二十萬,尚不知其爲何如人也。光墉見,稱述中堂不置,而莫明其爲誰。問之,乃湘陰(左宗棠)也,笑而遣之。未久,光墉以破產聞。

在同光時代,世界交通未若今便,不通譯者,每昧外情;且海陸運輸利權久失,彼能來,我不能往,財貨山積,一有朽腐,盡喪其貲。不得已而賤售,遂露窘狀。取存款者雲集潮湧,支持不經日而肆閉。

光墉有銀號一、典廿九、田地萬畝,上海、杭州各營大宅,各類財貨稱是。倒閉次日,光墉將其業產簿據獻於公(劉秉璋),不稍隱匿。落魄之中,氣概光明。文莊爲設局清理,令候補州縣二十九人接收各典,皆跏踖莫知所對語。文莊謂此二十九人者曰:"諸君學古入官,獨不思他日積貲致富,設典肆以謀生乎?收典猶開典也,不外驗貨查帳而已。"(《異辭録》85—87頁)

劉秉璋懇飭調吳長慶赴浙江幫辦防務,不准。

光緒九年九月廿七日,劉秉璋片,浙防空虛,請飭吳長慶帶四營來駐寧波,幫辦防務。批:不准。(《翁同龢日記》3674頁)

光緒九年十二月十九日,劉秉璋報,請調吳長慶赴浙。(《翁同龢日記》3701頁)

光緒九年十二月,諭軍機大臣等,前據劉秉璋奏,請調吳長慶酌帶勇營赴浙,當以直隸海防、朝鮮鎮撫均關緊要。諭令另籌妥員,統帶兵勇。茲據該撫奏:仍懇飭調吳長慶赴浙幫辦防務各摺片,浙省餉絀兵單,沿海各口備禦空虛,係屬實在情形。惟吳長慶現率所部駐紮朝鮮,關繫甚重,勢難遠調赴浙。著李鴻章與劉秉璋悉心會商,另選得力將領與該撫氣誼素孚者,前赴浙省,以資臂助。

(《清實録》〔54〕453頁)

浙防漸急,吳長慶率師在朝鮮,公函致文忠索之,文忠游移其
詞。未幾,豐潤張幼樵(張佩綸)副憲來書云:筱軒久駐朝鮮,其雅
歌投壺之概,尚足愚朝鮮人耳目。若移而之浙,文人無行者,必將
趨之若鶩,截曠之餉,不足以供其揮霍云。公得書,笑曰:"傅相(李
鴻章)示意也,此軍終不予我矣。"(《異辭録》94頁)

◎圉生按:光緒九年九月廿七日、十二月十九日,翁氏日
記兩次記載劉秉璋奏調吳長慶赴浙,幫辦防務。(《翁同龢日
記》3674、3701頁)

劉秉璋奏帶印出省巡閱海口。

光緒九年十二月廿九日,劉秉璋奏帶印出省巡閱海口疏:浙
省沿海千餘里,口岸紛歧,乍浦爲省垣門户,鎮海乃寧波口門,定海
則孤懸海外,又爲寧、鎮外護,最爲關要。臣遵奉諭旨,度地制宜,
已將沿海炮臺逐漸修整添築,安設炮位,購辦軍火,添募勇營。

惟浙省庫款異常支絀,當此海防緊要,措置殊爲不易。臣惟有
督飭鎮、將、司、道竭盡愚忱,盡力籌辦。現在事機漸緊,應即親往
察看,乘此封篆期内,署中公事稍减,擬於正月初九日,輕舟减從,
帶印出省,由乍浦出口,乘坐輪船,歷定海、鎮海、寧波一帶,履看形
勢,稽查營伍,並會商提臣歐陽利見,督同各將領,熟籌布置。所有
巡撫、鹽政衙門日行事件,循例飭委藩司代拆、代印,遇有緊要公事
仍包封行次,由臣親自核辦。(《劉文莊公奏議》卷二,廿八頁。乍
浦:杭州灣沿海港口,屬嘉興府,今平湖市乍浦鎮。定海:舟山島
之定海縣,屬寧波府,今舟山市定海區。鎮海:浙江東部,屬寧波
府,今寧波市鎮海區)

光緒十年甲申（1884）　五十九歲

劉秉璋帶印出省察看浙省沿海形勢，分別布置。

光緒十年正月二十日，以曾國荃署兩江總督兼南洋大臣。
（《光緒事典》139頁）

光緒十年正月廿一日，劉秉璋奏察看浙省沿海形勢分別布置疏：臣於正月初九日帶印出省，先至乍浦，查得該處原有楚軍一營，現添募親兵新中一營，均交候選道姚有志統帶，駐守乍浦，並飭分統水師副將余宏亮，如遇乍浦有警，即帶所部水師三營，並巡鹽水師一營，舢板九十只，前赴乍浦、澉浦一帶與姚有志會商布置，以免疏虞。

旋即至定海，該廳孤懸海外，扼南北洋要衝，不獨爲浙江門户，防務最爲喫重。據提督歐陽利見原議，必得陸師萬人，大兵輪七八艘，乃能扼守。惟浙餉奇絀，現有各營已難供支，勢在不能多募，不得不力求節省。上年飭募貞中、前、左三營，並練兵二營，現添募貞字右、後二營，仍交成邦幹統領。該廳四面皆海，隨處可以登岸，水師尤關緊要，營船無多，萬不足恃，非有得力兵輪多號，則戰守毫無把握。惟有籲懇天恩，飭下南洋大臣及閩省船政大臣，分撥堅利兵輪船或蚊子船四號駐泊定海，以資守禦。

臣於定海查勘事畢，即至鎮海，與提臣歐陽利見面商議定，以提臣原部達字四營，提標練兵兩營由提臣統率駐守南岸。記名提督楊岐珍率新募親兵四營分守北岸。而以記名總兵錢玉興新募親兵二營填紮寧（波）府城爲鎮海後路策應。統歸提臣商酌調度，以一事權。旋由寧波、紹興內河回省。至溫、台二府亦屬海疆而形勢較鬆，亦已酌添勇隊，撥給軍火，妥爲籌防，以備不虞。（《劉文莊公奏議》卷二，廿九頁。澉浦：杭州灣沿海港口，屬嘉興府，今海鹽縣

溆浦鎮)

光緒十年正月廿一日,劉秉璋奏謝御賞"福"字一方。(《劉文莊公奏議》卷二,三十三頁)

劉秉璋整頓州縣徵多解少,有隱匿錢糧之弊。

光緒十年二月初一日,劉秉璋奏杜絕州縣隱匿錢糧疏:竊查各項錢糧均爲國家維正之供,經徵之員例應實徵實解,不容絲毫欺隱,豈値度支告匱,尤應設法整頓。臣訪聞浙省州縣徵收錢糧,往往有徵多解少、存留屬庫之弊。及至交代之際,前後任通同隱匿,輒以濫款列抵,轉輾遞交,無所底止。一旦仰蒙恩旨,蠲免錢糧,概歸民欠請豁,年份既遠,無可究詰。是貪劣之員,既已蒙混於前,復得幸免於後。揆諸事理,實爲可恨,亟應設法嚴防,以杜其弊。臣現擬章程六條,責成該管道府,就近如法稽查,實力奉行,務使州縣,實在徵數,毫無隱混,儘徵儘解,以杜積習。謹將所擬章程,繕具清單,恭呈御覽。(《劉文莊公奏議》卷二,三十一頁)

中國對法宣戰。

光緒十年閏五月初一日,觀音橋事件。法軍向清軍營地攻擊,清軍奮起反擊。(《光緒事典》147 頁)

潘鼎新統兵出關(鎮南關),敗法人於觀音橋,至是奉旨回諒山。(《清代年表》894 頁)

光緒十年六月十六日,基隆大捷。法艦隊副司令利士比(Sebastien Nicolas Joachim Lespes,1828—1897)率艦五艘來犯臺灣,開炮轟擊基隆炮臺,岸上炮臺全被打毀。劉銘傳誘敵陸戰,法軍潰不成軍,爭相逃往海上兵艦,此役傷斃法軍百餘人,史稱基隆大捷。(《光緒事典》148 頁)

光緒十年七月,馬江之敗。法水師提督孤拔(Amedee Anatole Prosper Courbet,1827—1885,又譯古爾貝)襲福建馬尾炮臺及船廠。法人船械既巨而且堅利,我軍脆弱不足當其一擊。由是海軍在閩者全部覆滅,並毀船廠。是爲馬江之敗。(《清代年表》895 頁。馬尾:

福州市東南,閩江口内,同治五年左宗棠在此創辦福州船政局)

光緒十年七月初六日,中國對法宣戰。(《光緒事典》149頁)

光緒十年八月二十日,滬尾大捷。臺灣滬尾口外七艘法艦連日以艦炮向岸上轟擊,清軍海岸炮臺不足與法艦炮抗衡。劉銘傳於法軍登陸處樹林内伏擊法軍,槍殺三百,斬首二十五級,俘獲十四名。史稱滬尾大捷。(《光緒事典》150頁。滬尾:臺灣北端,淡水溪入海口北岸)

劉秉璋奏調得力將領,封鎖海口。請免解京協各餉,以救燃眉。飭委幹員,查勘沿海各口。兩岸修築長墙,綿亘二三十里。購買椿木,排釘海口。海船滿裝石塊,排沉椿縫之内。

光緒十年閏五月,慈禧皇太后著賞浙江海口防營十五匣御制平安丹,交劉秉璋傳旨分賞。(《劉文莊公奏議》卷二,三十六頁)

光緒十年七月廿三日,奉旨:有人奏聞有外國船六七艘駛至寧波江北岸,著劉秉璋飭屬確查係何國船隻,如係法船,即行攻擊。(《劉文莊公奏議》卷二,四十一頁)

光緒十年七月廿四日,劉秉璋奏調總兵馬朝選片:防務之急,勢若燃眉,添募勇丁,刻不可緩。籌餉固已萬分爲難,而管帶尤在得人。蓋新募之勇,必須實力訓練,方克有濟。查有微臣舊部記名總兵馬朝選,臣前在江西巡撫任内調往帶勇一營,昨已咨商江西撫臣潘蔚,發給兩月口糧。仰懇天恩,飭下江西撫臣,速令馬朝選星夜帶勇,附輪由滬來浙。倘其營不能抽調,即令該總兵星夜束裝,前來聽候差委。(《劉文莊公奏議》卷二,四十頁)

光緒十年七月廿五日,劉秉璋奏防務吃緊請免解京協各餉疏:防務吃緊,軍餉不繼,情勢急迫,請旨免解京餉,以救燃眉。統計浙省厘金、地丁、鹽課三項共有未解京餉銀三十七萬兩,擬請全數暫從緩解,以供海防急迫之用。(《劉文莊公奏議》卷二,三十七頁)

光緒十年七月廿五日,劉秉璋奏查明寧波口並無法船及乍浦添募勇丁疏:寧波並無法船,實係民間訛傳,現在地方安静。先行電覆李鴻章轉達總理衙門代奏。浙省海疆千里，港汊紛歧，餉絀兵單，不能不察度通省形勢之輕重，與利害之緩急，以定駐營之多寡。乍浦濱海，百餘里內處處可以泊船，可以登岸，絕無險隘可扼。若沿海駐兵，雖數十營，亦難周到，安得有此餉力。臣因餉需竭蹶，不敢鋪張請帑，是以從簡布置。(《劉文莊公奏議》卷二，四十一頁)

滿洲將軍恭壽，時任乍浦副都統，意欲招兵防守，文莊(劉秉璋)告以海防在寧波，不在乍浦。如真乍浦有事，則浙省安危，在此一舉。成敗皆劉某一人之責，決不諉過他人。此不過一席私語，不謂將軍即以文莊之言奏明：以爲將來圖卸之地。文莊見之，笑謂將軍：即不奏明，浙事確由劉某一人負責，決無圖賴卸責之意。(《萇楚齋》542頁)

聲木謹案：先文莊(劉秉璋)生平嘗云："見利思義，見危授命，久要不忘平生之言，雖不能幾，願終身矢之。"是先文莊立身大節。(《萇楚齋》543頁)

光緒十年八月初九日，劉秉璋奏呈沿海口岸地圖疏：浙省沿海地圖前准總理各國事務衙門行文飭取，當即飭委幹員，前往沿海各口，周歷查勘，逐條登復，繪圖四十五幅，詳細填注，裝成九册，並凡例十條。於本年閏五月間，咨送查閱在案。(《劉文莊公奏議》卷二，四十二頁)

先公(劉秉璋)綢繆防務，不遺餘力。沿海兩岸修築長墻，綿亘殆二三十里，山岡顯露之處則設立疑營，使不知吾兵之所在。又購買椿木，用機器排釘海口。買海船三四十艘，滿裝石塊，排沉椿縫之內，其外沉放水雷百餘。濱海最要之處，亦埋地雷，防其登岸。(《宮保公行狀》)

劉秉璋請爲吳長慶建專祠，爲張樹聲專祠敬輓聯。淮軍將帥日漸凋零。

光緒十年六月初五日，廣東水師提督吳長慶卒，諡武壯，宣付國史館立傳，准建專祠。(《光緒事典》149頁)

光緒十年九月十五日，劉秉璋奏嘉興紳士請建吳長慶專祠疏：已故提督吳長慶智勇兼資，精忠百戰，其豐功偉績著在浙省之嘉興府。奏請於立功地方建立專祠。(《劉文莊公奏議》卷二，四十七頁)

劉秉璋部下，以吳長慶爲讀書種子，視之最重，骨肉之親，殆不啻焉。(《異辭録》95頁)

光緒初年，吳長慶統領慶字五營，駐紮淮陽一帶，頗以好客稱，一時知名之士咸集，實則俸給甚菲薄，月不過數十金。通州張謇云：某於光緒某年，初入武壯(吳長慶)幕，時已下午。室中僅置鋪板一付，粗木桌椅各一。適值大雨如注，未幾水流入房中，深至數寸。盤膝坐於板上，一燈如豆，萬念皆灰。遙聞中軍帳中，武壯宴客席尚未終。回思此境，實覺難堪。(《葰楚齋》628頁)

及文莊(劉秉璋)督蜀，請假回無爲州宅，吳王夫人(吳長慶夫人)率其次子彦復來見，寓於余家。文莊視彼事如家事，責善難免過甚。偶問彦復經句，聲色俱厲。筱軒(吳長慶)日與文士游，其子未習五經，辱莫大焉。又曰："勉之，速求學，未爲晚。"後生小子每不知先代之事，遂愈遠而愈疏。(《異辭録》95頁)

光緒十年九月初六日，前兩廣總督張樹聲卒，諡靖達。在官之時，日行公事，無論鉅細，事必躬親，不假手於幕僚。公(劉秉璋)嘗稱其爲公事積勞而死。(《葰楚齋》539頁)

公(劉秉璋)輓張樹聲專祠聯云："高閣建麒麟，先生含笑；一軍化猿鶴，後死傷悲。"(《葰楚齋》509頁)

中法臺海之戰，法國遠東艦隊司令孤拔封鎖臺灣，法艦數十艘進入中國海。

光緒十年九月初二日，法國遠東艦隊司令孤拔封鎖臺灣各海口。(《光緒事典》151頁)

光緒十年九月廿七日，李鴻章致電南洋大臣曾(國荃)：南洋五船皆精，北洋實僅"超勇""揚威"兩快船可派，已迭次電奏奉准。

光緒十年十一月初一日，兩江總督、南洋大臣曾國荃令吳安康統帶南洋五艦援臺。（《鎮海抗法大事記》）

光緒十年十二月廿三日，孤拔率法艦七艘自馬祖澳北駛，圖截南洋五艦，十二月三十日"開濟""南琛""南瑞"三艦駛離戰場，停泊於浙江鎮海。（《鎮海抗法大事記》。馬祖澳：即馬祖列島南竿塘島）

光緒十年十二月廿九日，新加坡章桂苑電云，法艦在中國海，共鐵甲船四、大戰船七、中戰船五、小戰船五、運兵船十三，共添弁兵萬二千有奇。又探聞法廷議再派鐵甲船六、戰船四、運兵船二，載大炮、軍械往越南東京（北圻舊稱）、中國地方云。（《李鴻章全集》[21]435頁）

光緒十一年乙酉(1885)　六十歲

劉秉璋指揮鎮海保衛戰，全勝。

光緒十一年正月初一日，南洋水師"澄慶""駛遠"二艦避入石浦港，遭法艦水雷襲擊，放水自沉。(《鎮海抗法大事記》。石浦：浙江東部沿海港口，屬寧波府，今象山縣石浦鎮)

光緒十一年正月初四日，同知杜冠英建議，令停泊鎮海之南洋"開濟""南琛""南瑞"三艦，同心禦敵，不令徒作壁上觀。(《鎮海抗法大事記》)

上年法釁初萌，(劉)秉璋豫爲戰備，以記名提督楊岐珍領撫標親兵駐招寶山，以記名總兵馬朝選領淮勇二千五百人防鎮海北岸。以記名總兵錢玉興領衢標、處標練兵千人、暨淮勇二千五百人，分扼寧波至梅墟，及育王嶺、下潭等隘，並備策應。守備吳杰領威遠、靖遠、鎮遠三炮台炮兵。"元凱""超武"兩輪船駐海口，而紅單師船五、六往來巡弋。(《清代年表》899頁。招寶山：鎮海東，甬江口北岸軍事要塞。梅墟：甬江南岸小鎮，今寧波市梅墟路。育王嶺：寧波府天童山，今寧波市北崙區以南)

戰事起，(劉)秉璋使寧紹台道薛福成綜理營務，盡護諸軍。延長寧波至鎮海電綫與省垣相通，俾號令迅捷。飭(楊)岐珍、(錢)玉興布置海口南北營壘，修築隄卡，以聯聲勢。命寧波府宗源瀚督釘椿木於海口，載石沉船于中，留口門二十丈，平時可通商船，有事則封塞。排椿之外沉放水雷，岸上布地雷。(劉)秉璋先照會外邦領事，轉告教士遷徙，以清內地間諜。復飭(薛)福成遣人至滬暗阻敵船引水及法船四船駛入蛟門。(《清代年表》899、900頁)

寧紹台道薛福成，訪聞法人在滬以重資購覓熟悉浙洋之引水。英人郝爾，德人貝倫，因知熟悉浙洋而有執照者僅四人，其二已經去秋僱定月給薪費，其餘即此二人。當經薛福成電請江海關道邵友濂設法禁阻，嗣經該道派員勸止，許酬銀二千四十兩，以杜隱患。（《劉文莊公奏議》卷三，八頁）

是月望日，法艦放小輪入虎蹲山北，測水道。我臺開炮擊之，幾中乃遁。未幾，四大戰艦（紐回利、答納克、巴複爾、德利永芳號）合攻招寶山炮臺，吳杰親自開炮中其鷁首，（楊）岐珍亦至炮臺同勵士兵，彈中敵艦尾。法艦敗退，泊金塘山下。（《清代年表》900頁。金塘山：舟山島之西島，與鎮海相望，今金塘島，島中金塘鎮）

越翌日（正月十七日），復來犯，（楊）岐珍督吳杰迎擊，一中烟筒，再中船桅。法艦創甚，遁去。遂不敢近窺炮臺。時有法兵船送一兵頭之柩，葬于馬祖澳，云爲將軍迷祿，再攻鎮海傷斃者。自中外海通以來，中國海防能禦敵者，以是役爲有名。（《清代年表》900頁）

先公（劉秉璋）命錢玉興選敢死士潛伏南岸清泉嶺下突擊之，敵船連受五炮，傷人頗多，旋即遁去。閩浙總督楊公昌濬接探員稟報，有法船運到兵頭之柩，葬於馬祖澳，送葬者數百人，據云即將軍迷祿，在鎮海傷亡者也。法大將孤拔聞亦於是役亡。（《宮保公行狀》）

鎮海之戰，文莊（劉秉璋）身親其役。戰最烈者爲吳杰，守威遠、靖遠、鎮遠三座炮臺，當炮火之衝。功最鉅者爲錢玉興，潛伏清泉嶺，置過山炮，擊毀法船。總其成者爲楊西園（楊岐珍）。皆文莊親慶軍舊部也。（《異辭錄》97頁）

劉秉璋奏法船突犯鎮海口岸，官軍奮力擊退。

光緒十一年正月二十四日，劉秉璋奏法船突犯鎮海口岸官軍奮力擊退疏："臘底正初，法船游弋浙江洋面，及正月十五突犯鎮口，擊退，大略情形，均經電呈總理衙門代奏。"

正月十四日戌刻，探知法船四艘排泊鎮海口外七里嶼洋面，經提臣歐陽利見與記名提督楊岐珍商派各營官帶隊，扼要駐紮，嚴爲戒備。同知杜冠英駐守招寶山炮臺,守備吳杰照料兩岸炮臺,並派隊環伏隧道,以備擊剿。各要口密安地雷。南琛、南瑞、開濟、超武、元凱五輪船暨紅單師船,勻泊椿內,並令必計彈可及敵,始行攻擊,不准空放,免耗子藥。一面電致記名總兵錢玉興,自梅墟出隊策應。並將載石五船鑿沉,塞口布定。(《劉文莊公奏議》卷三,一頁)

十五日巳刻,法以一小輪船,衝波探信,經招寶山炮臺,擊退。旋有一大黑艦攜三船隨後。我軍兵輪、炮臺竭力轟擊,洞穿當先黑艦,敵軍落海者不少,炮臺、兵輪聯環放炮,敵勢不支,陡放黑烟,海天彌漫,不能辨認。我軍注定黑烟,痛擊不輟,黑船敗北,三船隨之退泊金塘山邊,該處水深,離乾門甚近,防其登陸。(《劉文莊公奏議》卷三,一頁)

十六日辰刻被傷之黑船向外洋開去,三船仍泊原處。是晚,敵以二魚雷船暗襲,爲炮臺、兵輪擊退。(《劉文莊公奏議》卷三,一頁)

十七日巳刻,換一黑船如前來犯,將出游山,即被我炮臺、兵輪擊穿烟筒,倒輪而退。兵輪又擊中其後艄,復以一白艦替泊游山,倚山爲障,受傷敵船傍晚他去。是夜亥刻,潛來小船二隻,爲伏兵排槍擊退。(《劉文莊公奏議》卷三,一頁)

十九日夜間,有法舢板二隻,傍山蟻附而登,經健左旗排槍轟擊,船翻人斃。(《劉文莊公奏議》卷三,一頁)

連日交綏,擊穿敵大黑艦二艘,壞其船身、烟筒疊次,擊退探船魚雷,法兵死傷不計。我軍陣亡炮兵二名,勇丁一名,受傷二名,彈斃長夫一名。威遠炮臺門楣鐵板被彈碰非一塊,尚無大損。交綏之際,彈子如雨,橫飛廣遠,仰仗天威,未傷多人。鎮海城內,彈塌民房數間,亦未傷人,以上係十五日以後疊次擊退法船獲勝之情形也。二十以後並無戰事,探得仍有大兵輪二艘停泊金塘山,時有往來之船,當是接濟煤糧,並有小輪舢板,在於小港海汊窺探測量,以致訛言四起,人心惶惶。報復之謠,雖不可盡信,亦屬意計中事。臣等惟有凜遵諭旨,就現有兵力嚴飭戒備,晝夜提防。敵至則奮力轟擊,平時則勤發哨探,以備不虞。臣於接得捷音後,當即電飭寧波厘局,提洋二千元,解交前敵,核實賞犒,以資鼓勵。(《劉文莊公奏議》卷三,一頁)

自法事起,如滇、如粵、如閩、如直隸、如奉天、如臺灣皆星使聯翩,宿將棋布,由部撥大宗巨餉。惟浙江無督辦之大臣,亦未撥巨款,而氣勢完固,有勝無敗。薛副都福成時爲寧紹臺道,身親其事,其文集中以爲,非特中法開戰後所僅見,實與外人交涉後,初次增光之事,非溢美也。(《宮保公行狀》)

光緒十一年正月廿四日,奉御賞"福"字一方。(《劉文莊公奏議》卷三,三頁)

鎮南關大捷(亦稱諒山大捷),盡復昔年所駐邊地。法人請和,詔停戰撤兵。法艦停止戰鬥,解除對臺灣的封鎖,簽訂天津《中法會訂越南條約》。

光緒十一年正月初九日,法軍攻占鎮南關,潘鼎新退往龍州。命將潘鼎新革職。(《光緒事典》159頁。龍州:廣西西南隅,屬太平府,今龍州縣)

潘鼎新臨機應變,善戰好謀,有古名將風。法越之役,身當前敵,料其終局歸於和議,故不以兵事爲意,致誤軍機,一蹶遂不復起,識者惜之。公(劉秉璋)常言:"琴軒最聰明處,即其最不聰明處。"(《異辭録》57頁)

光緒十一年二月初八日,鎮南關大捷(亦稱諒山大捷)。馮子材等敗法軍於鎮南關外,連戰皆捷,遂克諒山,盡復昔年所駐邊地。(《清代年表》900頁)

光緒十一年二月十四日,法軍敗訊至巴黎。二月十五日法國茹費理(Jules Francois Camille Ferry, 1832—1893,又譯費理)內閣倒台。(《光緒事典》158頁)

光緒十一年二月十九日，法人請和，允之，詔停戰撤兵。李鴻章奏言，澎湖既失，臺灣必不可保，當藉諒山一戰之威，與締和約，則法不至再事要求。朝廷納其議，立命停戰，遂與法使簽約。（《清代年表》901頁）

劉秉璋再次添募營勇。

光緒十一年三月，劉秉璋奏浙省籌辦法事海防第七次添募營勇疏：嗣因法船突犯鎮海口岸，迭被我軍擊退，其乍浦、澉浦一帶爲浙西最要門户，密邇鎮海，捨堅乘隙是乃軍家之常，不得不爲未雨綢繆之計。因乍、澉綿亘數十里，均屬逼近大洋，無險可恃。原有防營又已抽調一營赴援鎮海，不特不敷布置，而且彼此相距稍遠，聲氣難以聯絡。因又派委已革記名總兵萬重暄辦理乍、澉兩防營務處，給予薪水，俾有事即由該員會商在防各營將領，可以隨時抽調，彼此策應。（《劉文莊公奏議》卷三，七頁。乍浦、澉浦：杭州灣北岸，海鹽兩翼，屬嘉興府，今海鹽縣乍浦鎮、澉浦鎮）

光緒十一年四月廿七日，李鴻章與法使巴德諾（Jules Patenotre，1845—1925）在天津簽訂《中法會訂越南條約十款》。其要目爲中國承認安南爲法之保護國，法兵退出基隆、澎湖。（《光緒事典》151頁）

光緒十一年四月三十日，法國遠東艦隊司令孤拔死於澎湖。（《光緒事典》163頁）

一説二月初五黎明，錢玉興自攜後膛小炮，擊中敵船，有謂孤拔於此受傷。（《劉文莊公奏議》卷三，三十四頁）

一説閩諜偵知法大將孤拔、將軍迷禄皆死於是役。（《劉文莊公墓誌銘》）

孤拔碑文：法將孤拔於清光緒十一年（1885）率艦攻入媽宫，因時疫大行，將士罹疫而死者甚多，孤拔亦病殁於此，法方乃立碑三基做爲紀念，下埋孤拔遺髮、遺物。（臺灣澎湖縣《孤拔紀念碑》碑文）

光緒十一年九月初五日，命改福建巡撫爲臺灣巡撫，以劉銘傳

爲首任臺灣巡撫。(《光緒事典》169頁)

薛福成描寫"捍海奇勛"：鎮海擊退法艦,薛福成時任寧紹台道,謂劉秉璋奏報,全憑諸將領告捷文書,不善描寫,未免將捍海奇勛,湮没不彰。乃援乾嘉年間新疆回疆之例,將鎮海之戰,自光緒十年正月劉秉璋帶印出省巡視布置,至光緒十一年二月我軍收隊,繪成戰圖附説十一幅,進呈御覽。(《異辭録》99頁)

浙江的抗法戰爭以全勝而告終,配合了台灣軍民的抗法斗争和越南戰場上的清軍作戰,在中法戰爭中占重要地位。鎮海保衛戰聲震中外,招寶山炮臺發炮命中率使法軍大爲驚訝。當時"上海洋人登諸畫報,中外傳爲美談。事平之後,法提督李士卑士固求登臺履看,訝其布守之堅固"。(《淮系軍閥劉秉璋》,《東北師大學報》1983·2,84頁)

劉秉璋設立浙江省機器廠。

光緒十一年二月廿一日,劉秉璋奏浙省設立機器廠疏：浙省各營多用洋槍,所需銅帽及後門槍子等件,購自外洋,往往有需時日。應當添購機器,自行製造。

前經派員赴滬購辦一切配用鍋爐等項,全具傭資製造。並從德國繪取機器廠圖仿辦。就於省城軍裝局後面空地,添購民地二十五畝零,先行雇工平治基礎,建築外圍牆。計應建總廠一所,分廠二所,大小廠屋二十五間,大烟筒一座,餘爲客廳辦事公所及洋匠寓樓,匠首、藝徒下處,并儲材、棧房、工役下處各一區。除以後工作增多,續添房屋不計外,現綜核各項工程撙節估計約需工料銀二萬三千七百餘兩,又購買民田地價銀六百七十餘兩,雇洋將來華水脚等銀四百十六兩零。自光緒九年八月開辦起,截至十年十一月底止,均與所報相符。開摺詳請奏咨立案。(《劉文莊公奏議》卷三,五頁)

劉秉璋奏議開源節流各項。

光緒十一年五月十九日,劉秉璋奏議覆開源節流疏：理財之道,誠如部議,不外開源節流二事。而兩者相較開源難於節流。蓋多方之搜剔，益上或致損下，不如隨事節省，權由我操。臣起家寒素，於款項出納素所慎重，自蒙聖恩簡放到浙，即值海防事起，添營購械用項大增，而歲入之款只有此數，源無可開，流且益甚。司局各庫，又以歷年困於協撥，早經羅掘罄盡，無米爲炊。難安寢饋，當將入不敷出情形，迭次瀝陳聖鑒，一面督同司道，再四籌商，凡有可緩用款，無不量爲裁減，於節流之事，委已不遺餘力。至開源一層，值此時艱孔亟，亦不得不爲得寸得尺之計。

謹將各司局關道議覆開源節流各條彙開清單，恭呈御覽：

開源項下：

一、領票行鹽酌令捐輸；

二、整頓鹾務；

三、就出茶處所徵收茶課；

四、推廣洋藥捐輸；

五、推廣沙田牙帖捐輸；

六、烟酒行店入資給帖；

七、匯兌號商人入資給帖；

八、劃定各項減平減成；

九、嚴提交代徵存未解銀兩並嚴定交代限期；

十、嚴催虧空應徵應賠各款；

十一、入官產業勒限變價解部；

十二、酌提漕糧漕規鹽務鹽規餘款。

節流項下：

一、裁減厘局經費；

二、覈減各關經費；

三、核定各省局員額數銀數；

四、隨營文武分別裁汰及酌定額數銀數；

五、酌減內地防軍長夫；

六、防軍有營房者不准再領帳棚折價；覈定內地各省兵勇餉數；

　七、確估各項軍餉按年指撥一次；

　八、停止不急工程；

　九、各項欠發勒限清厘各項豫支分別核辦；

　十、另定各省起運存留。(《劉文莊公奏議》卷三,八頁)

劉秉璋爲浙江海防長久之計,奏請添築堅臺,增購大炮。

　光緒十一年五月十九日,劉秉璋奏請於浙江口門添築堅臺增購大炮片：浙江所轄洋面南北千里,實爲往來要衝,口門林立。如定海之孤懸海中,乍浦之逼近省垣,鎮海、溫州之通商口岸,而鎮海尤關緊要。平時毫無整備,臨事必致掣肘。前次雖略爲布置,限於經費,未能實力講求。臺未十分堅固,炮小力難致遠,必須精益求精,再爲擴充,俾得有備無患。本年正月鎮海之役,相持且兩月之久。事後思之,彌深悚惕。當時敵船停泊外口,因無致遠大炮,任其逍遙游弋,無可爲計,前敵將領頗以爲言。值此海氛已靖,必當從容籌辦,宏此遠圖。查鎮海炮臺有須加築改築者,後膛二百磅炮位只有一尊,餘皆較小,萬不能洞穿鐵甲。定海臺炮尚不及鎮海遠甚,而乍浦、溫州臺炮又不及定海。必須添三四百磅以上長彈鋼炮二三十尊,建築堅臺以資固守,俟餉力稍紓,尚須漸次添購鐵甲兵輪。兵可百年不用,不可一日不備。方今東西洋通商,各國輪舶往來如織,萬一尋釁生事,往往措手不及,各省自顧不暇,斷難舍己芸人。臣到浙數月,即遇法越變生,奏請南洋船政各派兵輪二隻,協守定海。雖奉恩允,竟無一船至者。後之視今,猶今之視昔。臣受恩深重,居官一日當盡一日之心。忝撫此邦,即當爲此邦長久之計。惟建臺購炮一切所費甚鉅,必須籌定確實有著之款,按年提存,次第購辦,庶歸實濟。(《劉文莊公奏議》卷三,十九頁)

劉秉璋奏請保獎鎮海保衛戰的各級將領、南洋五艦與福建援軍。

　光緒十一年五月廿二日,劉秉璋查明鎮海口獲勝出力各員酌擬獎敍疏：浙省辦理海防將及兩年，經費支絀，竭蹶萬分。原有防軍過於單薄，臣竭力圖維，一面趕購炮械，仿製水雷。一面檄調舊部將領陸續來浙，募勇成軍，乃粗有就緒。迨十二月間，敵船突入浙境往來游弋。正月十五以後疊次猛攻鎮海炮臺，均經擊退。仰仗天威，將士用命，勇氣百倍，幸催强敵而相持兩月之久，自統領至弁勇無不枕戈露宿徹夜提防，迹其危險艱苦之狀，實爲從來軍營所未有。茲蒙聖恩飭令保獎：

記名提督世襲雲騎尉楊岐珍，擬請賞穿黃馬褂；

記名總兵勵勇巴圖魯錢玉興，擬請以提督記名簡放，並賞換清字勇號；

寧紹台道薛福成，擬請賞加布政使銜，並給予軍功隨帶加二級試用；

同知杜冠英，擬請免補本班以知府留浙，遇缺即補，並賞戴花翎，加三品銜；

候補守備已保都司吳杰，擬請免補都司游擊，以參將留浙儘先補用，並賞給勇號，加副將銜等等。（《劉文莊公奏議》卷三，廿一頁）

光緒十一年五月廿二日，劉秉璋奏援軍請酌量保獎片：上年南洋派出援閩官輪五號，行至浙洋爲敵船所阻，馭遠、澄慶二號遇敵追迫，收入石浦內港，衆寡不敵，非盡戰之不力。其南琛、南瑞、開濟三號駛入鎮海口內，與防軍聯絡固守，炮中敵船。統領吳安康督率提防兩月有餘，頗著辛勞，功不可泯。又福建派出五營，跋涉遠來，於款局未定之先馳至前敵，分段駐紥，協力防守。仰懇天恩敕下南洋大臣、兩江總督曾國荃，閩浙總督楊昌濬查明，酌量保獎，以昭激勸。（《劉文莊公奏議》卷三，廿四頁）

光緒十一年七月廿五日，劉秉璋奏續保人員片：自馬江開仗密邇浙洋，而鎮海、定海、寧波、乍浦皆爲道光年間敵曾占據之地，民心不無惶惑。經臣激勵將領，督率弁勇認真操防，晝夜罔懈。及至正月間,鎮口疊此獲捷,軍威克振。然敵船泊於金塘一帶,與定海、乍浦相去咫尺,往來窺伺,殆無虛日。將士枕戈抱燧,目不交睫者數月於茲。雖未交鋒接仗,而勞苦情形實無異於前敵。現在各營次第遣散,海防解嚴,回憶各將領勢處艱危,誓師慷慨,其忠奮有足多者。可否仰懇天恩,量予存記錄用,以勵人才。(《劉文莊公奏議》卷三,三十一頁)

光緒十一年八月初一日,劉秉璋遵旨刪減保獎人員疏:鎮海開仗,雖無肉薄鏖戰之事,而敵炮堅利致遠,禦之無策,苟非人人有必死之心,未易摧此強敵。茲據各營開送前來,核其人數既多,所請亦優。臣秉璋懍遵諭旨,大加刪減,所賸不過三分之一,謹繕清單,恭呈御覽。(《劉文莊公奏議》卷三,三十頁)

光緒十一年八月十六日,李鴻章致楊岐珍函:執事秋初赴省,將裁軍增臺各事稟商仲帥(劉秉璋),應添炮位,議價購辦,鎮防炮臺,估計興工,一切均有就緒。(《李鴻章全集》〔33〕542頁)

光緒十一年十月初五日,劉秉璋奏總兵楊岐珍暫緩赴任片:奉上諭,江南狼山鎮總兵員缺,著楊岐珍補授。自應即赴新任,以重職守。維臣於九年春簡蒞任之初,察之溫、台兩郡土匪充斥,營勇統率無人,奏蒙恩准,飭令該員來浙,添募數營,赴台剿捕。旋值海防吃緊,調赴鎮海,親臨大敵,卓著戰功。乃海氛甫靖,土匪乘機蠢動,膽敢攻撲城池。仰懇天恩,俯准暫緩赴任,仍留浙省辦理防剿事宜,以靖地方。(《劉文莊公奏議》卷三,三十三頁)

光緒十一年十月廿五日,劉秉璋奏保記名提督錢玉興疏:奉懿旨令各將軍督撫汰弱留強,覈實辦理,著將如何歸併之處,先行切實陳明,不得稍涉含混。勇數既裁,營員自隨之而減。如實有久經戰陣之員,月給薪糧,作爲額外,留於該省差委,此亦儲備將才之一策。

蓋軍旅之事,非身在行間,親昌鋒鏑,不能得其要領,徒讀古書無益也。目前知兵大員已如辰星,勇猛將領亦漸稀少,亟宜及時錄用,以備干城之選。查有記名提督借補江西撫標右營游擊錢玉興,血性忠勇,樸誠善戰,有古名將風。今正法船犯鎮口,該員最爲出力。二月初五黎明,自攜後膛小炮,擊中敵船,有謂孤拔於此受傷,實屬膽識過人。仰懇天恩,俯准將錢玉興一員交軍機處存記,遇有提督、總兵缺出,開列在前。(《劉文莊公奏議》卷三,三十四頁)

劉秉璋即時撲滅台州府屬哥老會匪,飭令嚴密搜捕,量予寬宥,遷莠爲良。

光緒十一年六月十八日,劉秉璋奏台州府屬哥老會匪攻城即時撲滅疏:伏查台州府屬素多土匪,剿捕雖極認真,根株總難盡絕,兵至則散而爲民,兵遠則聚而爲匪,實因地瘠民貧,惡習已深,驟難革洗。惟是人多土著,良莠不分。固不可姑息養奸,亦何能盡殺乃止? 臣已飭令嚴密搜捕,凡曾經犯案及著名匪徒罪在不赦。實系被脅迫附和,尚無燒殺重情者,量予寬宥,以冀潛移默化,遷莠爲良。(《劉文莊公奏議》卷三,廿五頁)

光緒十一年七月廿七日,左宗棠病逝,贈太傅,諡文襄。(《光緒事典》167頁)

光緒十一年十一月,劉秉璋奏剿滅台州土匪出力文武員紳酌擬獎勵疏:此次台州府屬哥老會匪勾結滋事,擁衆攻城,適值防軍往調海口,郡縣空虛,若非該處文武同心戮力,奮勇擊剿,登時撲滅,難保不擾害地方。所有出力各員實與軍功勞績無異。茲據各營開送保獎銜名前來,臣復加查核,分別删減,並無冒濫。謹將尤爲出力文武各員紳,酌擬獎勵,繕具清單,恭呈御覽。(《劉文莊公奏議》卷三,四十一頁)

光緒十一年十一月初六日,劉秉璋奏保薦人員疏:奉上諭,爲政之道,首在任用得人。臣於平時密加訪察,認真考覈,徵以辦事之勤奮,操守之廉潔,才堪造就者陳之。杭州知府吴世榮、署台州府事候補知府陳璲、候補知府傅斯懌、試用知府時慶來、候補知府杜冠英、候補知縣伍桂生等六員,可否仰懇天恩俯准交軍機處存記

錄用,以資策勵。(《劉文莊公奏議》卷三,三十五頁)

劉秉璋"中歲家遭離亂,奉親奔走,倍歷艱辛。嗣又效力行間,風霜勞頓,日侵月積,遂體虧益甚。不敢以病軀戀棧,致滋貽誤。仰懇天恩俯准開缺,回籍調理"。

光緒十一年十一月十一日,劉秉璋奏懇恩開缺疏:臣於八月間感患寒熱,日久不愈。迄今三月之久,勉力支撐,一切公牘判於床榻之間,屬吏稟商公事,接見於臥房之內,未敢請一日之假。原以受恩深重,稍效犬馬之勞,又素性硜硜,經管事件不肯假手於人。不意臥病至今,迄未痊可,精力不支,兩腿無力,履步艱難。據醫家云:氣血兩虧,一時難以復原,必得安心調理或可痊伏。念臣年甫六十,敢云衰老,惟體氣素不充實。中歲家遭離亂,奉親奔走,倍歷艱辛。嗣又效力行間,風霜勞頓,日侵月積,遂體虧益甚。因思巡撫責任綦重,浙江爲煩要之區,不敢以病軀戀棧,致滋貽誤。仰懇天恩俯准開缺,回籍調理,一俟病痊即當泥首宮門求賞差使,萬不敢稍耽安逸。(《劉文莊公奏議》卷三,三十七頁)

劉秉璋裁勇節餉,次第遣撤沿海防營練軍。

光緒十一年十二月初一日,劉秉璋奏覆裁勇節餉無可報解疏:伏查浙省勇營本無定額,向視防務之緩急,隨時酌量添裁。即勇營所支餉項,亦無一定專款。歷來所恃者,總以厘捐爲大宗,設有不敷,間有藩庫動支,正雜湊濟支放,歷年裁賸水陸兵計三十營,本屬不敷分布,旋因法事辦理海防,陸續添募,至多之時計之,其陸勇三十四營十六旗,水勇十六營,月需餉項一十四萬餘兩。陸續裁撤至現在止,尚存陸勇十九營八旗,水勇十六營,月需餉銀九萬數千兩。但前因海防喫緊,勇營陸續添募,厘捐不敷支放。經奏明,提撥藩、運、糧各庫,暨裁留浙海關南洋經費,並海防捐輸等款,此皆暫時撥濟,均非常年額定款項。甚至光緒十年欠解京餉三十萬之多,無非設法騰挪。若以現在所裁之勇核計節餉,雖年約五十餘萬兩,而僅有節省之名,並無存儲之實。

查浙省温、台各屬,民情強悍,動輒結黨滋擾。浙西一帶毗連太湖,匪徒出没無常,各路遣撤游勇客民往來靡定,全藉留防水陸諸軍分別巡防彈壓,勢不能再行裁撤。(《劉文莊公奏議》卷三,三十八頁)

　　光緒十一年十二月初二日,劉秉璋奏遣撤沿海防營練軍片:浙省自海防解嚴以來,緣餉需萬分支絀,不得不將沿海防營練軍炮兵等項次第遣撤,以節經費。又因間有籍隸、楚、粵、皖、豫勇丁,程途較遠,無力回籍,誠恐逗留生事,並札飭營哨各官顧備輪船,分頭押送回籍,酌量給予船價等項,均經分別辦理在案。兹據防軍支應局司道遵照新章詳請奏咨立案。臣覆核無異,理合附片。(《劉文莊公奏議》卷三,三十九頁)

光緒十二年丙戌（1886） 六十一歲

劉秉璋裁撤、酌留水師艇釣各船。

光緒十二年正月，劉秉璋奏裁撤酌留水師艇釣各船數目疏：伏查浙省綠營兵丁從前定制本有三萬餘名。同治七年變通營制，裁減水陸額兵一萬三千八百餘名，僅存兵二萬二千五百餘名，分駐十一府，屬巡緝守護，難議裁減。

其沿海水師各營額設戰船，從前共有二百五十餘號，兵燹之後，購造本不及半。前於光緒八年准兵部行文，將沿海各省廢置無用戰船，分別裁撤。現復體察情形，逐加覆核，擬請裁撤師船一十七號，停修舊艇三號，酌留師船五十二號，又改造添撥師船七號。凡島嶼叢雜，汊港淺灘，輪船難以直達之處，不得不酌留艇釣，以爲相輔巡緝之用。

臣查浙省綠營兵額，前於減兵增餉案內裁汰三成之一，現只二萬二千餘名，分駐通省，已形單薄，實難再議裁減。水師兵船本未足額，現裁十七號已及三成。擬俟洋面靖謐，再行裁撤。（《劉文莊公奏議》卷四，二頁）

劉秉璋查釐局委員劉舜年並無貪劣情弊，無故遭謗，恭摺覆陳。

光緒十二年正月，劉秉璋奏查明釐局委員並無貪劣實迹疏：奉上諭，據稱湖州府屬委員通判劉舜年分局勸捐，額外苛求，不勝枚舉，鄉人裹足，民怨沸騰，並有微服出游，狎妓飲酒，勒派壽分，聲名狼藉各情，請旨飭查。

臣查釐捐委員固易滋弊，尤易招怨，即如浙省釐金，近來年年短收，較之同治初年相去不下百萬兩。推原其故，雖因市面清淡，而奸商之偷漏，其技愈工。承辦之員因比較捐數，新章嚴密，不得不認真稽核。乃近時之商賈，類多富紳爲之，相與抗衡，不服根查，甚至造爲蜚語，任意騰謗，故厘局一差非擇稍有才幹者不能任使也。

臣自到任後，深恐委員舞弊，隨時設法密查，一有所聞，無不立時撤換。輕則記過停委，重則甄別嚴參，不稍姑容。有事屬子虛，無故遭謗者，亦不爲浮議所搖，致滋屈抑。該委員劉舜年嚴查偷漏，照章補捐，其間取怨商民，勢所不免。現經臣密委候補知府傅斯懌按照原參各節，密訪明查，尚無貪劣情事。其父壽辰，在局演戲一日，乃人情之常。紳士間送燭麵，并未收受，亦無不合。該府傅斯懌素稱廉正不阿，其言尚屬可信無虞。謹將查明厘局委員劉舜年並無貪劣情弊，恭摺覆陳。（《劉文莊公奏議》卷四，五頁）

著劉秉璋賞假一月，毋庸開缺。

上年十一月十一日，劉秉璋奏懇恩開缺。

光緒十二年正月廿五日，奉諭旨著劉秉璋賞假一月調理，毋庸開缺。（《劉文莊公奏議》卷四，七頁）

光緒十二年正月廿八日，奉御賞"福"字一方，恭謝天恩。（《劉文莊公奏議》卷四，六頁）

光緒十二年二月二十九日，劉秉璋奏假期已滿病未全愈疏：奉諭旨著賞假一月調理，毋庸開缺。聞命之下，感悚無地，當即上緊醫治。今假期已滿，病雖漸退，而體氣大虧，腿足軟弱，勉強行走，步履未能復舊，拜跪更所不能。據醫家云，年逾六旬，本原虛弱，急切藥難奏效，非安心調理，未易復原。臣受恩深重，曷敢自惜微軀，惟責任重大，病已半年，僚屬商量公事，均在卧室接見，撫心殊不自安，至朔望行香以及朝賀祭祀大典，皆未躬親行禮，尤深負疚。況披閱公牘，久則心煩。如此情形將來必致貽誤，且難免戀棧之議。再四思維，惟有仰懇聖恩，俯准開缺，一俟病體復原，即當泥首宮門，求賞差事。目前浙省尚無重要之件，其日行公事仍照常力疾經理，以免遲誤。（《劉文莊公奏議》卷四，七頁）

劉秉璋奏，裁勇節餉，僅有節省之名，並無存儲之實。減他處協款，移充認解京餉。此等彌縫之術，難逃洞鑒，故不得不將實在情形上瀆聖聽。

光緒十二年三月初二日，劉秉璋遵旨籌措專款解部備用疏：承准軍機大臣字寄，光緒十二年二月十四日，奉慈禧皇太后懿旨，通飭各省將軍督撫裁勇節餉，專款解部備用。據各省陸續奏到另款存儲備撥，均能力顧大局。惟據劉秉璋奏，防勇先後裁撤，每年約省銀五十餘萬兩，"僅有節省之名，並無存儲之實"等語。餉需支絀各省大致相同，全在封疆大吏，覈實節用，力爲籌措。劉秉璋於該省錢糧徵收，款項出入，尚能認真整頓。所有前項應解部專款，自當設法籌解，何得以"有名無實"等詞一奏塞責。該撫接奉此旨著迅速籌議，另籌專款解部，毋再延緩。

臣前奏，酌提裁勇節餉無可報解一摺，實緣素性硜硜，甘居迂拙之名，不敢蹈欺罔之咎，故不得不將實在情形上瀆聖聽，蒙朝廷不即譴責，更加獎勖，跪讀之下，感激涕零。伏查浙省欠解各處協餉至千餘萬，更何從得有贏餘。想各省支絀情形大略相仿。臣既忝撫此邦，出入款目，通盤籌計。若明知欠解於後，姑且認解於今。將認解之名居於當躬，欠解之咎貽諸後任，又或減他處協款，移充認解京餉。此等彌縫之術，難逃洞鑒，臣何忍以乞歸在邇，頓改迂直之素。

竊查甘肅借用洋債，浙省奉派分年代還之款，明年可以還清。此後藉資周轉，擬請先自本年爲始，移作認解京餉，每年以十五萬爲額。雖現在代還甘借洋債，歲須二十餘萬，原不止十五萬之數，然厘金項下，奉撥南北洋經費改解海軍衙門，爲數太鉅，實屬無款可籌，業已另片陳明。（《劉文莊公奏議》卷四，十四頁）

劉秉璋追查豁免民欠。追不肖州縣將徵存未解銀兩混入民欠項下，以百姓之脂膏，飽貪吏之谿壑。

光緒十二年三月，劉秉璋奏查豁民欠分別勒追各州縣虧款疏：

浙省查豁民欠,先追濫款,兼提存庫,並分別勒追減免各情,辦理已有就緒。

上論,上年八月降旨豁免民欠錢糧,原所以嘉惠閭閻,期於窮黎有神,豈可任令不肖州縣將徵存未解銀兩混入民欠項下,以編氓之脂膏,飽貪吏之谿壑,殊非朝廷體恤民艱,實事求是之意。本年浙江巡撫劉秉璋查辦民欠錢糧,尚屬認真,著各直省督撫查照浙省清釐民欠章程,切實經理,總期實惠及民,不准絲毫朦混,倘有前項情弊,定惟該督撫是問。

劉秉璋奏:浙省現辦豁免一案,已邀聖明洞鑒,雖謗讟煩興,臣與藩司固不顧而提調局務,杭州知府吳世榮亦能破除情面實心經理。怨如山積,毫不鬆勁,更爲人所難能。此次奉旨豁免同治十一年至光緒五年未完民欠錢糧,約計不下二百萬兩,均因歷年災欠、緩徵及各年尾欠積成此數。每逢交代以濫款列抵前後,以致上司衙門無憑查考。今按三印底冊逐細核算,約計有征存未解銀五十七萬三千餘兩。原案大抵因公挪移或修理工程或墊辦要差,以款抵款,自謂無虧。此各州縣輒以濫款列抵之原委也。

所有濫抵之款自應分別追,無論多寡概令賠繳八成,減免二成。自開辦至今已陸續解到實銀十八萬四千餘兩,收存藩庫。欠繳數在一千兩以下者,暫歸外辦,勒限掃解,如追欠數在一千兩以上各員,自應分別參處以昭公允。

請旨將欠繳一千兩以上之松陽縣知縣范祖義摘去頂戴,勒限三個月完繳。二千兩以上之前黃巖縣知縣馮健、前富陽縣知縣彭輝、同知史致馴等三員暫行革職,勒限四個月完繳。五千兩以上候補知縣程洪、丁憂知縣張寶琳先行革職,勒限半年完繳。逾限不完,再行嚴參查追。

尚有改發省分,病故參革回籍以及寄居他省者共計三十七員,未完銀十二萬四百四十三兩,臣分諮各省將軍、都統、督撫轉飭查明,委員將各欠員及故員家屬押解來浙,核對欠數是否相符,按限追繳。

又罷職身故、力不能完者共計五十八員,未完銀十五萬二千五百六十九兩,亦由臣分咨各原籍再行密查,如家屬尚有財産或子孫出仕,力能完繳者,即行押解來浙。如實係家産盡絶,照例取原籍地方官及鄰族具結,咨送來浙彙案,奏請恩施一律豁免。如此分別辦理,似與庫款較有實濟,而仍不失朝廷寬大之政。(《劉文莊公奏議》卷四,九頁)

各省、州、縣交代册籍,向例存于府署,不肖縣令因緣爲奸,每將已徵未解錢糧,混入民欠項下,新舊兩令對分,舊令約得十之七。非久任府廳州縣者,不能知也。公(劉秉璋)官贛撫時,已略有所聞,屢次訪問,從無以實情告者,及光緒十二年任浙撫時,復私向桐城吳世榮觀察盤詰。觀察歷任州縣,卓著循聲,遂將秘密情形和盤托出,無少隱諱。公乃每府派一廉正委員,守提州縣交代册籍,限二日內交出,如違奏參。查出州縣已徵未解錢糧混入民欠者,浙江一省,已多至五十七萬三千餘兩,盡力嚴追,僅追出十九萬九千餘兩。此事歷來所未聞,我朝二百餘年,亦從無一人議及。(《萇楚齋》610、611頁)

劉秉璋密陳:緩加旗餉,增練海軍。創立海軍衙門,籌備船械,操練兵輪。此至重至急之務,萬不可再事拖延。

光緒十二年三月,劉秉璋密陳辦海軍疏:籌辦海軍經費、旗兵加餉二事,此皆國家根本至計,遠大規模。臣雖至愚極陋,何敢稍有異詞。惟兩事並重,當先重其尤重者;兩事並急,當先急其尤急者。方今外洋環伺,迭起釁端,我所以隱忍議款者,以海軍未立也。彼所以肆意要挾者,亦以我之海軍未立也。聖謨宏遠,創立海軍衙門,籌備船械,操練兵輪,此至重至急之務,萬不可再事遷延,稍緩須臾者也。

至於八旗兵丁,皆我朝開創之初從龍舊旅,自減餉以來不免拮据,議復原餉固理所當然。兩事兼營萬難兼顧,不如略分先後,期於必成。待海軍就緒，庫有儲餘，再議旗兵加餉。臣非敢謂加餉之不重不急也，而以海軍關係較之，則尤爲至重至急。至國家億萬年丕基當籌億萬年久長之策。八旂丁口衆盛，數十百年後繁衍生息，其數更倍於今，即兵餉復額萬無給足之理，朝廷亦更無養育之法。擬請旨密飭親信王大臣從長議議。臣以蒲柳衰資，病逾半載，叨竊天恩，無可圖報，一得之愚，痛念時艱，不忍緘默，越俎妄言。(《劉文莊公奏議》卷四，十二頁)

三月廿二日，奉到硃批：創立海軍，自係當務之急；而旗兵日久困苦，何以資操練而固根本？至欲另籌安插疏通，輕議更張，尤屬非是。原摺著即擲還。(《劉文莊公奏議》卷四，十二頁)

文莊(劉秉璋)以浙撫任內，奏請緩加旗餉，增練海軍，與醇親王(奕譞)設施大政全然相反，致忤邸(指醇親王奕譞)意，故不及。(《異辭録》113頁)

部議加八旗兵餉，公(劉秉璋)疏言，今海患方股，而海軍未立，宜竭天下之力先治海軍，以御外侮，然後徐圖八旗生計，請飭王大臣從長計議。疏入未及行，及中日之戰，海船不足於用，論者皆服公先見焉。(《劉文莊公墓誌銘》)

壽州(孫家鼐)書云："加餉爲邸意，是劾邸也。"嘉定(徐郙)書云："大疏既上，丹初(閻敬銘，字丹初)譽不容口。"同一當道，而見聞不同如此。(《異辭録》120頁)

章京中有同年友傳語相告，醇邸見疏大怒，曰："漢人太無良心，做旗人官，而於區區之餉，猶吝之耶？"又傳："王毋然，使疆臣人人如浙，則國家不患貧矣。"章京之言未必全虛，而又有同異。可知朝政之不易知，人言之難盡信。(《異辭録》120頁)

劉秉璋請旨，務令各省庫儲稍留有餘。今即不能藏富於民，亦當稍稍藏富於各行省。若戶部搜括太盡，竭澤而漁。設有水旱之災，勸捐請款均非立刻能辦到。

光緒十二年三月，劉秉璋請旨飭部通盤籌計務令各省庫儲稍留有餘片：古者藏富於民家，給人足而帑藏亦充。今即不能藏富於民，亦當稍稍藏富於各行省。若戶部搜括太盡，竭澤而漁，各省藩、運、糧諸庫掃地無餘，設有水旱之災，勸捐請帑均非咄嗟可辦。昔年山西大旱，雖頒發內帑，而百姓逃亡實已過半。前車未遠，能不寒心。又況通商以來，外洋環伺，時起風波，萬一海疆有事，各省庫無儲蓄，勢必紛紛爭借洋債，所借愈多，洋商居奇，利息轉重。其所出之息，無非取給於國帑，封疆之吏非能於庫款之外，別有絲毫彌補之法，剜肉醫瘡，且日趨窘乏，此古所謂不終日之計也。（《劉文莊公奏議》卷四，十三頁）

劉秉璋於戰後再添浙江省鎮海口炮臺，增設炮位。

光緒十二年五月，劉秉璋奏鎮海口添建炮臺增設炮位疏：防海之要，首在建築炮臺，購置大炮，扼據行勢，四面轟擊，使敵人不敢近岸，然後輔之以兵輪，阻之以巨椿，護之以水陸勁旅，則雖大敵當前而不為所撼。查鎮海南北兩岸大小炮臺共十餘處，洋土各炮共七十餘尊，布置尚稱周密，然炮力皆難及遠，惟招寶山威遠炮臺內安設德國博洪廠後腔螺絲鋼炮一尊，彈重二百四十磅，彈路遠及八里，可以洞穿鐵甲，其次則僅有英國瓦斯前腔鋼炮一尊，彈重八十磅，以禦鐵甲力已嫌小。

臣於去年籌辦鎮海善後，據寧紹台道薛福成督同候補知府杜冠英勘得金雞山前有石磯一座，名小金雞山，與招寶山下安遠炮臺旁之石磯相對，江面最狹，擬于二石磯之上安置二十一生的（生的：英文厘米 cent 之音譯）克鹿卜鋼炮各一尊。擬於招寶山威遠炮臺下層靠北山腳添置二十一生的克鹿卜鋼炮兩尊。擬于南岸最易登陸之小港口，鎮遠炮臺之東北笠山頂，前明禦倭小炮臺舊址安置二十四生的克魯伯鋼炮兩尊，二十一生的克鹿卜鋼炮一尊。由小港口至金雞山地形散漫，擬於北面一帶堆築寬六丈高三丈土堤一道，南面臨河一帶堆築寬三丈高一丈六尺土堤一道，如此則南岸四周無隙，鞏如磐石。總計約需規銀二十萬二千餘兩，其餘築臺等項亦需二十萬兩。爲數過鉅，籌畫非易，而事關久遠，亦難因噎廢食，自應一面購炮一面築臺，次第興辦，以紓財力。(《劉文莊公奏議》卷四,廿三頁)

劉秉璋補授四川總督,即赴新任,毋庸來京請訓。

光緒十二年四月廿一日,四川總督丁寶楨卒,諡文誠。(《光緒事典》174 頁)

光緒十二年五月初七日,奉上諭著劉秉璋補授四川總督,即赴新任,毋庸來京請訓。未到任以前著游智開暫行護理。(《劉文莊公奏議》卷四,廿四頁。游智開：字子岱,湖南新化人。時任四川按察使)

國初設川湖總督。自乾隆十三年大軍進征湖廣,川湖總督不能兼制,乃專設四川總督。(《郎潛紀聞》148 頁)

擢四川總督,川境寫遠,外接番、夷,內叢奸宄。秉璋曰："盜賊蠻夷,何代蔑有? 以重兵臨之,幸而勝,不爲武;不幸而不勝,餉械轉資寇,是真不可爲矣。"(《清史稿》447 卷《劉秉璋列傳》)

淮系將領,位至督撫地位者人數很少,早期只有張樹聲、劉秉璋兩人,稍晚又有潘鼎新、劉銘傳兩人,一共四人。(《淮軍志》332 頁)

◎園生按：總督,俗稱"制軍""制台",統轄一部分地區文武軍民,總理戎政,保衛邊疆。凡文職道府以下,武職副將以下均由奏請升調免黜,有對外交涉之權,正二品(加兵部尚書銜者爲從一品),全國共設總督八人。

光緒十二年五月初八日,調衛榮光爲浙江巡撫。(《光緒事典》175 頁)

光緒十二年五月十三日,李鴻章致劉秉璋函：仲良仁弟親家大人閣下,前復寸緘,昨聞特簡川督之喜,已飛電馳賀。昔咸豐己未,曾文正(曾國藩)奉詔入蜀未果,胡文忠(胡林翼)函集杜句云："西蜀地形天下險,東川節度兵馬雄。"茲可移贈執事矣。(原注：

蜀綫新設,以後要事仍用密碼通報,以省筆墨)兄己巳使蜀,留滯半年,略識其風土人情,加以近日所聞,輒欲壹貢其愚。駱(駱秉章)、吳(吳棠)治尚寬,丁(丁寶楨)繼以嚴,裁夫馬局,改官運鹽,尤卓卓者。蜀人每訾鹽局虧空累累,奏報不實,或怨家之口。歲增巨款,挪墊有貲,洵公家之利,應循舊章,得人整頓。易笏山(易佩紳,字笏山,湖南人,曾任川藩)謂利孔搜索無遺,民窮財盡,恐丁去而大亂起,自是仁言。

蜀民浮動易亂,訟盜極多,自須留營彈壓,稚帥(前督丁寶楨)所部將領,或有浮誇。錢玉興、楊岐珍似宜酌調一人隨往,或隨後奏調。其餘在浙省,靜瀾(衛榮光)接任,當尚水乳,勿紛紛求去也。聞滇、黔多賴蜀濟,黔苦尤甚。稚璜(丁寶楨)黔人,固應偏厚(原注:四川月協黔餉五萬兩)。公當照舊籌濟,勿失黔人之望。英屢欲通商西藏,番僧堅持,雖游歷亦不准行。稚帥(丁寶楨)附和至擬以兵相拒。川、藏兵皆非英敵,設竟蹈緬甸覆轍,爲禍更大。英實無犯藏意,但求先游歷後通商而已。剛克不如柔克,鴻章可保無事,否則早遲恐被蠶食耳。

川陝夏漲,須詧施宜山路,逶迤而進。瀛眷能否暫寓宜昌,俟九月潮平,一帆抵省。同鄉後起無人,望實兼隆,惟公是賴。復賀大喜,惟長途保衛,不一不一,五月十三日,期鴻章頓首。(劉聲木手稿《李文忠公尺牘》)

文正(曾國藩)當日書贈文忠(李鴻章)聯云:"大處著眼,小處入手;群居守口,獨居防心。"云云,文忠亦書贈先文莊公,並自記授受原委于聯之兩旁。(《萇楚齋》600頁)

◎園生按:丁寶楨,字稚璜,貴州平遠人。咸豐進士,官至四川總督,劉秉璋前任。駱秉章同治元年至六年,吳棠同治六年至光緒元年,李瀚章光緒元年至三年(未就任),丁寶楨光緒三年至十二年任川督。

又:"兄己巳使蜀",指同治八年,時任湖廣總督李鴻章受命入川，調查川督吳棠被參案。

光緒十二年五月二十日，劉秉璋謝授四川總督疏：臣一介庸材，三年撫浙。鯨波乍起，愧無殄寇之才；鶴俸虛糜，未著化民之效。涓埃莫報，兢惕滋深，茲復仰荷殊恩，總制全蜀。自天錫命，伏地悚惶。臣維有星馳就道，迅速抵蜀，恪供職守，以冀仰答高厚鴻茲於萬一。(《劉文莊公奏議》卷四，廿四頁)

劉秉璋離浙撫任，善後，起程赴川，九月廿八日抵達成都。

光緒十二年五月十七日，劉秉璋奏保吳世榮片：此次浙省豁免案內，追繳濫款，實以到庫者二十二萬餘兩，將來認真接追，並查提存庫爲數當亦不少。州縣因此儆戒，後來不敢再事侵挪，裨益庫儲，良非淺鮮。臣不過主持督率，其任勞任怨皆該局提調吳世榮一身當之。臣不敢掠人之美以爲己長，當此庫款支絀，理財爲要，亟宜獎拔勤能，以資鼓勵。該員係在任候補道，年力強健，正堪驅策。茲以卓異俸滿併案，送部引見，仰懇天恩，破格錄用。(《劉文莊公奏議》卷四，廿二頁)

光緒十二年五月廿五日，劉秉璋奏浙江留防勇營派員統率片：記名提督江南狼山鎮總兵楊岐珍上年五月蒙恩補授實缺，經臣奏請暫緩赴任，仍留浙省辦防。惟溫(州)、台(州)兩府素多土匪，根株究難淨盡，現留防軍六營，共計三千人，不可無大員統率。俟調任撫臣衛榮光到任後，察看情形，派員接統。又鎮海防勇尚有一營四旗，共計千五百人，原統之記名提督錢玉興，現經臣另摺奏請，隨帶赴川，改派開復提督銜萬重喧統率操練，以靖地方。(《劉文莊公奏議》卷四，廿六頁)

光緒十二年五月廿四日，劉秉璋奏酌帶將領隨同赴川疏：四川地屬巖疆，幅員遼闊。臣於該省情形素未熟悉，現在有無留防營勇，亦未深知。目前雖無軍務，而幅匪、哥匪時虞蠢動，況界連西藏，防範宜嚴，請酌帶將領數員，隨同前往，已備不虞。仰懇天恩俯准，將記名提督錢玉興、補用副將周士盛、記名總兵馬朝選三員隨帶赴川,以資驅策。並准每員月給公費銀一百兩,共帶親兵四十名,由浙給發三個月公費、口糧,於軍需項下作正開銷。(《劉文莊公奏議》卷四,廿五頁)

光緒十二年六月初六日,劉秉璋奏順道回籍省墓片:此次由浙赴川,擬由蘇州、鎮江內河出口,泝江而上,至湖北宜昌登陸前進。原籍安徽廬江縣,地處濱江,爲此行經由之路,臣已離家數年,到川後去鄉益遠,遙望松楸,時縈依戀,擬順道回籍省墓,爲時不過旬日,附片陳明。(《劉文莊公奏議》卷四,廿七頁)

公(劉秉璋)移督四川,由"超武"艦送至漢口。"超武"艦,福州船政局制造第二號鐵脅船。光緒四年五月下水,駐防浙江。(《異辭錄》96頁)

光緒十二年九月廿八日,公抵達四川成都省城。

千里行船,畫意詩情:"一葉扁舟激湍間,篷牕四面秀峰環。浮嵐潑墨三千里,風景强于江上山。"又:"驅車按部古松州,千里懸崖瀑布流。聽水看山今更好,吟囊酒盞放輕舟。"又:"群峭摩天儼削成,中流鏗鏜有灘聲。青衫白舫閑吟眺,不數山陰道上行。"又:"桐廬江上舊經過,畫舫笙簫逸興多。可有漢皋神女夢,鈿蟬銀雁按清歌。"(劉聲木手稿《劉文莊公佚詩》)

光緒十二年十月初九日,劉秉璋奏抵川接篆日期疏:護督游智開於十月初一日交四川總督(管巡撫事)關防暨王命旗牌文卷。(《劉文莊公奏議》卷四,廿八頁)

劉秉璋接篆就任,李鴻章各方關照。

光緒十二年七月廿一日,李鴻章復署四川藩台按察使游(游智開)函:仲帥(劉秉璋)日內想以履新,惟情形尚生,必賴賢良爲照理。執事勤求民依,老成宿望,其爲契合,自不待言。(《李鴻章全集》[34]61頁)

光緒十二年十月廿九日,李鴻章復署四川鹽茶道丁函:蜀中多盜,自昔已然,白馬橫行,亂後尤甚。仲帥(劉秉璋)近已履任,號

令既一,必當百度更新矣。執事開濟長才,情形尤熟,仲帥求治方殷,必多依辦。(《李鴻章全集》〔34〕123頁)

光緒十二年十一月十一日,李鴻章復新授四川藩台崧(崧蕃:字錫侯,滿洲鑲藍旗人。時任四川布政使)函:執事昔綰鹽策,屢權兩司,政績流聞,群推通敏,長才偉譽,華實兼資,一歲三遷,遂長薇省,輕車熟路,愉快奚如。仲良(劉秉璋)制軍相需甚殷,亟望遄征,副其翹企。(《李鴻章全集》〔34〕132頁)

光緒十二年十二月廿九日,李鴻章復署四川藩台游(游智開)函:仲帥(劉秉璋)履任,執事仍綰藩條,百度振興,坐鎮雅俗,實資老成德望。(《李鴻章全集》〔34〕161頁)

劉秉璋朋僚、子弟之進退。

光緒十二年五月十三日,李鴻章致劉秉璋函:朱少桐守嘉定缺苦累重,乞設法移量調濟,才雖不長,尚有守也。(劉聲木手稿《李文忠公尺牘》。嘉定:四川中部,嘉定府城,今樂山市)

◎園生按:朱少桐,即朱其暄,字少桐,李鴻章姻親,時爲嘉定太守。劉聲木注:朱名其暄,爲朱文端公之子,時爲嘉定府知府,後仕至魯藩。其女嫁李鴻章之子李經述。

光緒十二年十二月十九日,李鴻章致劉秉章函:品蓮(沈保靖)仍管機器局。心明事練,止可做兩司。才短志衰,絕非出使之選,然又無地可冀光復耳。琴軒(潘鼎新)開邊釁而邊潰退,又士心不附,輿論不孚。獻夫(劉汝翼)遵輪署資深,其才只可地方,不善洋務,姑待至夏秋再看。手此布復,敬賀年禧,餘不一不一,鴻章頓首,嘉平十九夜。(劉聲木手稿《李文忠公尺牘》)

光緒十二年六月廿一日,李鴻章致劉秉璋函:稚璜(丁寶楨)身後蕭然,署內日用須屬員餽送,廉吏果可爲耶。(劉聲木手稿《李文忠公尺牘》)

◎園生按:品蓮,即沈保靖,字品蓮,江蘇江陰人,舉人。同治元年入淮軍幕府,官至福建布政使。道光廿五年與劉秉璋、潘鼎新游學京都，住東單觀音寺"蕭然古廟之中，遂有四友"之一。同治十一年，李鴻章曾有函致王必達：現官江右劉仲良方伯(劉秉璋，時任江西布政使)、沈品蓮觀察，皆吾患難至交。(《李鴻章全集》〔29〕42頁)

又：琴軒，即潘鼎新，字琴軒，安徽盧江人，劉秉璋總角之交。

又：獻夫，即劉汝翼，字獻夫，安徽盧江人，監生，劉秉璋兄劉贊長子。同治元年入淮軍幕府，曾任職於江蘇厘局與天津海關道。李鴻章有評語：廉明篤實，心細才長。劉聲木注："先公(劉秉璋)去函，蓋爲請求補署關道。"

劉秉璋奉命查辦重慶教案。

光緒十二年六月，重慶教案發生。英美教會在重慶城外强行修建教堂，民憤沸騰，約期反教，焚燒美國教堂和英美洋房。教民組織武裝殺傷民衆三十餘人。命新任四川總督劉秉璋查辦。(《光緒事典》176頁)

光緒十二年六月廿一日，李鴻章致劉秉璋函：蒙惠寄金腿、龍井茶多件，臨去秋波，尚爾惓戀，感謝曷任就審。溽暑遄征，錦衣誓墓，轉眴秋涼，當即鼓輪西上。惟挈家遠役，諸郎年幼，無老成得力之次丁照料伴送，未免瑣屑操勞耳。

昨因重慶民教滋事，案情較重，電奏請飭游子岱(游智開)設法妥辦，並催執事刻日履新。聞已有寄諭，分飭知照。嗣聞該鎮道派兵彈壓，事已寢息。然民教釁隙已深，此次洋房焚毀殆盡，恐非空言所能息爭。子岱向未辦過洋務，操縱未必合宜，須公速去乃有主張。計乘輪至宜昌，即沿途小有躭閣，不過旬餘。過施南(施南府，今恩施)至夔(夔州)萬(萬縣)而川北，又須月餘。若由萬縣登舟，泝江進省，順過渝郡(川東重慶)，一查實在情形，籌辦更有把握。且可過瀘州(原注：四川官鹽局設在瀘州，爲川鹽出產必經之處，猶淮鹽之揚州瓜鎮也)，查核鹽局底蘊，或檄司送印至渝接篆。雖遲數月亦無損而有益,望途次相機酌辦,自決進止,内廷必不遙制。總之王鶴樵(未幾病故,時簡川藩缺而未到任)、游子岱皆非能了事之人,所倚重者惟公耳。法人近於教務不甚關切,兄商請羅馬教皇派員來華管理天主教交涉,已有專使前來。(劉聲木手稿《李文忠公尺牘》)

光緒十二年七月十三日,李鴻章致電劉秉璋(寄往蕪湖行次):差弁回稱,渝城民教滋事,因美教在鵝頂頸修造,士民恐傷地脈,聯名稟縣。案未斷結,衆怒不平,於五月三十先打亮風堚、叢樹牌兩處英國教堂,城内法國教堂及從教股實者亦被拆毁。惟素號教主羅寶芝招有打手,屋未拆,反被殺傷民人二十二人。……華民從教甚重,南川、綦江兩縣團勇大開一仗,各傷數百。江北廳六月初,教民放火燒毁鋪屋四百餘家。川東各屬起團,聲言打教,其勢洶洶。(《李鴻章全集》[22]79頁)

光緒十二年十月二十日,劉秉璋奏查明重慶教案疏:臣於入川境後沿途探訪重慶教案始末情形,到任後調查原案卷宗,大略相同。此案起釁及籌辦各節,已據前護督游智開疊次詳細奏明。首犯拿獲解省,自應與羅元義質實定供,分別擬辦,以示持平。所有查明並無南川綦江團勇開仗傷人、江北廳地方燒毁房屋情事。(《劉文莊公奏議》卷四,廿九頁)

光緒十二年十二月,劉秉璋奏教民羅元義匪徒石匯各擬斬梟片:此案關繫實與尋常人命不同,羅元義平日恃教欺民,仇怨益深。渝民初次打毁洋房教堂,雖因鵝項頸等處有礙方向,實由羅元義積怨所釀而成。斯時羅元義若不雇衆械鬥殺傷多命,渝民亦不至益加忿恨,集團四出打教。是洋房教堂之被毁,百姓之被殺,教民房屋之被拆,皆羅元義恃符逞横之所致。擬以械鬥爲首之例,尚覺情浮於法。至石匯因此隨同民團在鄉滋事,乃以營勇彈壓之故,輒敢傷斃什長一名。縱火燒房,不服彈壓,實屬匪徒,罪應從重。茲兩犯各擬斬梟,所以示持平也。(《劉文莊公奏議》卷四,四

十一頁)

光緒十二年十二月十九日,李鴻章致劉秉璋函:渝案(指重慶教案)賠銀廿餘萬,殊駭人聽。子岱(游智開)及司道爲廷寄所懾,急求了事,不知今日教會氣焰已衰,公使把持已少,即丁道所見教案皆前廿年事也,法越戰後此等大有轉機矣。(劉聲木手稿《李文忠公尺牘》)

劉秉璋堅持"持平審結",不許法國公使干涉中國内政,維護了司法主權,難能可貴。(《淮系軍閥劉秉璋》,《東北師大學報》1983·2,84頁)

劉秉璋就"巴、裏二塘駐師若干",闡釋了對西藏問題的看法:川藏相距雖遠,固須聯爲一氣。猶之臺灣之資福建,甘肅之顧新疆,事同一體,畛域難分。英人性成陰鷙,其通商之説,目下雖覺可信,將來有無叵測詭譎,臣等不敢預。且俄人窺藏亦非朝夕,邊務設有變遷,責無旁貸。而籌餉、籌兵向來倚重四川,臣秉璋斷不敢稍存漠視。現在並無戰事,防勇本不必多,況裏塘去前藏路途遥遠,即使巴、裏二塘駐兵,與西藏似無大益。

光緒十二年十月十四日,劉秉璋奏會同籌議臚款覆陳疏:上諭,前據丁寶楨奏,擬於巴、裏二塘駐師三千餘人,不動聲色,妥爲布置。兹據該護督等會奏,擬於丁寶楨原議三千之外再添兵一千名,並稱文碩(駐藏大臣)到任後恐即有調撥之需等語。目前緊要關鍵仍以開導番衆於邊界通商爲主。前因印藏交界之獨脊嶺地方,藏藩早有與英人互相貿易之事。著文碩到任後確切查明,如果實有其事,正可因勢利導切實勸諭,將來開辦自無阻閡。至所稱募勇四千舉辦邊防之處,現在並無戰事,防勇本不必多,調勇入藏尤宜慎重,恐番衆疑懼,别滋事端。巴、裏二塘究應駐師若干,四川財力能否供應,吳奇忠統領多營能否得力,劉秉璋計將到任,著即會同籌商奏明。

劉秉璋奏:文碩已將原奏摺片各稿併摘要卷宗,先期照録,專弁函致臣秉璋行次閲看。臣現既抵任，與文碩面相商酌。印藏交界之獨脊嶺(又譯大吉嶺)地方開辦通商一節。臣等查前駐藏大臣松筠(松筠：字湘浦，蒙古正藍旗人)。所纂“西招圖略”内繪藏地邊外爲廓爾喀、哲孟雄、布魯克巴諸部，其獨脊嶺地名原圖略而未詳。曾經赴藏，番務較熟之候補知縣嵇志文、秀蔭二員面加考訂，據稱獨脊嶺在哲孟雄部，地勢險要，爲印度入藏門户。英人鐵路已先修至獨脊嶺，而新約又稱“議在印藏交界地方”，意存朦混已可概見。臣等商酌，將來如果開辦通商，詳細約章内須聲明“議在哲孟雄之獨脊嶺”地方作爲通商埠口，以此爲斷，不得再向内移。其新約“印藏交界地方”六字應爲删除更正，請交總理各國事務衙門立案存記。

查現在並無戰事，誠如聖諭，防勇本不必多，況裏塘去巴塘六站，巴塘去察木多十四站，察木多至前藏二十五站。即使巴塘、裏塘駐兵，與西藏似無大益。而川省財力久絀，實難供支。吳奇忠才略短長亦請留省試用察看。此後一切事宜，臣等隨時籌辦。

總之川藏相距雖遠，固須聯爲一氣。猶之臺灣之資福建，甘肅之顧新疆。事同一體，畛域難分。惟英人性成陰鷙，其專意通商之説，目下雖覺可信，將來有無叵測詭譎，臣等不敢預。且俄人之窺藏亦非一朝夕，將來邊務設有變遷，文碩身膺閫寄，固屬責無旁貸。而籌餉、籌兵向來倚重四川，臣秉璋亦必力任仔肩，斷不敢稍存漠視。(《劉文莊公奏議》卷四，三十三頁。裏塘、巴塘：四川西部，屬雅州府，今四川省理塘縣、巴塘縣。按唐制計，凡三十里有驛站，裏塘、巴塘至前藏約一千三百餘里。廓爾喀、布魯克巴：即尼泊爾、不丹國。哲孟雄：即錫金)

◎園生按：哲孟雄，即錫金，中國舊稱哲孟雄(Dremojong)，喜馬拉雅山南麓，原屬吐蕃王朝，多爲西藏和尼泊爾移民。公元九世紀，成爲獨立的部落，但境内寺院仍隸屬於西藏各大寺。十七世紀,建立世襲君主國。十八世紀初尼泊爾軍隊入侵西藏,達賴、班禪乞援清廷。乾隆年間,中央政府先後兩次用兵,逐出尼泊爾兵,自此哲孟雄成爲中國藩屬。嘉慶十九年(1814),英國東印度公司進入錫金。咸豐十一年(1861),英國置錫金於保護之下。光緒十三年(1887)被英國占領,光緒十六年(1890)成爲英國保護國。1950年成爲印度"保護國",1975年併入印度。獨脊嶺爲哲孟雄境内地名,又稱大吉嶺。

光緒十二年十二月十九日,李鴻章致劉秉章函:西藏番僧輕言用武,只要洋人游歷入境,嚴禁劫殺,必可無事。英據緬勾當不了,斷無他圖,別國更無深入之意。再,前復竹珊函(升泰,字竹珊),内過計者,又有蒙古附俄之疑,宜如何定約、設防等語。蓋因俄人鋭意經營西域,前屢派員由西寧青海入藏查探。近聞印兵交戰,又派多人由青海赴藏。俄報謂,恐英深入,將乘機與議通商,不欲英獨占先著也。准英通商,難保俄不援例要請。然各國條約有一體均霑之例,我似難於峻拒,但防俄員暗中賄結藏番耳(劉聲木注:先文莊督蜀時,常有俄人持總署函,領護照赴藏,無歲無之)。總之,藏既通商,多一國則增一國之牽制。英俄猜忌素深,自不能獨圖占據,此鷸蚌相持之説,於我亦無大損,若以兵設防,恐無此力也。(劉聲木手稿《李文忠公尺牘》)

劉秉璋整頓川省:一、將州縣委署章程,遵照吏部奏定之式,不勝本任之缺,隨時奏請開缺,決不濫竽貽誤。二、整頓勇營,轉移風氣,精壯足額,餉不虛廉。三、躬行節儉,體恤民生,不准浮收勒折,力輓奢華之習,有不肖州縣,敢於朘削小民脂膏者,決不姑容。四、訐發匪迹,編聯户口,獲匪者賞,匿匪者懲,戢盜風而清盜源。五、州縣經收正雜各款,交卸後限期掃數解清,如有逾延,即奏參撤任停委。

光緒十二年十月廿一日,劉秉璋奏川省應行整頓各情形疏:臣於到任後,隨事留心考覈,其亟宜整頓者,已有數端。

一，部章委署州縣之缺，定有三班實缺，調署別缺不得過一成，久經通行在案。川省委署人員太多，又不遵照部章辦理，另立章程，按名遞署。其實缺調署更逾一成之數，辦理實屬紛歧。臣現已檄飭署藩司游智開，將州縣委署章程遵照吏部奏定頒發之式，三班輪遞酌委。仍限十日內將調署人員逐加考核，擇其實在人地相需，酌留十員，以符部定一成之數。其應回本任者，檄回本任。其才具不勝本任者，調省察看。如果實在不勝本任之缺，自當隨時奏請開缺，決不使濫竽貽誤，以肅官常。

一，川省勇營積習太深，臣於到任時，沿途探訪，難保無虛額之事。現將壽字六營，改委記名提督錢玉興統領節制，長勝武字四營改委記名總兵馬朝選統領節制，安定巡鹽五營改委總兵銜江西補用副將周士盛統領巡緝。務使各營精壯足額，訓練純熟，以冀通省勇營轉移風氣。至綠營積習尤勝於勇營，容臣逐漸察看，次第整飭，固不敢隣於操切，亦不敢涉於因循。總期兵皆受練，餉不虛糜，方足以昭覈實。

一，川省幅員三千餘里，疆宇寥廓，惟邊地盡屬磽瘠，不能播種穀麥。至於內地則又人稠地逼，民間開墾，除平地外，裁及山頂。游民甚衆，米價日昂，民生因之日蹙。地丁津貼捐輸關繫正供，又為甘、滇、黔三省軍餉所出。當此需餉，孔殷萬難議減，而小民窮蹙尤當加意體恤。惟有嚴飭各屬牧令，不准浮收勒折。一面明查暗訪，如有不肖州縣，敢於朘削小民脂膏者，立予參劾，決不姑容。仍由臣督率寮屬，躬行節儉，力輓奢華之習。庶幾以儉助廉，俾窮困蒸黎得以漸臻蘇息也。

一，川省盜風向來熾盛，人心浮動，伏莽甚多，年來劫獄焚衙之案，層見迭出，實為他省所罕見。綠營既緩急難恃，勇營又分布難周。臣現已檄飭藩、臬兩司，仿照前人保甲之法，撰擬簡明章程，通飭各屬，諭令紳耆，認真舉辦。富者出貲，貧者出力，不得虛應故事。地方官領其大綱，不准胥役從中牽制，使各鄉各紳就地稽查。

務期訐發匪迹,編聯戶口,獲匪者賞,匿匪者懲,庶可以戢盜風而清盜源。

一,州縣經收正雜各款,關係庫儲,交卸後必須掃數解清。近經戶部奏頒章程至詳且備,實爲理財第一要務。茲查川省未盡遵行,往往有交代未清,又委署他缺者。已檄藩司督飭交待局。凡未清交代,限一個月掃數解清。如有逾延,即分別奏參撤任停委,以示懲儆。而重庫款除再由臣隨時隨事嚴加考覈,務期悉行遵辦外,所有四川省文武官民應行整頓各情形理合恭摺瀝陳。(《劉文莊公奏議》卷四,三十頁)

光緒十二年十一月初五日,翁同龢致劉秉璋函:自雄舸溯江,詹望之懷,與波上下。比聞弭節珂鄉,停橈魚腹,小有留滯。今達成都,朝野欣欣,知使星之照益都矣。韓公驅虐之詩,杜老住夔之作,均不足爲閣下誦也。尊體多患風濕,似宜疏通,不宜峻補。蜀鹽無弊,大愜與望。藏餉暫添三萬亦情勢使然。弟碌碌如故,坐嘯畫諾之外,毫無所能。適往西山查工,恐使者即發,草草,敬候起居不盡百一。弟同龢頓首,十一月初五日直廬。(《翁同龢集》332頁)

劉秉璋以防務平靖,請停止江防、海防加收川鹽厘金。

光緒十二年十一月十三日,劉秉璋奏江防海防加收川鹽厘金請立限停止疏:據楚商李大生等具稟,以現在防務平靖,籲懇將江防海防等厘蠲除,以紓商力。臣查川省加厘早已奏停,湖北歲抽川鹽厘金約得百萬兩,兩江地大物博,似不必專恃此厘。況滇、黔餉需以川省爲大宗,除藩庫籌解不計外,專就鹽局而論,歲解滇、黔軍餉至六十萬兩之多。現該商等以鹽厘太重,若不及時停止,不獨川省益形窘迫,更恐貽誤滇、黔餉需。且厘以江防海防爲名,今江海撤防,猶然加厘不止,無以取信於商人,而於餉款民生大有窒礙。伏思兩江督臣曾國荃、湖廣督臣裕禄,公忠素著,必能統籌大局。臣爲體恤商艱,顧全邊餉起見,如蒙諭允,即以光緒十三年正月初

一日爲始，一律停止。(《劉文莊公奏議》卷四，三十一頁)

劉秉璋裁革陋規，整頓川省政務。減督署辦公費四千兩，歲以一萬六千爲限。

光緒十二年十二月十四日，劉秉璋奏明督署公費片：臣據鹽局會同司道詳稱，前督丁寶楨任內隨時札提局銀(鹽局)，歲約二萬餘兩，現請每年以兩萬兩作辦公費等語。臣查督署公用實屬不敷，先年裁革陋規，未定督署公費數目，而前督歲提銀數亦未奏明。現在司道等請以二萬兩爲率，自係仿照原數立案，免致將來漫無限制。臣向來用度撙節，不敢妄費，批飭鹽局再減四千兩，歲以一萬六千兩爲限。(《劉文莊公奏議》卷四，四十二頁)

光緒十二年十二月十九日，李鴻章致劉秉章函：連接冬月初四、臘月初二日手書敬審履端。輯祜新政，宣猷爲慰。整頓大略一疏，推戴文誠(丁寶楨)者尚謂不留餘地。豈知含意未伸之處尚多耶。然即改辦官運，撤夫馬局二事，能舉其大，魄力過人，實由唐鄂生霸才助之。名高而謗亦隨，今但率循其舊磨礲入細而已。稚老(丁寶楨)惟治軍最劣，故流弊最多。李培榮想有密陳，乃移肅鎮接統。爲吾淮宿將，果能振作暮氣，旌旗一變耶。(劉聲木手稿《李文忠公尺牘》)

◎劉聲木注：前函謂丁爲廉吏，此忽云文誠鹽局不實不盡處，頗爲川人所嗆也。

又：李培榮，丁寶楨舊部，時署四川提督。劉聲木注：奉旨調肅州鎮，接署者錢玉興。

光緒十三年丁亥(1887) 六十二歲

劉秉璋爲光緒十一年鎮海保衛戰,浙紳勸捐巨款請獎。

光緒十三年正月,劉秉璋奏浙紳勸捐巨款請獎,因部駁覆陳疏:光緒十一年,臣在浙江巡撫任內辦理鎮海防務,正形喫緊,當即分道勸捐,集成巨款,接濟餉需,許以事後獎勵。旋經部議,以承辦局務各員,不准援照軍務保案請獎。

臣查上年鎮海告警之時,庫儲早已空匱,無款可籌,既不敢輕借洋債,又不敢籲請部撥。將士枕戈待旦,非裕備餉需,無以激發士氣。危急之秋,計無所出,幸賴諸紳深明大義,努力勸捐,集成鉅款。當敵彈如雨之時,陸續運至鎮海營次,不辭勞,不避險,擊退敵船,彈斃孤拔,轉危爲安,保全大局。該紳等厥功甚偉,數月之間捐至六七十萬。臣素性愚謹,自帶勇服官以來,未敢以朝廷名器見好於人,鎮海之役獲勝,謹遵諭旨,凡籌餉運械各局員,並未保獎一人,惟此諸紳出力迥異於尋常,其處地亦異於局員。浙省海疆重地,有警必資群力,若竟遵照部議,勿予獎敍,恐不足以昭激勸而勵將來,臣不敢以現已調任,泯其前勞。(《劉文莊公奏議》卷五,四頁)

光緒帝親政,劉秉璋謝賜"福"字。

光緒十三年正月十五日,光緒帝親政,頒詔天下。(《光緒事典》180頁)

光緒十三年二月初二日,劉秉璋謝賜"福"字。(《劉文莊公奏議》卷五,三頁)

劉秉璋奏調狼山鎮總兵楊岐珍入川。爲藏印邊境起釁,整頓營伍,籌備邊防。

光緒十三年正月,藏人於哲孟雄境內隆土設卡,與英兵戰,藏

兵敗。(《清代年表》907頁。隆土：即隆吐山，哲孟雄地名，又稱龍頭山，今印度錫金邦境內)

光緒十三年正月初六日，劉秉璋奏調提督楊岐珍片：川省毗連藏衛，外接番夷，內多伏莽，非有得力提鎮整頓營伍，籌備邊防，不足以資控制。仰懇天恩垂念邊隅要地，俯准即飭狼山鎮總兵楊岐珍來川，歸臣委遣，實於邊防營務大有裨益。(《劉文莊公奏議》卷五，一頁)

光緒十三年二月初七日，李鴻章致劉秉璋函：聞哲孟雄(錫金)、布魯克巴(不丹)等番部均已陰附於英。藏界實有與印度毗連之處，須早籌定一實在印藏通商交界之地，庶免爭端。藏番既私往獨脊嶺貿易，必亦知通商無甚害事，當局宜設法開導也。

楊西園(楊岐珍)不願留浙，昨又調補定海鎮，靜瀾(衛榮光，時任浙江巡撫)未必放手。(劉聲木手稿《李文忠公尺牘》)。

◎圍生按：獨脊嶺，又名大吉嶺，哲孟雄(錫金)南部與印度交界處，今屬印度西孟加拉邦。

光緒十三年三月廿五日，李鴻章致劉秉璋函：獨脊嶺是否在西藏通印度之界，此路貿易本難永禁，通商實於彼此生計有益，但須妥爲彈壓調停耳。升竹珊(升泰)人較明白，抵藏後或有辦法。川民浮動，盜源難戢，勇營惰疲積習，須加整頓，使軍威足恃，莠民自不敢生心。(劉聲木手稿《李文忠公尺牘》)

光緒十三年四月十六日，李鴻章致劉秉璋函：英人繪刻圖志，兄處尚有多張，印藏邊界似在西哲孟雄之處。哲部(哲孟雄)雖尚進貢，實已兩屬。尊論藏地不與英接壤，英不認也，宜囑文淑南(文碩)預派妥員前往印界查勘明確，以備將來辯論，未便臆度武斷。(劉聲木手稿《李文忠公尺牘》)

光緒十三年五月十四日，李鴻章致劉秉璋函：獨脊嶺現屬英地，僅在此處通商，英國不願亦無庸曉諭藏番。若如來示，藏哲交界日納、老郎之間擇地互市，藏番亦難越境相爭。英欲通商非急切

能辦之事,執事與藏帥逐漸設法開導,或不至遽開釁端。(劉聲木手稿《李文忠公尺牘》)

光緒十三年八月十一日,總署致電劉秉璋:英使言,藏番於廓爾喀(尼泊爾國)東通印度之路築炮臺,派兵攔阻,中國久不飭令退兵,將生事端。希飛諮駐藏大臣,查明開導,切勿因循,致滋他變。(《李鴻章全集》〔22〕247頁)

光緒十三年八月廿七日,總署致電劉秉璋:英使照稱,印度大臣以藏兵越界守西金(錫金),中國如不飭令撤回,即調兵驅逐等語。此事恐啓兵端,希飛咨駐藏大臣,速令番兵撤回藏境,勿任堅執貽患。西金地方向歸何屬,邊音係屬何字,速查電復。(《李鴻章全集》〔22〕253頁)

光緒十三年八月三十日,李鴻章致劉秉璋函:藏番西金(錫金)之卡能否撤去,英、印未便即日動兵,將來必不能免,文淑南(文碩)果肯實力督責否。(劉聲木手稿《李文忠公尺牘》)

光緒十三年九月廿九日,李鴻章致劉秉璋函:藏番築卡,哲界情形當迺達總署,終須撤回,庶免後患。(劉聲木手稿《李文忠公尺牘》)

光緒十三年十月廿三日,李鴻章致電劉秉璋:藏番越界駐兵,本屬另生枝節,授人以柄,倘再遷延不撤,開釁即在目前。著飛咨駐藏大臣,將隆吐之兵速即查撤,退回藏境駐守。(《李鴻章全集》〔22〕279頁)

光緒十三年十一月初七日,劉秉璋致電總署:夜奉鈞電,今晨即飛遞。惟近准文大臣(駐藏大臣文碩)咨藏番設卡,係在熱納地方以内之隆咸山。查"熱"字即"日"字翻譯之過,日納在藏屬哲孟雄界内。而十月二十四日鈞電内開,英使云日納嶺爲西藏邊界,是藏番設卡尚在界内,不知英使何所據而謂隆咸在藏界外耶,抑雖知在藏界内而不許藏番設卡耶。此間仍轉催文大臣勒令撤卡。貴署可否與英使再爲問難?(《李鴻章全集》〔22〕283頁)

光緒十三年十一月初八日,劉秉璋致電總署:文大臣來咨,藏番設卡係在日納以內之隆咸山。總署來電:英使云日納爲西藏邊界,尚有藏兵駐守,決不犯此界。竊思英既不犯日納,則隆咸猶在日納之內,已一面飛咨文大臣勒令藏番撤去隆咸之卡,一面電請總署與英使再爲問難。蓋藏番蠢頑,恐難聽命,因思尊處與公使素熟,能爲理論打一圓場乎?(《李鴻章全集》〔22〕284頁)

　　光緒十三年十一月初八日,李鴻章致電劉秉璋:日納嶺內外恐藏帥並未明查晰。英人考究地界甚精,必不妄稱。日納以內爲外,何弗速派干員馳往該處查勘清楚,再據以辨詰。英外部允展期,二月十八尚趕得及。(《李鴻章全集》〔22〕284頁)

　　公(劉秉璋)有家書函告,邑人某氏有占予家屋基數尺者。公以閩縣林瀚《訓子》詩寄回:"何事紛争一角牆,讓他三尺又何妨。長城萬里今猶在,不見當年秦始皇。"真乃達人之見。(《萇楚齋》469頁)

　　光緒十三年十一月初九日,總署致電劉秉璋:本日奉旨,劉秉璋陽、庚兩電均悉。向來哲孟雄自爲部落,在後藏界外,不入輿圖,且久已暗附於英。今設卡既在哲境之隆吐山,即不得謂之西藏界內。藏爲中國屬地,乃竟不知恭順朝廷,將來設有不虞,國家亦何能於此等頑梗之徒曲施保護耶。著劉秉璋飛咨文碩、升泰傳齊各番官,將此旨嚴切宣示,飭令迅將卡兵撤回,慎毋再有違延,自貽罪悔。(《李鴻章全集》〔22〕285頁)

　　光緒十三年十一月初九日,劉秉璋致電總署:昨電示,感甚。川去藏八千里,插翼文至速須一月到。委員到彼,必須三个月,萬趕不及,已飛函文(文碩)大臣,再确查速復。其實色大臣面談亦确言隆吐山在日納內,似又不至含糊若此。(《李鴻章全集》〔22〕285頁)

　　光緒十三年十一月初十日,劉秉璋致電李鴻章:聖諭雷霆,番僧或當震動。俟復到,總須兩月以外。論目前情事,歲糜藏餉,保此頑梗屬部淘氣,殊爲不值。然使毫無兩藏,則巴、裏塘須添重兵,糧餉轉運所費當數倍於今。秉璋欲委曲圖全者,不獨保藏境,並以惜川餉。迂愚之見,可否婉致總署,暫仍由尊處設法理論,且看何如。伏候鈞裁。(《李鴻章全集》〔22〕285 頁)

光緒十三年十二月廿八日,李鴻章致電劉秉璋:駐藏大臣來文,執隆吐爲藏境,不即撤兵。據云,藏中向駐兵冀熱勒巴拉山嶺,不准英人拓界。印度續修大路自隆吐至此嶺而止,往來已久。今藏兵出守隆吐,阻其來路,不難驅逐,因顧睦誼,故展自正月底止。本署告以道遠信遲,恐難如期。希再飛咨藏中,無論是否藏境,速將隆吐兵房撤退,仍守舊處,如再固執肇釁,咎將誰執。(《李鴻章全集》〔22〕300 頁)

劉秉璋設局清查川省州縣交代未清之"舊案"與"新案"。

光緒十三年正月二十日,劉秉璋奏川省州縣交代未清,請設局清查疏:據布政使崧蕃詳稱,前督丁寶楨奏請,以光緒三年四月以前爲舊案,以後爲新案。設局派員清查,先後參劾多員,新舊各案追繳清結者固不乏人,而欠繳未清者仍復不少。除舊案塵積外,新案又復漸多,計截至光緒十二年止,前後未清新案,又積有數十餘起。虧空正項者甚少,拖欠攤捐雜款者爲多。然攤捐雜款本省歲有專支,既未交解,即屬交代未清,此川省新舊交代遲延不結之實情也。

該司擬請設局派員,限三個月將光緒十二年以前新舊各案一律清查完竣。如虧系正項,勒限一月繳清,逾即詳請參革,查鈔監追。若系捐、雜等項,亦勒限兩個月繳清,逾則分別輕重參革嚴追。(《劉文莊公奏議》卷五,二頁)

◎圜生按:丁寶楨光緒三年四月督川之前謂舊案,督川後爲新案。

光緒十三年五月廿七日,翁同龢致劉秉璋函:仲良吾兄世大人閣下:蜀雲迢遞,時時以尊體爲念,昨讀手書,灑然如面談也。

三川雄博,非閣下之氣概不足以舉,亦非閣下之精密不足以持,前政於選吏任將或百中一失也。衞藏黃冠愚不可療,然如與可之措置,恐轉多事端,鹽筴積疑。今乃大剖,南沾六詔,西被流沙,黳此是賴。孫兄(孫家鼐)移官乃真是福。秋風起時,此意常在五湖三泖間也。上元日暄和清朗,萬衆溜溜,巷祝衢謳,天下之福。專泐,敬賀春喜,不盡百一。世愚弟翁同龢頓首。(《翁同龢集》340頁)

劉秉璋查辦重慶教案,教紳羅元藝與亂民石匯等皆斬首梟示,法使請免梟示。

光緒十三年正月廿二日,李鴻章致電劉秉璋;法使知羅元義已斬,請免梟示,本處已允,希照辦。(《李鴻章全集》〔22〕174頁)

光緒十三年二月初七日,李鴻章致劉秉璋函:羅姓之子赴京,逐處訟冤,法使及教主皆發慈悲,多方饒舌,業經正法,足懲嚚陵,何必以梟示逞威耶。(劉聲木手稿《李文忠公尺牘》)

光緒十三年四月十六日,李鴻章致劉秉璋函:法使謂羅教董首級並未掩埋。教黨銜怨甚深,論者以羅平日未始無過,此次實被株累,似尚持平。執事初政,示威梟示,總嫌太猛耳,府縣劾罷,可爲公允。爲今日臣子,斷不可以不知洋務爲高,望遇事細心體察爲要。(劉聲木手稿《李文忠公尺牘》)

◎劉聲木注:十二年重慶教案,亂民石匯等與教民械鬬,致傷十餘命,事定經派員訊問,教紳羅元藝與亂民石匯等皆斬首梟示。

劉秉璋遵旨審辦霆營(原湘軍鮑超部)軍餉報銷不實案。

上年七月初二日,鮑超病故,謚忠壯。(《劉文莊公奏議》卷五,七頁)

上年十二月初七日,奉上諭,户部奏接,據提督鮑超咨報用餉實數鈔録原咨呈覽,並查明應繳應扣各摺片覽奏,殊堪詫異。鮑超於七月初一日發遞遺摺,有糧餉支發,係何應鍾辦理,並懇恩准實用實銷等語。今户部所接咨文,係填寫六月二十九日出咨,乃遲至十一月十六日始行到部。所報用餉實數與上年咨部清冊不符二十萬兩之多,且歷述何應鍾等朋比侵蝕,情節較重,與遺摺之語如出兩人。又稱令伊子鮑祖齡,繳出銀十萬餘兩,亦未聲明呈繳何處。種種疑竇情弊,顯然事關朋吞巨餉,亟應澈底根究。湖北候補道何應鍾等,均著暫行革職,交劉秉璋提案嚴訊,務將支發款目研究得實,毋仍稍涉弊混,果有浮冒侵吞情弊,從嚴參辦,勿稍姑容。(《劉文莊公奏議》卷五,六頁)

光緒十三年二月初七日,李鴻章致劉秉璋函:春霆(鮑超)之子赴省否。總希望善為完結,勿做過火。春霆(鮑超)在咸同間戰功甚大,其子不肖,雖弗克家,若必令破家沒產,既非朝廷保全功臣之道,亦非我輩自殘同類之思。省三(劉銘傳)劾劉鰲過分,物議滋紛,劼剛(曾紀澤)謂左相(左宗棠)因此事恚死,閣下何故又蹈之也。(劉聲木手稿《李文忠公尺牘》)

光緒十三年四月十六日,李鴻章致劉秉璋函:鮑(鮑超)家之案,物議頗眾,須查是否侵吞庫款証據,不得迎合農部部文,一味刻霸,政體要存寬大也。(劉聲木手稿《李文忠公尺牘》)

◎劉聲木注:鮑武襄(鮑超)舊部,捻軍肅清後已奏請解甲歸農,法越之役武襄奉詔重募新軍,領部款拾貳萬。未幾武襄病故,未及報銷,其族人鮑昌壽呈部控其侵吞公款,部行文川督追究。

又:鮑超,字春霆,四川奉節人,屬四川省夔州府,故命四川總督(兼巡撫)劉秉璋查辦此案。

光緒十三年五月十四日,李鴻章致劉秉璋函:何應鍾(鮑超舊部)本非善類,開呈清摺即非子虛,然在鮑帥已故之後,誰為質証?川人切齒恨其昧良。春霆貪冒固可鄙,而屬員於身後背叛陷害,尤大義所不能容也。鮑家尚能繳十一萬否,似須責令何應鍾代辦報銷,否則必應參懲,以彰公道。(劉聲木手稿《李文忠公尺牘》)

光緒十三年七月廿四日,李鴻章致劉秉璋函:春霆(鮑超)諸子豚犬,念其苦戰大功,不欲傷我同類,不得不直言極諫,亦天下公義也,嗣來電已爲妥結,不使押賣田宅償公款,殊爲慰佩。何應鍾實非善類,汪小潭(汪鑑)興風浪而内多欲,亦非佳士,尚希留意。(劉聲木手稿《李文忠公尺牘》)

光緒十三年七月廿七日,劉秉璋奏審辦霆營軍餉報銷不實一案疏:臣親提覆鞫,緣光緒十年,法人構釁,前湖南提督鮑超奉旨募勇赴滇會辦越南軍務,派何應鍾總理營務,許世福、許世祺辦理糧臺。於光緒十年九月三十日成軍南征。鮑超諭令何應鍾將餉項撙節支用,每月酌提銀兩,先後共提銀十九萬一千九百五十五兩三錢。旋因和議已成,奉旨撤軍。鮑超令何應鍾將截至十一年九月十五遣散之日止,軍需用款,造册報銷。何應鍾查照霆軍章程,除收過軍餉,不敷二萬四千三百八十六兩八錢四分,請由川省補撥清還。鮑超回籍後,旋於十二年七月初二日病故。

此案報銷不實,係據何應鍾清摺訊辦。所有鮑超前次咨文,據奉節縣稟報,係鮑昌壽捏造。咨文意在傾軋,所敍成軍日期及各營公夫較銷册尤浮,確係捏造。鮑昌壽尚有私雕關防、招搖不法之事,尤須研訊。(《劉文莊公奏議》卷五,六頁)

光緒十三年七月廿七日,劉秉璋奏鮑祖齡等欠繳銀兩請特加恩賞片:查故提督鮑超在咸豐同治年間,當逆焰滔天之勢,轉戰湖北、江西、安徽、廣東等省,所向皆捷,發逆畏之如虎。往往城邑破圍之際,援軍冒爲鮑字旗幟,賊見之輒披靡解圍而去。至今紳民述其戰狀,猶覺眉飛色舞。論剿平發逆之功,一時提鎮中鮑超實居其首。厥後剿捻防海亦復無役不從。此次自滇遣撤回里,該軍專管營務糧餉之委員何應鐘承辦報銷,多所浮冒,適鮑超傷病舉發,垂死昏迷,不及覺察。臣即傳案訊實,飭追鮑超之子鮑祖齡等繳銀十萬兩,欠繳二萬餘兩。現據鮑祖齡懇請從緩措繳,倘蒙垂念鼓聲之良將,廣施幬覆之宏恩,全免鮑超以處分,並將欠繳之二萬餘兩,於例外特加恩賞,作爲鮑超各處建祠之用。(《劉文莊公奏議》卷五,

十頁)

　　光緒十三年八月三十日,李鴻章致劉秉璋函:鮑案尚未見明發,所繳實止肆萬貳千,連虛帳亦算在內。其幼子祖恩踉蹌來津訴苦,云將田契交汪守(汪鑑),押夔局周道,銀三萬。克期難還,田必賤賣。如此辦結亦可謂淋漓盡致。總之祖齡本不才,祖恩兄弟伶俜可憐。此後兄弟糾纏,訟費必至傾家破產,若帶兵大員皆如是結局,吾爲世道人心憂矣。(劉聲木手稿《李文忠公尺牘》)

　　光緒十三年九月初七日,奉到硃批覽奏均悉,鮑超提用餉銀報銷不實,本有應得之咎,姑念該提督生前戰功卓著,加恩免其置議所提銀兩。據稟已撥銀十萬兩,其餘欠繳之二萬餘兩,并加恩免其追繳,賞作建祠之用。何應鍾著永不敘用。(《劉文莊公奏議》卷五,十一頁)

　　光緒十三年九月廿九日,李鴻章致劉秉璋函:鮑案尤物議所騰,汪小潭(汪鑑)乃真小人冒充君子,公爲所愚,尚代鳴冤。適閱新聞紙鈔出一條,俯覽中外,遠近傳播惡聲,不信老人言能毋悔乎。小潭到處飛書,鈔尊處催追電報,令人不忍卒讀,而外做好人,爲鮑家訴屈。彼在京時拜門,到夔後却未通一信,願公以後具隻眼觀人,毋信刻薄小人爲君子耳。(劉聲木手稿《李文忠公尺牘》)

　　光緒十三年十一月初八日,李鴻章致劉秉璋函:昨得十月初三日手書,爲鮑府事囑汪守(汪鑑)助葬費二千金,可謂仁至義盡。春霆(鮑超)子原不才,而我輩昔共患難,不忍親見地方官吏之凌逼,設有人以此加諸我,能毋寒心。此鄙人斷斷力爭之微意,非有愛於鮑公子也。執事前函武斷偏護,拒人千里之外,寧願絕交不出惡聲而已,今既知悔,深服進德之猛,又何歉焉。(劉聲木手稿《李文忠公尺牘》)

　　光緒十三年十一月十一日,李鴻章致劉秉璋函:連接十月初十日、廿日手書,知履候勝常爲慰。鮑祖恩因汪守帶人抄搜家產,黃夜偷走來津避火,事定乃歸,並非打網。瀕行兄贈以百元,再辭

而後受。此案勒索過急，火氣過重，無怪人言嘖嘖。收尾却尚從寬。嚴劾何應鍾尤合情理。（劉聲木手稿《李文忠公尺牘》）

劉秉璋朋僚、子弟之進退。

光緒十三年二月初七日，李鴻章致劉秉璋函：獻夫（劉汝翼）人固結實，惟洋務太生，天分亦笨，不足贊助，當可多署數月。吾不畏強有力者，但冀得人分勞耳。（劉聲木手稿《李文忠公尺牘》）。

光緒十三年三月廿五日，李鴻章致劉秉璋函：丁（丁寶楨）公治事，專騖虛名，治軍尤爲外教，執事當稍内行。丹老（閻敬銘，字丹初，陝西朝邑人。官至户部尚書、軍機大臣）最佩服丁，必更瞻後不逮前，誰能以鹽局巧立名目、空額勇等上聞耶。聞朱少桐（朱其暄）官聲尚好，應若何調濟之。崧藩（崧錫侯）到後，子岱（游智開）回臬，可謂魯多君子。兄於廿三日回省，不來保陽竟已五年，蕩子無家，觸緒增慨。吳清卿（吳大澂，字清卿，號窓齋，江蘇吳縣人，同治進士）授粤撫，詢星叔云（許庚身，字星叔，浙江仁和人。咸豐舉人，官至軍機大臣、總理衙門大臣），親政須進賀摺兩份（原注：一太后，一皇上），遠處或不盡知，祈先期繕發勿誤。手此復頌勛祺，餘不一不一，三月廿五日。（劉聲木手稿《李文忠公尺牘》）

◎劉聲木注：夏皆爲丁（丁寶楨）取鹽局公款十萬，仍存局生息，年息六厘，及先公（劉秉璋）蒞任，夏以情告，蓋以言餂。先公曰：“前事吾不過問，當吾任内，錙銖不可再予也。”丁氏子孫言貲爲川扣即此事。丁又有類此者，有餉餘一項，每年解交督署六千金，名爲修理衙署之用，先公改交首縣，自後成都縣由脊缺變爲優缺。空額一節蓋丁與李培榮狼狽爲奸之事，當時難免有人責言，傳入公耳。

光緒十三年四月十六日，李鴻章致劉秉璋函：楊少銘（楊鼎勛，字紹銘）眷屬回川否，其弟、侄則多不才。吳小軒（吳長慶，字筱軒）夫人送其十九齡之子（吳葆初）作京官，殊不解事。手此復頌勛祺，餘不一不一，四月十六日。（劉聲木手稿《李文忠公尺牘》）

光緒十三年五月十四日,李鴻章致劉秉璋函:舍侄經義援海防例,報捐道員,本非鄙意所願,聞今竟選授永寧,秋後赴蜀,望隨事嚴切訓誨。季弟(李鶴章)苦戰得一官而未履任,其子忽得之意外,或亦冥報使然。此子心地明敏,文章亦暢,近日舉止稍見老成。趙梓芳(趙繼元,字梓芳,安徽太湖人。同治初年入淮軍幕府,同治二年進士)謂官能管人,公當能約束之,俾無墜家聲。兄飭其回籍後,須將嗜好(鴉片)戒净。琴軒乃郎(潘鼎新之子)亦捐萬金,海署奏奉懿旨,歸部即選,不日可望得缺。張靄卿(張華奎)僅分省候補,不免遠遣。復頌台祺,五月十四日。(劉聲木手稿《李文忠公尺牘》。永寧:四川南部,屬敍永廳,今四川省敍永縣)

◎圍生按:原稿無紀年,按劉聲木排序與日期插入。

又:"舍侄經義",指李經義,字仲仙,安徽合肥人。李鴻章三弟李鶴章之子,援海防例,報捐道員,選授四川永寧知府。官至廣西巡撫、雲南巡撫、雲貴總督。

光緒十三年七月廿四日,李鴻章致劉秉璋函:義侄年幼,無歷練,偏要做官,幸隸仁幬,隨時切實教誨,少管事三字尤望提撕。渠嗜好未除,永寧無事,正當藉此戒斷,方能做人。黃孝廉(黃良輝)文采甚麗,烟癮不小,眷屬在川,懼將流落,求爲先容,或令校閱經古試卷,略籌津貼,俾文士得所依歸,於願足矣。朱少桐何以久未遷調,才具雖不甚大,品節當有可取。再頌勛綏,不一不一,七月廿四日。(劉聲木手稿《李文忠公尺牘》)

光緒十三年八月三十日,李鴻章致劉秉璋函:令郎輩病後調理極要細心,鄙狀惝平,手此,復頌秋祺,惟心照不一不一,八月卅日。(劉聲木手稿《李文忠公尺牘》)

光緒十三年九月廿九日,李鴻章致劉秉璋函:張靄卿(張華奎)自京回雲,李培榮雖從旁公論,絜齋有應得之咎,武夫言不足信也,此節中毒已深。新選青神縣王樹枬,直(直隸)之名士,詩文詞妙絕,乞加意拂拭之。(劉聲木手稿《李文忠公尺牘》)

◎圍生按：張靄卿，指張華奎，字靄卿，安徽合肥人。淮軍將領張樹聲之子，曾任川東道，娶劉秉璋之女。

光緒十三年十月廿六日，李鴻章致劉秉璋函：王樹枬簾差竣，仍飭回任，來書告苦累，如官聲尚好，宜先調署一缺，以勵廉隅，原函呈覽，其情亦可憫也。升竹珊(升泰)赴印邊當有成議，匆泐復，頌勳祺，不一不一，冬月廿六日。(劉聲木手稿《李文忠公尺牘》)

光緒十三年十一月初八日，附幼樵(張佩綸)函，劉祺祥(劉麒祥，字康侯，曾國藩女婿，官至上海道)乞我說項，不贅及，十一月初八日。(劉聲木手稿《李文忠公尺牘》)

◎圍生按：張佩綸，字幼樵，河北豐潤人。同治進士，因馬尾之敗被貶。娶李鴻章之女。

光緒十三年十一月十一日，李鴻章致劉秉璋函：子岱(游智開)才短望輕(原注：若乞退可准)，不能操縱。錢玉興往事即係累齋道及，或鑽營不得有爲而言，令其少與文員交接，浮言自息矣。

家兄函稱，羲侄已起程赴川，烟已戒净，此差可慰。黃守升建昌道，合例成都簡放遺缺。少桐(朱少桐)承乏各省，多此成樣，渠當不再憂貧。醇邸(醇親王奕譞)病漸危，時局可患，不獨鄭州決口難合也。復頌勳祺，不一不一。王樹枬才筆爲北學之魁，祈加意，長至前一夕。(劉聲木手稿《李文忠公尺牘》)

劉秉璋側室黃宜人病逝。

光緒十三年十一月十一日，李鴻章致劉秉璋函：閱家報，黃姨奶奶(黃宜人)病篤，小兒女無人照料，心緒煩惡可知，切勿常發肝氣。畢東河(畢道遠)云："人過六十，一年一改樣子；過七十，則一月一改樣子。"真過來人語。鄙不知憂愁而老態日增，如公之偏激，尤要善自養耳。(劉聲木手稿《李文忠公尺牘》)

公(劉秉璋)有詩悼念：亡姬生有五男子，去果來因半信疑。自古從無不死藥，寶刀一舉斬情絲。(劉聲木手稿《劉文莊公佚詩》)

◎圜生按：黄姨奶奶，指黄宜人，劉秉璋側室，光緒十三年逝於川署，年三十三歲。劉秉璋原配夫人程氏無出，黄宜人子五，體乾，字健之；體仁，字慰之；體信，字述之；體智，字晦之；體道，字元之。母以子貴，贈一品夫人。

劉秉璋"滿紙窘狀而猶勉認廿萬"。以光緒帝大婚，爲頤和園、萬壽山工程籌款。

光緒十三年五月二十日，命户部爲光緒帝大婚典禮先行撥銀二百萬兩。（《光緒事典》184 頁）

光緒十三年十月初三日，李鴻章致劉秉璋函：嗣得八月十二、廿三日手書，似又委婉求全，或漸臻平易近情之候。適醇邸以前事相諉，意在粤江而以川楚等省附益之。香濤(張之洞)手筆絶大，而慳吝不予人，此次或思有以仰答慈聖知遇。沅老(曾國荃)擁虛名而尠實濟。蜀中鹽局似尚有閒款挪凑，幸竭力爲之，勿徒告窘。目昏筋搐，不能多書，手此再頌勛祺，不一不一，十月初三日。（劉聲木手稿《李文忠公尺牘》）

◎劉聲木注：此函及前函均屬再啟，原件無上款。

光緒十三年十月廿六日，李鴻章致劉秉璋函：冬月初八復緘後，旋接十月廿三手書，滿紙窘狀而猶勉認廿萬，以塞興獻之命。雖係正項，當與應解京協各餉無礙。昨將覆電轉致，蓋謝粤東百萬，南洋八十萬，並株及鄂、川也。裕壽山(裕禄，時任湖廣總督)認四十萬，奎樂山(奎斌，時任湖北巡撫)斷斷力持，仍不能不畫諾，實非有餘。直(直隸)雖貧瘠，亦勉凑廿萬，與富强之蜀同數矣。邸允奏以海軍備用之款爲詞，本存津息，解京辦工，能早一年掃數，可早生一年之息，望留意爲幸。川中大稔，政成民和之象。（劉聲木手稿《李文忠公尺牘》）

光緒十三年十一月初八日，李鴻章致劉秉璋函：獻夫(劉汝翼)出示來電，協助萬壽山工程廿萬，諒有詳函在途。醇邸甚盼嘉音，各省確數尚未盡知，不敢遽復。家兄(李瀚章)瀕行見邸，謂皇

上以天下養,亦宜敕農部添籌若干,將來或不惧祝蝦耶。(劉聲木手稿《李文忠公尺牘》)

劉秉璋"於無可設法之處竭力籌措,上抒朝廷宵旰之憂"。黃河決口,奪淮入海,開鄭州河工捐例。

光緒十三年七月,永定河決口四十餘丈,潮白河在通州決口數十丈,黃河在直隸開州大辛莊漫溢,災區甚廣。(《光緒事典》185頁)

光緒十三年八月十四日,黃河在鄭州下汛南岸決口,沖刷口門數十丈,數日後達七八百丈。直隸、山東境內黃河因此斷流,大河南趨,奪淮入海,造成自咸豐五年以來最大的水災。(《光緒事典》186頁)

鄭州十堡黃河決口,以鄭州河工需款,開鄭工捐例。(《中外年表》670頁)

光緒十三年八月三十日,李鴻章致劉秉璋函:黃河決於鄭州,全淄入淮,正河斷流,汴、陳、潁、鳳、淮、揚汪洋一片。民其爲魚,爲有巨款數百萬籌辦工賑,朝野鼎沸,天意難知。海防捐僅請部分,撥五萬仍不足以濟急,需望再設法補足,海署尚可緩議也。(劉聲木手稿《李文忠公尺牘》)

光緒十三年九月十一日,命提銀二百萬兩解往鄭州河工。(《光緒事典》186頁)

光緒十三年九月廿九日,李鴻章致劉秉璋函:鄭州河決,奪淄入淮,朝野震動,羅掘工款百計千方,明春必難堵合,大局堪虞。直境水災真如疥癬,不敢仰累蓋籌矣。(劉聲木手稿《李文忠公尺牘》)

光緒十三年十二月初五日,劉秉璋奏籌濟河工賑需疏:現在川省情形與前不甚懸殊,惟河工決口,黃流無歸,浩大工程需款甚鉅,敢不於無可設法之處竭力籌措,上抒朝廷宵旰之憂。隨經該司道等與臣再四籌商,現議于官運局經征之計岸各商按引,湊捐銀二萬兩。擬由官運局派令滇、黔邊岸，楚岸一律勸辦，每水引一張捐銀二兩，計亦可捐銀四萬兩。由鹽茶道經征之各計岸商人，按引湊捐銀二萬餘兩。又川省當商，本少利微，常多歇業。因爲設法變通，各當商勸令，每當捐河工銀一百兩，照例請獎，如不願獎，准其移獎他人，該當商等均已允從，容俟通飭各屬一體勸辦。如均照納，計可得銀一萬數千兩。合計鹽務當商，通共可得銀十萬兩之譜。伏查河工用款固所必需，而因地制宜尤應酌辦。臣與該司道等再四籌商，所有飭捐免裁各款均係實在情形，理合恭摺具陳。（《劉文莊公奏議》卷五，十三頁）

劉秉璋暫停川省機器局製造各項洋槍。

光緒十三年十一月十三日，劉秉璋奏川省機器局暫行停鑄疏：查明川省機器局，機器未全，製造未精，擬暫行停鑄各項洋槍。前督臣丁寶楨於光緒三年陞任來川，創立機器局，仿照外洋辦法製造槍炮、洋火藥等件。其規劃宏遠，用意深長，立志務在自強，是以仿用西法而不用西人，不雇洋匠，以致鑄造各項究未得其真訣。又因機器不全，間用手器所鑄，其大小厚薄不能無毫厘之差。臣查上海、天津、金陵三廠爲中國機器局之大觀，然皆未鑄後膛洋槍，而川省機器局竟公然鑄之。臣於去冬初到川時，詫爲神異，心竊喜之，將鑄成後膛各槍深爲珍惜，留待有事之用，不肯輕發各營。署提督錢玉興等諄求發給演試，始各發數十杆以資操習。旋經各營演放多次，僉稱所發各槍槍筒大小不能劃一，後門槍彈多有走火，又或不能合膛，若以禦敵必致誤事。臣核計局中鑄槍工料用費已昂於外洋買價。如果所鑄各槍精良合用，猶可不惜小費以圖自強。無如所鑄之槍其子路之及遠，準頭之取中，比較外洋所購，實已遠遜。以更貴之價鑄無用之槍，殊不合算。臣現已飭局，將各項洋槍暫停鑄造，裁減局中司事工匠。計自本年十一月起，每年約可節省局費二萬餘兩，以所省局費購備外洋槍彈。當此中外多事之際，軍械不可不預爲籌備。現已電致上海地亞士洋行，購定後膛毛瑟槍一千五百杆,每杆配子五百,前膛來福槍五千杆,哈乞克司槍五百。需用槍價彈價約計裁減局費兩年所省。(《劉文莊公奏議》卷五,十一頁)

光緒十四年戊子（1888）　六十三歲

劉秉璋受命斡旋藏印哲孟雄邊界爭戰。

光緒十四年正月廿六日，命駐藏幫辦大臣升泰先撤兵，再議邊界。（《光緒事典》191頁）

光緒十四年正月廿六日，總署致電劉秉璋：奉旨，向來西藏圖說，藏地與哲、布（布魯克巴，即不丹）分界處東西一綫相齊，藏境中並無隆吐、日納之名。著升泰詳細確查，究竟隆吐屬哲屬藏，據實復奏，切勿稍有捏飾。（《李鴻章全集》〔22〕307頁）

光緒十四年正月廿七日，李鴻章致電劉秉璋：蓋彼此未經接仗，無論此界屬藏、屬哲，將來尚可徐徐辯明。若彼爭戰所得，此後斷不再讓，且恐所失更多。與其男盡女絕，曷若相安無事。（《李鴻章全集》〔22〕307頁）

光緒十四年正月廿九日，李鴻章致電劉秉璋：西報謂印督已調兵二千在界邊，預備驅逐藏兵，希密囑查探，勿張皇。（《李鴻章全集》〔22〕309頁）

光緒十四年二月初三日，李鴻章致劉秉璋函：藏番固執，淑南（文碩）以用武附和之，可謂不識時務。《海國圖志》已稱哲孟雄歸附英人，藏中尚謂哲爲華屬，何憒憒也。英謂藏派員往議，似番僧自派者或可遷就成交，若再齟齬，諒不過驅逐藏卡。英商艷羨藏産羊毛柔細，早遲必求辦到通商而後已，非必欲占其地，倘兵爭不已，則難言矣。（劉聲木手稿《李文忠公尺牘》）

光緒十四年二月初八日，隆吐山之戰。兩千英軍來襲，越隆吐山侵入納蕩一帶。（《光緒事典》192頁）

光緒十四年四月十四日，黎明，時藏番約有三千，出攻印兵營卡，戰至十點鐘，藏番敗退。（《劉文莊公奏議》卷五，廿三頁）

光緒十四年四月廿四日,劉秉璋奏預籌邊防片:此次藏番出兵,自作不靖,英人勢將藉此啓釁。川藏唇齒相依,防範不可不預。現在藏印已將決裂,此後藏事能作轉圜,實所甚幸。若印兵必欲入藏,則英人狡焉,思逞防不勝防。如須派營駐防邊界,則惟有查照前督臣丁寶楨奏咨原議,先行募勇三千名,訓練出關,駐紮巴塘、裏塘以固疆圉。(《劉文莊公奏議》卷五,廿三頁)

光緒十四年五月初九日,李鴻章寄川督劉(劉秉璋):接印督電稱,近又函達藏官,但令藏衆退回原界,仍守二年以前情形,不在隆吐山紮兵,以後便可照舊辦理,絕不欲侵入藏地,致礙兩國和好等語。印督既有不進原界之語,藏兵却不可有再出捻納復仇之事。(《李鴻章全集》〔22〕342頁)

光緒十四年五月初十日,李鴻章致劉秉璋函:前奉三月廿二日手書,倥偬未復。又奉正月廿六日李委員寄到惠函,並土儀多珍,感謝奚似就譜,履福咸宜,公私多吉爲頌。藏番事屢反覆,廷旨曲意調停,未知升竹珊(升泰)能了此勾當否。倘竟連兵不解,恐引入藏地更難收拾矣。(劉聲木手稿《李文忠公尺牘》)

光緒十四年五月十八日,總署寄川督劉(劉秉璋):劉大臣(劉瑞芬)電稱,英兵於西六月二十日(中曆五月十一日)退回大脊嶺,留印兵八百并炮隊在納東築營駐守。似此相持不下,終非了局,乞飭開導藏番勿再進攻,如尋仇不已,勢恐難支。(《李鴻章全集》〔22〕344頁)

光緒十四年六月十八日,李鴻章致劉秉璋函:昨奉五月十九日手書,惟政祉多嘉爲頌。西報云印督因藏番弄兵欲乘機入藏圖攻。達賴與英使在總署所言少異,彼慾無厭,本不可測,升竹珊(升泰)能勾當否?(劉聲木手稿《李文忠公尺牘》)

劉秉璋督川第三年,英軍滅哲孟雄部。劉秉璋命江孜守備阻喝英軍深入。

光緒十四年七月十四日,劉使(劉瑞芬)致電總署:印度電,現藏兵有萬餘來攻,英亦增兵二千,並調炮隊往戰。芬(劉瑞芬)商請外部迅告印督,切勿侵犯藏界。(《李鴻章全集》〔22〕365 頁)

光緒十四年八月十九日,英軍侵入藏南。(《光緒事典》194 頁)

藏人築卡禦之,爲英屬印兵所逐。藏人旋又攻哲孟雄境之日納宗,又敗。中國諭令撤卡,諭未至,英人已進攻毀其壘,藏番悉潰。中國決計棄哲孟雄以保西藏。(《清代年表》910 頁下)

先文莊(劉秉璋)督川第三年,實爲光緒十四年,英人滅哲孟雄部,耀兵藏界。西藏葛布倫公爵伊喜洛布汪曲,率兵一萬五千禦之。戰於捻都納山下,藏兵敗而奔。英人追擊至咱利亞,又敗。三敗至東朗熱,藏兵大奔。適江孜守備蕭占先奉文莊(劉秉璋)命,往止藏番無妄動,聞敗,立江孜汎幟於道。英兵見之,乃止不攻。占先與英將薩海會於仁進岡,占先曰:"奈何涉吾境?"薩海曰:"藏兵來攻,追之及此。"占先曰:"藏番,吾屬也。亂番可誅,良番何罪,受此屠戮? 君獨不念中英兩國之誼乎?"薩海曰:"惟然,故入境無所犯。天氣漸寒,今歸耳。"乃退師。(《異辭録》110 頁。江孜:西藏南部,亦稱江孜宗,年楚河北岸,今日喀則市江孜縣。汎:古代稱軍隊駐地,"江孜汎幟"即中央駐軍江孜之軍旗。日納宗、捻都納山、咱利亞、東朗熱、仁進岡等:西藏南端,亞東與哲孟雄周邊地名,因歷史原因,稱謂不一,常有誤)

英據哲孟雄之歲,先囚其部長西金王於葛倫繃。王母及子暨親族、頭目,避入藏屬春丕山。英將薩海追藏兵至春丕山坐,尋其母子不獲。戰事既畢,王母率親族訴於駐藏大臣升泰,且求救。升泰懼於英,弗許。王送衣物至邊,且言伺釁將逃歸。升泰不納,英人益無忌。(《異辭録》111 頁)

光緒十四年九月初八日,劉秉璋致電總署:藏、哲界址,已查得乾隆五十九年前,大臣和(和珅)奏設鄂、博原案注明,藏界係在雅納、支木兩山,原案另圖無隆吐、日納之名。查閱新圖,雅納係在

隆吐之北,已由驛六百里馳奏。(《李鴻章全集》[22]391頁)

◎園生按:乾隆五十六年(1791),由福康安、海蘭察統率清軍逐出尼泊爾兵而立界。

光緒十四年十一月十五日,劉秉璋致電總署:升泰已於十月十六日由藏帶印赴邊妥辦,惟藏官反復無信,到邊後事機如何,再當續陳。(《李鴻章全集》[22]415頁)

光緒十四年十一月二十五日,總署寄川督(劉秉璋):昨據英使聲稱,該大臣(升泰)已於十九日到納東地方,此後與印使相見,撤兵定界,不難次第商辦。所請撥銀七八萬兩,即着劉秉璋如數籌撥,即日迅解打箭爐城,交廳員暫存,以便轉匯。(《李鴻章全集》[22]421頁)

劉秉璋未被邀請參加太后歸政、光緒親政慶典。

光緒十四年二月初一日,明諭改清漪園爲頤和園。(《光緒事典》191頁)

光緒十四年二月,醇親王授意李鴻章倡率督撫報效修頤和園,備太后完全歸政後頤養之所。猶不足用,乃移海陸軍經費爲之,船械不復增購。(《清代年表》909頁)

光緒十四年二月初七日,李鴻章致劉秉璋函:正杪奉初四手書,以懸弧之辰尚蒙記憶,吉語繽紛,可勝感喟,衰齡多病,苟活人間,未知何時能大解脫也。歸政慶典遍賞生死行間舊人,生者獨遺執事,豈不若楊石泉(楊昌濬)之戰功?死者則遺沈幼丹(沈葆楨)、潘琴軒(潘鼎新),豈不若丁文誠(丁寶楨)之戰功耶?是有命數存焉,抑曾文正所謂運氣。獻夫(劉汝翼)乃謂嚴劾沈、丁,得罪要路,遂爾忘事,然身外浮榮,儘可置之勿論矣。(劉聲木手稿《李文忠公尺牘》)

光緒十四年三月初八日,李鴻章致劉秉璋函:歸政恩旨係正月廿二日發,何以電報逾兩旬始見。執事竟落孫山,本甚駭怪,故前書長言詠歎之,仍歸於曾文正所謂"運氣"貳字。此次詔旨外間傳爲興獻秉筆,殆臆度之詞,興獻久病未銷假,至廿二始由神武門進內一次,是日恩命已下,或事前樞廷開單前往請示,稍有增減亦未可知。然必謂浙、川餉案開罪興獻,恐以告者過也。興獻雖不滿意於閣(閻敬銘),亦無深仇,更無因閻波及執事之理。其秉政已遲於從前粵捻積功,舊人都不了了,又無一面之緣,或有從旁傾蔽者遂至遺珠。川中政事修明,遠近共聞,惟鮑、沈兩事過火,未愜眾論,只可付之既往不咎之列。至通榜無名,宮保有無身外虛榮,何足介意,奚爲悻悻然求去爲小丈夫然哉?親政伊始,疆寄重臣非有大故不可乞身,尊意不慣忍辱,此非甚辱之事,願益忍氣而已。即使三四上,未必得請,徒惹煩惱,公私亦多牽制。(劉聲木手稿《李文忠公尺牘》)

◎園生按:"執事竟落孫山",即指劉秉璋未被邀請參加明年慈禧太后歸政、光緒帝親政慶典。

光緒十四年四月廿七日,李鴻章致劉秉璋函:前奉二月廿七日手書,尚未及畣,又奉三月廿八日惠函,就審履候多嘉爲慰。孫山雖落,來信識解,超曠日久淡忘,具徵進德之猛。頌閣(徐郙)書云,樞廷辦理恩典,舛誤遺漏甚多,未必另有深意。子岱(游智開)自京回,稱樞中多詢沈道委曲,健忘或由此耶。(劉聲木手稿《李文忠公尺牘》)

光緒十四年六月廿三日,李鴻章致劉秉璋函:叔耘(薛福成)謂慶典未得宮保(劉秉璋),樞廷謂偶遺忘,并非有意。子岱過津頗言甄劾之誣,爲夏觀察(夏旹)讒言所中。名臣之後何相煎太急耶。能否就案申復,希核奪。(劉聲木手稿《李文忠公尺牘》)

光緒十四年七月初三日,李鴻章致劉秉璋函:前接四月廿一日信,頗爲疑慮。因藹卿(張華奎)素相關切,榜後與當軸綢繆甚殷,因將原函封寄,俾得從旁確探。頃得來書,詳述一切,乃知近事多出鄙人臆料之外。尊處距京數千里,傳聞轉較真切。南皮(張之洞)老師饗所未知,而本人親供如此,似評論尚有公道。即太上見惡之由，亦自今夏始得之。薛叔耘(薛福成)謂丹老(閻敬銘，字丹初)自稱一力擁護，張(張之洞)、許(許庚身)實未贊同，而張、許則皆引爲己力也。然素知太上喜怒無常，其力亦僅能駁去慶典之賞。此外黜陟權在樞廷，不及一一，商謀向來面談，無話不説。初未及執事一語，自不必因此微嫌引避也。(劉聲木手稿《李文忠公尺牘》)

光緒十四年十月初一日，李鴻章致劉秉璋函：項接醇邸來函，以萬壽山工程用款不敷，囑致函各處，共集款二百萬，存儲生息，以備分年修理。我輩受國厚恩，自當竭力代謀，各盡臣子之義。然就財賦出入而論，南洋、楚、粵而外，貴部猶稱善國。邸意所囑，亦只此數處，但能設法集成鉅款，其餘瘠省，竟可不必布聞。(《李鴻章全集》〔34〕437頁)

光緒十四年十二月十五日，海軍衙門請將所籌款項以海軍經費名目正式立案，存天津，是爲"海軍鉅款"。(《光緒事典》200頁)

劉秉璋整飭屯務。咸豐年間因辦理團防，挪用例撥屯餉，每值新舊交替，款目輾轉，積欠愈甚。現整飭屯務，各歸各款，以期永清交案。

光緒十四年二月初五日，劉秉璋奏撥還屯餉仍復邊備原額並停放麥糧以免煩擾疏：據布政使崧蕃稱，查川省屯防經費定例，每三年請領兩次，每次撥銀一萬兩。積三次後，撥銀一萬五千兩。仍以地當邊要，請款不能時至，又預撥儲邊備銀一萬兩，以備不虞。咸豐年間曾因辦理團防，挪用例撥屯餉，經前署督臣奏請參追。咸豐十一年恩詔，由部開單具奏豁免，同治元年奉旨依議。

查前項豁免挪用屯餉，係年例應發要款，歷任廳員屢以籌撥爲請，迄未由司詳奏，致將邊備銀兩移發積欠屯餉。每值新舊交替，款目輾轉，積欠愈甚。現在整飭屯務，自應各歸各款，以期永清交案。且屯防關繫綦重，一有事故，動虞掣肘，預撥邊備一項，洵爲必不可少之需，應請奏撥。(《劉文莊公奏議》卷五，十五頁)

光緒十四年三月十八日,翁同龢致劉秉璋函:人來,奉手教,伏聞起居勝常,至以爲慰。大疏雖未得遍讀,其一二可見,固已洞澈本計,舉此後數十年時局隱括於尺幅之中,淵乎懿哉,博大深遠之謀也。交代積欠,厘剔至數十萬,如此精力,四海能有幾人。公其自立荆楚三川相需久矣,滇邊無食,幾於無可騰挪,不得不於浙敦趣,浙之告匱,亦衆所稔知,然捨此別無可改,躊躇仰屋,中外同之,當深諒也。爕兄(孫家鼐)安健,頌老(徐郙)亦數相聚,百詩學力冠絕一時,其欽服於公者甚至。冗中不盡百一,敬頌時安。世小弟翁同龢頓首。三月十八日。(《翁同龢集》387頁)

命劉秉璋收買英輪,阻擾英商上駛川江。

光緒十四年二月初三日,李鴻章致劉秉璋函:英商雖立川河輪船公司,僅造一小輪即銳意上駛,當被磯灘碰壞而返,官民但不保護。烟臺之約本非得已,鄙意西藏通商何礙大局,川江輪船萬不能行,終是口惠,事後論之或以爲過,亦孔子作《春秋》罪我而已。(劉聲木手稿《李文忠公尺牘》)

光緒十四年二月初七日,李鴻章致劉秉璋函:英輪上駛川江,總署復書,深以收買爲是,久未得復電,果定議否?升竹珊(升泰)議阻通商,聞因雪大蹔止,日來有續報否。如番僧可設法開導,妥立章程通商,未必不可行。否則英人斷不甘心,兵端尚在。(劉聲木手稿《李文忠公尺牘》)

光緒十四年四月廿七日,李鴻章致劉秉璋函:英使執定入峽輪船,一二日未妥,總署電令芝田(劉瑞芬)與外部(英國外交部)商辦,未知能就範否,印藏分界通商亦難定議。藹卿(張華奎)三甲似須歸原班也。匆匆手復,順頌勛祺。(劉聲木手稿《李文忠公尺牘》)

劉秉璋朋僚、子弟之進退。

光緒十四年二月初三日,李鴻章致劉秉璋函:羲侄(李經羲)明敏而欠沉,實尊諭謹飭少管事,踏實務正,可爲萬金良藥,乞時以此海迪之，勿存客氣。《畿輔通志》當交獻夫（劉汝翼）轉寄，初五赴津倚裝，手此，復頌勛祉，不一不一。二月三日。（劉聲木手稿《李文忠公尺牘》）

光緒十四年二月初七日，李鴻章致劉秉璋函：鮑府事曲蒙保護，紉佩莫名，其長子游蕩不歸，真豚犬也。游子岱（游智開）早有退意，聞尚欲赴粵東，粵藩不易，帥府尤難伺應，豈欲自投羅網歟。鄙患大愈，仍藉避風爲避人避世計。獻夫（劉汝翼）現補關道，當可竭蹙從事，其子管束太嚴，遂至一往而莫可覊勒，乃悟孟氏所云養不中，其味深長。復頌勛祺，不一不一。二月初七日。（劉聲木手稿《李文忠公尺牘》）

光緒十四年三月初八日，李鴻章致劉秉璋函：前詢方兒（李經方），伊嬸母送親赴川之説，本未定議，現其母子商妥，仍請尊處派人送令郎回無爲就婚，庶爲兩便。鄙人久不過問家事，但囑方（李經方）等妥辦耳。幼橋（張佩綸，字幼樵）才氣過人，落拓至此，每與閒話方謂足下一路順風，未受磨折，此等小晦氣，於做人做官絲毫無關輕重。方兒外洋生子，旋即殤逝，舉止歷練，漸進老成，是可喜也。渠兄弟現正入闈應試，甚盼有一捷音，聊慰暮景。手此復頌勛祺，餘不一不一。三月八日。（劉聲木手稿《李文忠公尺牘》）

◎圉生按：方兒，指李經方，字伯行，安徽合肥人。李鴻章長子，娶劉秉璋長女。本生父爲李鴻章六弟李昭慶。"伊嬸母"實爲其親生母，李昭慶之遺孀。

又："嬸母送親赴川"，指李昭慶遺孀送女入川，與劉秉璋長子劉體乾成婚。

光緒十四年四月廿七日，李鴻章致劉秉璋函：想爲令郎改詩文，雕蟲小技尚未就荒，非老夫所能及矣。舍弟婦送親一事，爲難之處甚多。方兒（李經方）在此與獻夫（劉汝翼）商議難定，兄直謂獻夫幫助方易就緒。總之幼弟（李昭慶）與執事至交至戚，今只有合嫁娶爲一事，勿庸分別名目而已。方兒又荐不售，頃回肥省親後

逕回英倫,補滿差期,年內外可歸。(劉聲木手稿《李文忠公尺牘》)

◎圍生按:"想爲令郎改詩文",指美國駐天津領事畢德格(Pethick William,? —1902)辭官入李鴻章幕府,兼授子弟英語。劉秉璋長子體乾、四子體智應李鴻章函招,進京入李氏家塾從習英語。固有李鴻章"爲令郎改詩文"之説,時體乾十六,體智十歲。

光緒十四年五月初十日,李鴻章致劉秉璋函:義侄更事少而議論多,每切誡之,昨又電飭其少管事、少條陳,正與尊論老成持重吻合。游子岱(游智開)函稱,屢經乞退未允,似年老智昏,可徇其請,時望必難再升,奚爲久留不放耶。嘉定(徐郙)渠擬七月啓程入川,祈善遇之。潘子謙過津,云琴軒又自捐萬金,由青相介紹醇邸(醇親王奕譞),報效海署,得旨賞還原銜翎枝。圖此虛榮,空擔富名,深爲琴軒父子惜之。六弟婦(李昭慶之遺孀)信謂邵小村(邵友濂,字小村)爲子求婚,尊處又欲娶媳,萬辦不起,邵媳較長,應分次第,且皆須親家幫貼,新婦乃得入門也。手此,復頌勛祺,不一不一,五月初十日。(劉聲木手稿《李文忠公尺牘》)

◎圍生按:徐郙,字壽蘅,號頌閣,江蘇嘉定人,同治元年恩科狀元,官禮部尚書、協辦大學士。子徐迪詳,娶劉秉璋次女。邵友濂,字小村,浙江餘姚人。同治舉人,歷任上海道、湖南巡撫、臺灣巡撫。

光緒十四年五月十三日,潘鼎新病故於里。(《淮軍志》161頁)

光緒十四年六月十八日,李鴻章致劉秉璋函:少桐(朱其煊)調補成都,諒可勝任。夔州汪守(汪鑑)仍常磨折春霆(鮑超)之子,亦殊無謂,希加訓飭,免滋物議。琴軒(潘鼎新)抑鬱以死,良可痛傷,近謀奏請開復。家兄(李瀚章,字小泉,李鴻章之長兄)精力尚健,自行赴闕,姑盡臣子之禮,督缺少而難,恐須別有差遣。茲託帶呈《畿輔通志》希察收,匆匆手復,順頌勛祺,餘不一不一。六月十

八日。(劉聲木手稿《李文忠公尺牘》)

◎圍生按：原稿無紀年，據"琴軒抑鬱以死"句，應是光緒十四年。

光緒十四年六月廿二日，劉秉璋保奏夏峕片：自光緒八年夏峕接辦川省鹽局局務，精明老練，興利除弊。鹽務每年收款接濟滇、黔，並添濟甘餉，爲數甚鉅，勤勞卓著。惟該道係試用人員，補缺無期，可否仰邀鴻慈，敕交軍機處存記，逾格擢用。(《劉文莊公奏議》卷五，廿四頁)

◎圍生按：夏峕，字叔軒，湖南桂陽人。光緒二十年以四川候補道革職。(《清實錄》〔56〕544頁。光緒三十一年以陝西巡撫開缺。(《清實錄》〔59〕193頁)

又：光緒十三年三月廿五日，李鴻章致劉秉璋函，有劉聲木注"夏峕爲丁取鹽局公款十萬，仍存局生息，年息六厘，及先公蒞任，夏以情告"一事。

光緒十四年六月廿三日，李鴻章致劉秉璋函：月初疊奉五月十二、十九日手書，知勛福駢臻爲慰。閱文房賸韻，未免劉四罵人神鋒太雋，於今日世道殊不相宜。處不能退遂之境，總以含忍爲是。藹卿(張華奎)已引見，不日出都，特旨歸候補班，旁人遂以實缺相待，聞花費至兩竿矣。手復，順頌台祺，不一不一。六月廿三日。(劉聲木手稿《李文忠公尺牘》)

◎圍生按：劉四，劉秉璋四子劉體智，時年十一，早年入李鴻章家塾。

光緒十四年七月初三日，李鴻章致劉秉璋函：六月廿三日復緘到否？昨奉六月初十日手書，敬審勛福，咸宜爲慰。星叔(許庚身)近於敝處，亦不通手書。南皮(張之洞)所託不遂，亦甚魚雁稀疏矣。柘農已請歸休，本太難堪，秋試又入闈監臨，接連武場，殊形忙碌。六弟婦(李昭慶遺孀)計將束行裝。復頌勛祺不一，藹(張華奎，字藹卿)函附閱，明春乃可赴川。七月初三日。(劉聲木手稿

《李文忠公尺牘》)

光緒十四年十月二十日,李鴻章致劉秉璋函:川東伊道貪昏難任,亟應遴員往署。德靜山(德壽)過津,曾囑面商稟辦,今委藹卿(張華奎),恰如人意所欲出。渝釐向由官紳濫支,鄙人同治八年駐渝一月,頗知其詳。彼時則借教案開銷,久遂沿為例。但通商伊始,斷無再令劣員回任之理。藹卿尚為樞府所知,似須便中加一密保存記。俟伊某開缺可望真除,此亦後進之英異也。前執事開罪樞要者,壹丁介蕃耳,濟寧(孫毓汶,字萊山,山東濟寧人)護之尤力,屢囑舍侄等求兄為湔雪以未隨,當差不便上達,乃展轉託家兄,已奉旨送部引見,宿憾可少釋矣,閣下亦可從此放手辦事矣。(劉聲木手稿《李文忠公尺牘》)

光緒十四年十月二十日,李鴻章致劉秉璋函:方兒(李經方)昨已由津回皖料理家事,臘初當可出洋。直屬冬賑賴各省協助,約可勉敷。明春接濟專盼新捐集事,潘伯寅(潘祖蔭)耽耽虎視,欲作博施濟衆之堯舜,不知海內財力之困窮,此等人才皆因氣運而生。復頌勛祺,不一不一。十月廿日。(劉聲木手稿《李文忠公尺牘》)

劉秉璋請加廣文武鄉試中額。

光緒十四年三月十三日,劉秉璋奏川省請加廣一次文武鄉試中額疏:竊查前准戶部凡捐銀三十萬兩者,廣一次文武鄉試中額各一名。臣查自光緒六年起至九年止,川省紳民已收津貼、捐輸、協濟京外要餉,併計六百萬八千六百七十八兩六錢六分三厘。仰懇天恩,敕部核議,准以歷年未經請獎廣額,彙案併計,加廣本年戊子科川省鄉試文武中額各二十名。其長餘銀八千六百餘兩照章作爲有盈不歸,下屆併計。(《劉文莊公奏議》卷五,十七頁)

劉秉璋請西藏俸緞仍歸江浙織造承辦。

光緒十四年三月,劉秉璋奏西藏俸緞請仍歸江浙織造承辦疏:據布政使崧蕃稱,查西藏番官應領年例俸緞三十九匹,向由江南蘇杭各織造籌款分辦。咸豐三年以後,因織造停機,西藏貢差又因回匪道梗,改由川省行走,以致積欠頻年,無從承領。茲經駐藏大臣以改復舊例,爲請户部議令,改由川庫籌款採買,解藏給發。如果川中機織合宜或能採買,自當遵照辦理。乃查核由藏開來清單内載有蟒緞、藍素衣、素彭緞、紗料等項名色,川中從無此等機張,亦無此項織工。藍素衣、素彭緞無人見過,蟒緞與紗間有由浙江遠販來川者,因關税、厘金、水脚過重,價值高於江浙倍蓰。若照例價採辦,勢必窒礙難行,且名色仍不能齊。倘依市價報銷,又恐有違成法。

臣覆加查覈,此項俸緞名色,川省實在無從採辦,相應請旨飭下江浙織造,自光緒十四年起照舊承辦,解交户部,一俟有便員解餉到京,即交令帶回川省,轉解西藏。(《劉文莊公奏議》卷五,十八頁)

劉秉璋派勇剿辦馬邊廳倮夷。節節分布,相機進剿。俾使畏威就撫,以靖夷疆。

光緒十四年四月,劉秉璋與成都將軍岐元合奏派勇剿辦馬邊廳倮夷疏:查川省馬邊、雷波、屏山等廳縣均與涼山倮夷連界,山深林密,路徑紛歧,處處可通。去年秋間,歲收欠薄,於本年正月初,黷聚數千人,分股出擾。駐防烟峰汛千總余清江率兵出城迎擊,被夷匪民槍傷殞命,傷斃兵丁三名,帶傷五名。飭令總兵馬朝選會同協副將張祖雲妥爲調度剿辦。節節堵截,相機攻擊,俾使畏威就撫,以靖夷疆。(《劉文莊公奏議》卷五,二十頁。馬邊廳、雷波廳、屏山:四川南部,屬敘州府大涼山地區,今馬邊彝族自治縣、雷波縣、屏山縣)

光緒十四年四月,劉秉璋與成都將軍岐元合奏馬邊倮夷出巢滋擾,添募營勇助剿疏:據統領達字全軍馬朝選等陸續稟報,該夷近因疊被官兵擊退,不敢公然對壘。然伏於老林,時出時没,既不肯散,復不就撫,其心叵測。川省幅員縱橫三千餘里,前因軍務肅清,屢將營勇裁撤,現在通省防軍僅二十餘營,或分紮夷疆,或保護鹽岸,且嘓匪、會匪伏莽時虞,扼要分防未便顧此失彼。若非添兵助剿,必養癰成患,而營勇不敷分布,又不得不添募,以資調派。臣等現已會商在省城及馬邊附近一帶,挑選曾經戰陣精銳勇丁,添募先鋒左右兩營,以期節節分布,相機進剿。一俟傈夷就撫,邊境乂安,即行裁遣,以節餉需。(《劉文莊公奏議》卷五,廿二頁)

黃河南岸決口合龍。

光緒十四年五月初十日,李鴻章致劉秉璋函:鄭口工已大半,所喜水未大漲,五月杪或望合龍,然料缺隄單,汛漲一至,仍恐無法搶護。直(直隸)北盼雨綦切,爲河工計,則又不願速得甘霖也。(劉聲木手稿《李文忠公尺牘》)

光緒十三年十二月十九日,黃河南岸決口合龍,"鄭州河工"竣工。(《光緒事典》200頁)

劉秉璋、張之洞逞氣。張之洞欲於川鹽加厘,先從川土下手。

光緒十四年十月二十日,李鴻章致劉秉璋函:土藥加厘一事,萊山(孫毓汶)奉赫德(Sir Robert Hart)如神明,力主其說。慶邸(慶親王奕劻)、叔平(翁同龢)輩覬覦可發大財,幫附和之。川土本賤,歲增津貼數十萬,裨益軍國,即由准種罌粟之故。今若加重厘稅,種植日稀,津貼必繳不足,香濤(張之洞)初欲於川鹽設法掊克,茲先從川土下手,強鄰固未易抵制耳。做官辦事免不得淘氣,要在以柔克剛,勿逞氣矜之爲得也。(劉聲木手稿《李文忠公尺牘》)

光緒十五年己丑(1889) 六十四歲

藏、印邊界定議立約：一、以咱利山頂爲界，界外照舊放牧；二、哲孟雄由英國保護；三、中英兵各不犯界；四、通商隨後另議。雙方立石劃界，漸次撤軍。

光緒十五年正月初九日，李鴻章致劉秉璋函：升竹珊(升泰)籌辦印藏披郤導窾，不知已劃界定議，可免通商深入否。(劉聲木手稿《李文忠公尺牘》)

光緒十五年正月十一日，劉秉璋致電總署：英人心不忘藏，拒之過力，禍結難解。然遽從其請，不獨後患難言，即藏番亦必梗命。英以藏番無能，極爲藐玩，所望甚奢。惟有平心靜氣，婉與商量。(《李鴻章全集》〔22〕440頁)

光緒十五年二月廿六日，劉秉璋等致電總署：赫稅司已到獨脊嶺(大吉嶺)，藏番知系總署所派，並無疑忌，已潔室恭候，請先來仁進岡晤商，再赴印營。藏、哲界址擬在咱利納山立石劃界，印、哲之界照舊注明在日擬曲廧至通商處所。俟取到僧俗大衆遵結，再赴英營定議，不知有無反復。(《李鴻章全集》〔22〕457頁)

◎圍生按：赫政(James Henry Hart)，時任中國海關總稅務司赫德(Sir Robert Hart)的胞弟。光緒十四年，經赫德的推薦，參與中英關於錫金和中印邊界通商口岸的談判。駐藏大臣升泰奏報：赫政往返攀緣絕壁，僕僕道途，奔走於酷暑烈日之中，出入於瘴湍雲之內，勞瘁不辭，深資得力。

光緒十五年三月三十日，劉秉璋致電總署：藏番東路之兵已撤，西路三月中旬可以撤盡。定界、通商兩事願遵斷了結，惟求通商必在咱利以外。(《李鴻章全集》〔22〕472頁)

光緒十五年四月廿一日，劉秉璋致電總署：藏官稟稱遵諭撤

兵,定界隆吐山之格壁。已促赫政赴印營約期定議,若印兵不撤,另出事端,理屈不在藏番。(《李鴻章全集》[22]485頁)

光緒十五年五月十六日,李鴻章致劉秉璋函:四月廿七覆緘計已達到,頃奉廿一二日手書敬悉一一。閱竹珊來函,藏番既遵諭通商,只候約明地方、日期即可晤商定議,似尚順手。印兵未退,想因番情反覆,藉此要挾,爲深入通商之計耳。(劉聲木手稿《李文忠公尺牘》)

光緒十五年九月十六日,劉秉璋致電總署:印兵漸撤,納蕩尚留一營,西(錫)金亦有印兵數百。惟既允在咱利畫界,又允藏地通商,而會議尚多推宕,竊恐藏番疑慮,枝節另生。請飭總理衙門會商英使電知印督,從速定議立約,一面飭知赫政妥速辦理,庶早定局。(《李鴻章全集》[22]535頁)

光緒十五年九月二十日,總署致電劉秉璋:本署於八月十六日擬定四條:一、以咱利山頂爲界,界外照舊放牧。二、哲地由英保護。三、中英兵各不犯界。四、通商隨後另議。(《李鴻章全集》[22]536頁)

光緒十五年十月初八日,李鴻章致劉秉璋函:印度無求款意,升竹珊(升泰)窮邊久羈如何了局。(劉聲木手稿《李文忠公尺牘》)

劉秉璋爲維護川省商民的利益,竭力拖延川江通航、英商僑居、重慶開埠。

光緒十五年正月初九日,李鴻章致劉秉璋函:宜昌會議輪船入渝章程,保護鹽船當可辦到。(劉聲木手稿《李文忠公尺牘》)

光緒十五年正月廿三日,劉秉璋致電李鴻章:輪船赴重慶一案,現經委員在宜昌與立德辯論,迄無成說。因設法議買其船、棧,價共十三萬,船值八萬,棧值數千,實吃虧四萬餘,則此後難再行輪之意,亦已明白曉暢。如可允行,輪歸商局承買,認去數萬,楚省無論承認若干,餘皆由川籌款,必不動正項。立候示覆,始敢批准。(《李鴻章全集》[22]445頁)

光緒十五年正月廿九日，總署致電劉秉璋：今竟能乘機延阻，吃虧四萬，所損微而所全甚大，自可照辦批准。(《李鴻章全集》〔22〕447頁)

光緒十五年二月廿九日，劉秉璋致電總署：川江萬難行輪，官、商情願吃虧，勉湊十二萬買其船、棧，明定立德賺銀不少，實屬萬分周旋，姑求十年無事。惟有抱定船、貨全賠，分日行走兩條，與之辯議。彼欲議免碰章程，無非牽混其詞，爲破碎不賠之地。無如川民看定，萬難免碰，官雖欲姑且含糊，怎奈百姓不肯含糊，此爲天理人情，非法令所能禁。(《李鴻章全集》〔22〕458頁)

光緒十五年四月十四日，劉秉璋致電總署：英使懸旗之議，無非爲碰破民船狡賴不賠。川民知萬無免碰、避碰之法。所議一月分兩日歸彼船行走，乃是萬不得已。其實即此兩日亦不敢保其無事也。(《李鴻章全集》〔22〕481頁)

光緒十五年四月十六日，劉秉璋致電總署：彼謂分兩日民船亦不便，其實分日則一月僅二日不便，不分則三十日皆不便。川江數千里，曲如羊腸，夾以重山，來船不能看見。及其看見，則兩船已近，溜急難停，仍必被碰。民船不敵輪船，萬無敢碰輪船之理。彼如狡不分日，只好碰即全賠。(《李鴻章全集》〔22〕482頁)

光緒十五年五月十四日，劉秉璋致電總署：宜昌以上處處狹窄，處處皆險。似川江險狹，英外部未洞悉。彼既不願分日，惟有碰破民船全賠之一法。蓋彼船堅，民船脆，萬無民船願碰輪船之理。(《李鴻章全集》〔22〕493頁)

光緒十五年六月廿一日，總署致電劉秉璋：若允通商，約明專用華船，不用洋輪，似可轉圜。行輪患在壞民船，激衆怒；通商患在奪商利，損厘金。既行輪必通商，則兼兩害，僅通商不行輪，則止一害。兩害取輕，尚是中策，如果可行，暫不宣露，以爲將來退步，亦是不得已之策。(《李鴻章全集》〔22〕509頁)

光緒十五年六月廿三日，劉秉璋致電總署：總署籌畫精審，佩甚。惟華船須由船行價僱,杜其暗以彼船充華船,此則船戶無可怨望。惟川商失利必非所願,商人究少於船戶,若勉强試行,秉璋不敢不允,亦不敢保其無事。(《李鴻章全集》[22]510頁)

光緒十五年六月廿三日,總署致電劉秉璋:英外部稱,川江民船每月讓二日之議斷難照行。至碰船賠償一節,現據該公司稟覆,碰損民船應賠銀在五百兩以內者,無庸審斷,即行賠償。如碰撞民船人貨損失應賠銀在五百兩以上至一萬兩以內者,須由宜昌領事官與中國官員會審,照《行船章程》應賠者再行賠償。以上兩層專指此次川江試行輪船而言,若日後川江行駛輪船,應由中英兩國家再行議辦。(《李鴻章全集》[22]510頁)

光緒十五年六月廿九日,李鴻章致電劉秉璋:尊意謂分日之說不過藉以抵制,然此事斷非空言能阻,必須籌實在辦法。但一經試行,勢必即請通商,縱初次幸而免碰,日後終恐釀事。(《李鴻章全集》[22]512頁)

光緒十五年八月初二日,劉秉璋致電總署:彼持條約,川省何能阻止,惟必須碰即全賠,冀或可稍安人心。若狡强牽混,志在碰而不賠,必致滋事。(《李鴻章全集》[22]521頁)

光緒十五年八月初二日,李鴻章致電劉秉璋:因試輪諸多窒礙,故有准用華船通商。而川督覆電語似騎牆,故覆電與商酌,以爲轉圜地步。(《李鴻章全集》[22]521頁)

光緒十五年八月初四日,劉秉璋致電李鴻章:華船之議,煞費斡旋,何敢作騎牆之見。前電不敢直任無事,乃是實情,非游移也。(《李鴻章全集》[22]523頁)

光緒十五年十月初八日,李鴻章致劉秉璋函:輪船上駛,歸巫險灘,必先碰碎,儘可任其試行,興盡自返,若明准改用民船通商,口舌尤多。(劉聲木手稿《李文忠公尺牘》)

川中水漲被灾,"時艱若此,補救良難"。

光緒十五年正月初九日,李鴻章致劉秉璋函:皖旱、蘇灾分籌

捐賑,蜀力亦竭矣。(劉聲木手稿《李文忠公尺牘》)

光緒十五年七月十八日,翁同龢致劉秉璋函:承貺未答,而前後奉書皆出于朋儕所祈請,非意所欲出,置之無足道矣。即日伏惟起居萬福。蜀中財力之雄,何異嶺海,所幸賢人在位,持大體、循成法,以與民休息,尊體益健。賢郎輩回皖應擧否,甚念。弟請假省墓并往還之期,僅得兩月,今日入舟,丞相(李鴻章)以白舫來迎,捷如飛鳥,但覺西山背人遠去耳。抵津必遇獻夫(劉汝翼),預書數行奉寄,敬請勛安,不次。弟同龢頓首。舟中作書,稍覺几案之顛,幸恕,七月十八日潞河途中。(《翁同龢集》421頁)

光緒十五年十月初八日,李鴻章致劉秉璋函:川中水漲被災,鄂省秋霖暴溢,浙、蘇霪雨四十餘日,至九月杪未霽。時艱若此,補救良難。(劉聲木手稿《李文忠公尺牘》)

光緒十五年十月十五日,命撥"宫中節省内帑銀"十萬兩賑濟江蘇、浙江。(《光緒事典》207頁)

光緒帝大婚、慈禧太后歸政,禮成。

光緒十五年正月廿七日,光緒帝大婚典禮。册封葉赫那拉氏隆裕爲皇后。(《光緒事典》202頁)

光緒十五年二月初三日,慈禧太后歸政、光緒帝親政禮成。(《光緒事典》202頁)

光緒十五年二月廿八日,劉秉璋謝賞"福"字疏:奉到御書"福"字一方,臣忝督西川,自慚駑鈍。理合恭摺,叩謝天恩。(《劉文莊公奏議》卷六,一頁)

劉秉璋朋僚、子弟之進退。

光緒十五年正月初九日,李鴻章致劉秉璋函:公務煩猥,猶能自理,其關係重要者,間與幼樵(張佩綸)商榷,渠尚遜謝不居(拘)。其才識文筆,固超越流輩,但恐一蹶不起,以云衣鉢尚未定何人能傳耳。羲姪(李經羲)報丁母艱,急於匍奔,想已速派替人。前接來稟,做官似頗要好,不應出而出,竟至抱憾終天,可爲躁進者戒。方兒(李經方)信告十月廿日張媳生一子可喜,臘月十二已由英倫起程回京應試知念。復頌春祺,餘不一不一。已丑正月初九日。(劉聲木手稿《李文忠公尺牘》)

光緒十五年五月十六日,李鴻章致劉秉璋函:崧蕃巧滑,洵非正人。羲侄(李經羲)在滬曾稟稱意見不甚和洽,但藩(布政使)無抗督之理,今以知府補缺,公然齟齬。若因此告病,似宜曲意慰留,仍不准換用旁人,則剛柔悉協。若再三乞退,只有上陳,所謂好結好散也。伊與其兄鎮青(崧駿,字鎮青。原注:鎮青較平正)皆李蘭孫(李鴻藻)受業門人,故兩人升遷甚速。並未聞子青(張之萬)是其老師,青翁(張之萬)濫交好貨,或曾拜門,亦未可知。若自告病即云不合而去,固於執事無礙。子青(張之萬)袁浦之隙當久忘之,否則從前不應升川督也。且子青老邁,樞廷無所建白,亦不至以此嫌怨,可勿過慮。兄與子青雖同年至交,近又爲長孫太岳,然素易視其人。見面則多深談,寫信每存客氣,自不值轉達也。乞身虛有此説,吾恐滇督將就近量移,則更難辦矣。手此,覆頌勛祺。五月十六日。(劉聲木手稿《李文忠公尺牘》)

◎劉聲木注:文達(張之萬謚號)任漕督時,議守六塘河以阻捻軍南潰,先公(劉秉璋)不可,以河狹水淺容易竄過不任其咎。李文忠調停,分段扼守,捻卒由浙將汛地潰圍出走,文達以爲愧,是袁浦之隙也。

光緒十五年十月初八日,李鴻章致劉秉璋函:崧鎮青(崧駿)函稱伊弟其心無他,乞轉致優容,近當更水乳矣。(劉聲木手稿《李文忠公尺牘》)

光緒十五年十月初八日,李鴻章致劉秉璋函:前疊奉七月廿五、八月廿八日手書,敬悉一切。尊患感冒轉痢便血,旋即康復,纏綿兩月,血氣就衰之人,何以堪此。然閫中擬作猶能興高采烈,雖稍粗豪,氣格蒼老,迴非時手所及矣。前月醇邸(醇親王奕譞)五十正壽,與鄙處向有來往,去弁回稱面奉邸諭,尊送禮物因尚未見過,照例奉璧，非岐將軍(岐元)本家素識可比，然亦僅收受兩色，囑兄代致謝云云，曾經電達，似其意尚殷勤。昨獻夫(劉汝翼)呈閱竹報，擬俟藹卿(張華奎)到後再商進退，精力尚可支持，何必作此高蹈之想，藹卿亦必勸阻也。少桐(朱其暄)領郡鬱鬱，求步黃道後塵，倘有機會，幸勿恝置。手此，復頌勛祺，不一不一。十月初八日。鮑春霆(鮑超)兩子爭產口角，已令唐沅圃(唐仁廉)往夔會同汪小潭(汪鑑)調處。(劉聲木手稿《李文忠公尺牘》)

光緒十五年十二月初四日，李鴻章致劉秉璋函：周沐三之子在機器局數月病故，獻夫(劉汝翼)資送回無(蕪湖)。品蓮相待甚厚，臆料太差，品老而失志，當有以慰藉之。督撫無請覲例，限嚴置重任，尤難遠離，自可無庸多瀆。來春東陵差必晤，政府諸公當爲婉達。鄙狀犻平，只因避風仍不回省。匆匆敬賀大喜，順頌歲厘，附寄敍侄(李經敍，李昭慶次子)家言希飭交。嘉平初四日。(劉聲木手稿《李文忠公尺牘》)

劉秉璋爲參將吳杰洗冤。

前光緒十年八月，劉秉璋任浙撫，布置海防，提督歐陽利見極言港口炮臺之不可用，並欲拆招寶山後膛大炮，修建烏龍岡暗臺。守備"吳杰流涕力爭，歐陽利見志在必行"，劉秉璋嚴電飭止："烏龍岡暗臺可修，鎮海港口炮臺不可拆"。光緒十一年二月，薛福成致電劉秉璋：歐陽利見部屬參將鄭鴻章與守備吳杰"幾欲列隊開槍決鬥"。(《鎮海抗法大事記》)

光緒十五年五月十五日，劉秉璋奉上諭：卞寶第奏參管帶鎮海炮臺候補參將吳杰，居心險詐，不遵調度，並有侵用工料情事，請將該參將革職。茲又有人奏吳杰熟諳西法，廉樸耐勞，從前法艦犯口，兩次開炮獲勝，聲望甚好，此次誤被參劾，實由於標營排擠等語。朝廷遴選將才，首在辨別是非，劉秉璋前在浙江巡撫任內辦理海口各事宜，所部將領之賢否，自必知之詳審，究竟吳杰才具如何，平日辦事是否可靠，從前防守鎮海口門有無功績，著據實覆奏。

（《劉文莊公奏議》卷六，三頁）

光緒十五年六月初九日，劉秉璋奏參將吳杰前辦海防有功才具可用疏：臣伏查吳杰係儘先參將，實任鎮海營守備，管理鎮口招寶山炮臺已歷多年，臣前在浙江巡撫任內，因籌辦海防親往查看，見其隊伍整齊，炮具清潔，演放靈便，頗近西法。平日撫馭炮兵威惠兼施，能得其死力，心竊器之。光緒十一年正月法艦將犯鎮海，南洋援閩之三輪避入鎮口，人心惶懼。浙江提督歐陽利見怯無謀，倉皇失措，倡徙炮拆臺退守之議，將欲徙招寶後膛大炮。吳杰極言不可，流涕力爭，歐陽利見志在必行，謂違者即行正法。臣聞此信，嚴電飭止，乃定守口之計。及法船多隻來攻招寶炮臺，數百磅長彈紛落如雨，鎮海、寧波一帶，人民遷徙一空。前鎮海營參將鄭鴻章所部兵丁，竟有翻穿號衣潛逃者。吳杰手開巨炮，與南洋退回之輪船彼此齊發，洞穿法船兩艘，敵始敗退。越日又來猛攻，復擊退之。吳杰穩守招寶一台，扼其咽喉，使不得逞。上海洋人登諸畫報，中外傳爲美談。事平之後法提督李士卑士登臺覆看，訝其布守之堅固。歐陽利見因羞成怒，實陰仇之。臣會同閩浙督臣楊昌濬將鄭鴻章奏參降補，委吳杰署理鎮海營參將。大抵義烈之士，敢於赴湯蹈火，不慣營私獻媚，聲望愈美，怨毒愈深，欲去吳杰而奪其炮臺差使，自便私圖。乘閩浙總督卞寶第到任未久，不知底蘊，朦請參革。臣閱邸鈔，正深詫歎。頃奉諭旨，乃知公道尚在人心。

海防爲目前第一要務，似此忠勇有功之良將遭貪庸進讒，誤被參劾，深恐內寒將士之心，外爲洋人所笑。以專閫提督吹毛求疵於一守備，欲加之罪何患無辭。以遠隔二千里到任未久之總督，據提督來函參一守備亦祇是循例辦理。臣何能越俎爲之昭雪，惟奉諭旨垂詢，應如何旌別，非臣所敢擅擬，理合遵旨據實覆奏。（《劉文莊公奏議》卷六，三頁）

◎園生按：卞寶第（1821—1889），字頌臣，江蘇儀徵人，曾任湖南巡撫、閩浙總督，其女嫁給劉秉璋第五子劉體道。

光緒十五年六月初九日，劉秉璋再陳吳杰摺內未盡情形片：再臣與卞寶第係兒女姻親，此次誤參，自未悉吳杰立功之底蘊，查海防獲勝係臣在浙江巡撫任內之事，見聞最真。吳杰之才，衛榮光必知其可用。而吳杰鎮口之功或不如臣親見之詳。（《劉文莊公奏議》卷六，五頁）

光緒十五年七月十二日奉旨，已革浙江候補參將吳杰，著崧駿飭令來京帶領引見。（《劉文莊公奏議》卷六，五頁）

張之洞倡盧漢三千里鐵路之議。

光緒十五年七月十二日，調張之洞爲湖廣總督。（《光緒事典》206頁）

光緒十五年十月初八日，李鴻章致劉秉璋函：香濤（張之洞）忽倡盧漢三千里鐵路之議，懿旨及醇邸交贊，牽率老夫會籌辦理，無巨款如何開辦。家兄（李瀚章）乘機量移，粵事狼藉，接手者清理不易。（劉聲木手稿《李文忠公尺牘》）

光緒十五年十二月初四日，李鴻章致劉秉璋函：兩函論鐵路事（指京漢鐵路，自盧溝橋至漢口），香帥（張之洞）自知商股難集，洋債難還，亦請緩。俟鐵礦開成，再行勘路開工。照西法開採，非伍柒年不能就緒。海署奏令戶部歲籌貳百萬，須俟拾年集有貳千萬乃可動手。彼時我輩計已就木，而貳千萬亦未必能齊。或因他項要事動用，只存此一篇空文，以待後之談洋務者矣。（劉聲木手稿《李文忠公尺牘》）

劉秉璋、李昭慶聯姻，"六弟婦"送女赴蜀，與劉體乾完婚。

光緒十五年十月初八日，李鴻章致劉秉璋函：六弟婦計過宜昌，是否由水道前進，細弱未出遠方之人毫無閱歷，尊處所派員役當妥爲迎護導引。孫女掌珠聞亦隨其祖母省視外家，俟喜事過後應令明正隨同東歸。方兒（李經方）歲底參贊報滿，可偕芝田（劉瑞芬）回華（原注：薛叔耘月內啓行，芝田須臘中交替）。兄囑其挈眷來津，約在閏二月初旬，屆時掌孫女能趕及同伴北上否，望爲留意。

（劉聲木手稿《李文忠公尺牘》）

　　光緒十五年十二月初四日，李鴻章致劉秉璋函：六弟婦（李昭慶遺孀）送女赴蜀，照護款洽，禮意優隆，殊深感謝，比審吉期已過，佳兒佳婦鞠奁承歡，真暮年難得之境。訓子四律，情真語摰，首章自道艱苦，足爲富貴，醙豢鍼砭。末章悱惻敦厚，詩人遺意，有好題斯有好詩。較前寄各作可謂曲終奏雅矣。弟婦擬明春何時東歸，此番長途辛苦，叨擾尊府備至，愚兄弟遠宦，照料不及，未免負慚耳。（劉聲木手稿《李文忠公尺牘》）

　　◎園生按：李昭慶夫人送女赴蜀，與劉秉璋長子劉體乾完婚，體乾時年十七。

光緒十六年庚寅(1890)　六十五歲

藏印息兵,夔、巫舟楫暫停,四境晏然。

　　光緒十六年正月初十日,翁同龢致劉秉璋函:讀蜀墨程作鬱然石臺風格,欽向不盡。手教至,伏審起居康復。晹雨應節,四境乂安,甚慰,甚慰。藏印息兵,先議界事,再及商事,至夔、巫舟楫,聞已暫停,目前亦晏然矣。弟南歸兩月,百務叢集,儼若群山。抵京後,室有病榻,因之勞悴風咳,今幸大愈,而衰髮益皤矣。彩勝春旂,物華綺麗,遙想雄節,輒復拳拳。專頌勛安,敬頌春喜不次,世愚弟翁同龢頓首。(《翁同龢集》423頁)

　　光緒十六年二月廿七日,駐藏幫辦大臣升泰與英國印度總督蘭斯頓(Henry Charles Keith Lansdowne)在加爾各答簽訂《中英會議藏印條約》,劃定中國西藏和哲孟雄邊界,哲孟雄歸英國保護督理。(《光緒事典》211頁)

　　◎圍生按:1947年印度獨立,與錫金(哲孟雄)簽訂《維持現狀協定》,1949年6月印度駐軍錫金,1950年印度成爲錫金的保護國,1975年錫金成爲印度的一個邦。

　　光緒十六年五月初七日,以升泰爲駐藏大臣。(《光緒事典》213頁)

劉秉璋在重慶開埠交涉中,以輪船入渝章程,拖延談判四年之久,使四川工商業一時免受摧殘,也維護了民間航運的利益。

　　光緒十六年正月十八日,李鴻章致劉秉璋函:重慶通商,准英商自制華船,現正訂約,擬三月間開辦。藏界計亦將定議,以後川中交涉益繁矣。復頌春祺,餘不一不一,正月十八日。(劉聲木手稿《李文忠公尺牘》)

　　光緒十六年二月十四日,《續增烟臺條約》(又稱《修改烟臺條

約》,英文本稱《重慶協定》)簽訂。(《光緒事典》210頁)

光緒十六年三月,中英簽訂《烟臺條約續增專條》規定重慶作爲商埠向英國開放,與各通商口岸無異,"英商自宜昌至重慶,往來運貨,或僱用貨船,或自備華式之船,均聽其便",重慶於次年三月正式開放。劉秉璋在重慶開埠交涉中阻止未成,但達四年之久,使四川工商業一時免受摧殘。阻止輪船航行成功,挽回部分航行權,捍衛了民間航運業的利益。(《淮系軍閥劉秉璋》,《東北師大學報》1983·2,85頁)

光緒十六年八月初六日,李鴻章致劉秉璋函:渝郡開辦通商,民船載貨究較輪船爲少,創辦之始貿易無多,須俟年餘察看洋商幾何,變厘暗減若干,再酌請將洋稅留抵變稅,否則空言虧損。部中拘執文法必不准行,致開各關效尤之端。甘餉改撥亦多窒礙,關道尤要得人,能細覈約章無誤,即可稱職。(劉聲木手稿《李文忠公尺牘》)

劉秉璋朋僚、子弟之進退。"各省候補道如蟻聚,何處可插足耶?"

光緒十六年正月十八日,李鴻章致劉秉璋函:頃得敍侄(李經敍)電,於十八日起程,二月内必可抵蕪湖。方兒(李經方)去冬差期已滿,芝田(劉瑞芬)奏保道員二品銜,疊函飭即回華。昨電二月朔始由英啓行,不知因何耽延,其文筆蓬勃可冀倖中,乃輕視甲科。各省候補道如蟻聚,江粵皆應回避,何處可插足耶。藹卿(張華奎)日内到省,聞鹽局已有位置補缺,本極難事。朱(朱其暄,字少桐)、張(張華奎)用舍更多躊躇,少桐家累甚重,首府稍優,尚無餘貲,即升道員,亦不剸用,僅較卑府體制略好。邸於師門關切,而世兄不甚期許,因其文學淺也。閏月陵差赴京,當再説及。聞督撫、將軍、都統等缺多。其參謀以下則由政府,不復預聞,不卜肯爲力否。執事現處地位,不告不請覲,未必討嫌,只可老氣橫秋,做一日是一日。(劉聲木手稿《李文忠公尺牘》)

光緒十六年八月初二日，李鴻章致劉秉璋函：方兒（李經方）倖使東洋，須十月出京，能不辱命否。畿境工賑尚未就緒，全仗集腋成裘。手此復頌勛祺，餘不一不一。八月初二日。（劉聲木手稿《李文忠公尺牘》）

光緒十六年八月初六日，李鴻章致劉秉璋函：幼樵（張佩綸）著書自娛，無用世之志，得罪要人太多，亦難起用，尊意已代致矣。方兒（李經方）俟領到國書，約九月出京，冬月起程。手此布復，順賀秋禧，諸惟心照不儀。（劉聲木手稿《李文忠公尺牘》）

光緒十六年十二月初九日，李鴻章致劉秉璋函：頃令姪（劉汝翼）送閱《習静園記》，大可散步怡神。鄙人宦直廿年，非不欲窺園，竟無尺寸隙地可供眺玩。醇邸（醇親王奕譞）前詢，知保、津署內無小園，謂其邸寓別墅三四處，享用太過，今遂溘逝，無園林之樂者或得長生，即僅一園尚不足以祈福，且可藉此終老矣。藹卿（張華奎）蒞渝剔弊興利，頗著成效，風采太峻，忌者或多，甚盼其久於任從容治理。崧藩（崧蕃）想須過浙度歲，覲後升調必速，氣類與蜣蜋爲近，不患不騰上也。王樹枏果調缺否，朱少桐（朱其暄）苦求道缺，聞襄陽歲入僅四竿，其何能支乎。此復賀年禧，餘不一不一，嘉平九日。（劉聲木手稿《李文忠公尺牘》）

劉秉璋請假、續假、請開缺。

光緒十六年二月十二日，劉秉璋奏請給假一月疏：臣向來體質不甚強固，去年夏秋之交，先患便血，血止變痢，痢止又復便血，纏綿兩月。時值辦理文闈監臨，帶病入闈，帶病出闈，頗形困頓。因接辦武闈，例應由臣主試，未敢冒昧請假。入冬以後時發時愈，尚復強勉支持。素有肝氣之症，交春易發。本年正月不獨肝氣作痛，兼發便血，舊疾纏綿又已匝月，精神益形疲憊。籲懇天恩，賞假一個月。（《劉文莊公奏議》卷六，六頁）

光緒十六年二月廿八日，劉秉璋奏請續假一月：自二月至今延醫調治，便血未能全除，肝氣仍然作痛。血不養心，水不涵木，以致夜不成眠,胸前鬱悶。前次請假屆滿又逾一旬,而病勢較增,形神益憊,再四籌思,惟有籲懇天恩再准假一月。

　　光緒十六年閏二月初二日,翁同龢致劉秉璋函:前奉一函計達覽,邇惟尊體康勝。睗淤小患,有以白蜜和白木耳爛蒸食之,盡一斤即愈,蓋試之。蜺節任隆,蠱叢地廣,公之進退,匪直邊瑣,實系時局,其深念哉。弟腐儒也,去歲還鄉,眷然丘壟之戀,猶自黽勉,復點班聯,衰殘無顏,若雁鷔耳。蜀庫支黜,亦所飫聞,不添新款,覬得暫騰。此間焦敖之狀,問旭之當悉,日甚一日,恐旭之猶未盡悉也。草草敬候起居,賢郎均吉,不次。世愚弟同龢頓首上,閏月二日。(《翁同龢集》424頁)

　　光緒十六年四月十二日,劉秉璋奏請開缺疏:臣假滿又已逾旬,而便血轉復增劇,間作胸悶神疲,飲食銳減,氣血兩虧。據醫家云,壯歲勞動過甚,暮年諸疾叢生,非靜心調養,難期痊復。

　　臣念川省地方遼闊,政務殷繁,勉強支持必致貽誤,因循持俸祿,負疚尤深,再四籌思,惟有仰懇天恩,俯准開缺回籍調理。臣今年六十五歲,未足稱老,倘蒙恩庇回籍後靜養調攝,得以日漸痊癒,即當趨扣闕廷,求賞差使。(《劉文莊公奏議》卷六,十二頁)

　　光緒十六年四月廿五日,奉到朱批,著再賞假一個月。(《劉文莊公奏議》卷六,七頁)

　　光緒十六年五月十九日,李鴻章致劉秉璋函:連奉四月十二、廿四日手書敬悉,一是開缺疏上必係賞假兩月調理,無庸開缺。來示但望一發而中,可謂想入非非。向來巡撫請退,尚須慰留,況提封數千里之制府耶。游子岱(游智開)劾孫駕航(孫楫,孫毓汶之侄)得罪要人,又劾香濤(張之洞)。香濤大放厥詞,爲之鳴冤,有不得不退之勢,且已七十五老翁矣,亦不可不退之時。公尚未耄,又非真病。雖曾劾沈、丁(丁寶楨),不爲當路所喜,卻無深仇大怨。雖再三瀆,未必能行。作官辦事先要志定心一,若首鼠兩端,欲退而不得退,辦事轉難放手。奉勸屆期銷假,不可則止,毋自尋煩惱

也。(劉聲木手稿《李文忠公尺牘》)

光緒十六年六月十一日,翁同龢致劉秉璋函:前聞請假兼旬,懸懸莫釋。茲奉手教,稍慰遠懷。進退在一身,治忽在旁,竟讀張益州畫像記,不得不爲人慮,且豈獨爲西人慮哉!藏界定約,暫紓目前。渝城行船,必多枝節。華商之事,我得操之。華托於夷,夷庇及華,則我不得而厘剔之矣。滇黔一角,惟蜀是資,它省之餉,不以時至,可慮可慮。蜀力既匱,部豈不知,竇貧之子不得不向大户嘵嘵耳。尊疾用白木耳、冰糖蒸之,日服一盂,或猪腸套蓮子,皆可愈。敬候大安,不一。世愚弟翁同龢頓首,六月十一日。(《翁同龢集》426頁)

光緒十六年六月廿一日,翁同龢致劉秉璋函:蜀,天下第一富庶有爲之地也,公歸將何以寄此,不得不爲蜀人慮。若出處進退,則士大夫之常耳,昔有宋全盛而乖崖,有失脚漁磯之歎,公果遂初,亦吾儕之喜也。弟羸老無能,志在畎畝,不敢留公而切恐公之去,此意千百轉不能罄,惟深思之。冒雨趨直,摩眼作此,不盡僂僂。敬候大安,弟同龢頓首,六月二十一日寅初。(《翁同龢集》427頁)

光緒十六年八月初二日,李鴻章致劉秉璋函:前摺是否賞假兩月,似可戞然而止。昨德静山(德壽,滿洲鑲紅旗人)廉訪過此,謂樞廷公論不願即退。親政之初,大臣去就必宜審慎。渝郡開辦通商轉疑有託而逃。便血症加意調理,必可痊復,奚必汲汲耶。省三(劉銘傳)初有退志,經賞假三月,聞又趑趄。二劉并作,於淮人局面有礙,當以鄙人夜行不休爲法。畿輔奇災,賴公一呼而得七萬,爲各省之冠,畢竟休戚相關,於此更不忍把袂送歸矣。静山可謂能吏,亦知輕重,是好幫手。(劉聲木手稿《李文忠公尺牘》)

光緒十六年八月初六日,李鴻章致劉秉璋函:假滿後擬即銷假,直截了當。正與前緘勸駕之意相符,願以後勿再輕作此想。至便血常發,老年人大不相宜。周文炳(字善夫)過津,談及渠便血舊症甚劇,經人傳示單方一服即愈。係用黑木耳半碗,沸湯泡三次

（原注：不須煮）早晚服之，以血止爲度，平易近人而有奇效，蓋嘗試之。戒酒戒生氣，即不便血亦當禁止，用心或無甚礙也。（劉聲木手稿《李文忠公尺牘》）

光緒十六年八月十三日，劉秉璋奏病未全愈力疾銷假疏：臣前因續假已滿，病仍未痊，奏懇賞准開缺，回籍調理。旋於六月十二日欽奉硃批，著再賞假兩個月，毋庸開缺。跪聆之下感激涕零。臣樗庸衰朽之材，疊蒙賞假至再至三，自顧何人渥承優眷，臣又何敢再事瀆請，惟有勉力支持，茲已於八月十三日照常視事。（《劉文莊公奏議》卷六，十八頁）

劉秉璋商請駐藏大臣，覆減厘定瞻對番部徭賦章程，以期相安。瞻對番部自同治初年歸藏管轄，迄今歷二十餘年，因藏官苛斂、貪虐起釁謀叛，但別無異志，似未便遽示兵威，絕其向化之路。

光緒十六年二月十六日，劉秉璋奏瞻對番民叛藏現在派員出示開導疏：奉上諭，據稱瞻對吳魯瑪地方番民，因番官苛斂而謀叛西藏，焚掠官寨，殺斃藏番。著劉秉璋酌派防營，駐紮打箭爐，相機鎮撫，以壯聲威。

劉秉璋奏：臣等伏查瞻對番部自同治初年歸藏管轄後，迄今歷二十餘年。去年駐藏大臣長庚咨瞻番叛藏，糾眾圍寨，扼守隘口等情。當經臣等嚴飭裏塘文武前往開導彈壓，查辦在案。並商請駐藏大臣即將瞻番徭賦章程，覆減厘定，以期相安。四川省城至打箭爐十一站，計程一千二百里，自打箭爐至裏塘八站，計程六百八十里。瞻對又在裏塘之北，中隔番部。爐廳（即打箭爐）距瞻界尚遠，駐兵爐廳難期威懾。且臣等接藏民陳訴藏官種種貪虐，不願隸藏之意，尚無悖謬之詞，其派兵守隘亦在瞻境，並未擾及鄰界。據糧員胡治安及藏中委員王延齡等先後來稟，均請勿先用兵。復准駐藏大臣來咨，亦稱會同臣等派員，先行開導，以期就範。因查此次瞻番祇因藏官貪虐起釁別無異志，似未便遽示兵威，致絕其向化之路。（《劉文莊公奏議》卷六，八頁。瞻對：四川西部土司，雅礱

江上游,分上、中、下瞻對,屬雅州府,今四川省新龍縣。打箭爐:
四川西部,屬雅州府,今康定縣)

光緒十六年三月十二日,劉秉璋查辦瞻對夷務擒斬首要各逆
疏:番民叛藏,臣等會同駐藏大臣查辦情形,業經奏陳在案。瞻番
糾衆滋事,本係撒拉雍珠爲首而起釁,根由實係巴宗喇嘛,往來俄
洛,詐稱得登工布奉旨,仍復舊業所致。

臣等會同駐藏大臣,以副將徐聯魁、知縣王延齡、張炳華等前
往查辦。密帶兵勇,由章穀取道進紮俄洛交界,調集沿邊一帶土
司,各率士兵嚴堵要隘,輕騎入瞻,共相開導。先釋衆惑,解散脅
從,格斃撒拉雍珠,生擒巴宗喇嘛。核定輕減賦役章程,布置瞻地
善後事宜。(《劉文莊公奏議》卷六,十頁。章穀、俄洛:四川西部,
屬雅州府,章穀司今爐霍縣,俄洛司今屬雅江縣)

光緒十六年,劉秉璋督蜀,瞻對復叛亂,因命副將徐聯魁等率
兵並力攻之。僅破其一,尚爲我朝第一次事,其餘二瞻對,乃相率
投誠。軍士雖勝,仍不敢深入。(《萇楚齋》610頁)

李鴻章"四弟婦"要求劉秉璋請建節孝坊。

光緒十六年五月十九日,李鴻章致劉秉璋函:四弟婦素不甚
知大體,前書早經内子駁覆,因係至戚,姑令獻夫(劉汝翼)轉陳,付
之一笑可也。乃復動此大氣,足見毫無涵養。續電視捐賑建坊,如
此鄭重,目光如豆。今各省建坊,何止千百幾人。真建所謂民不可
使知也。所最要者,令郎(劉體乾)得子後,必須過繼詒壻(劉詒
孫),一切口舌可免矣。手復順頌痊祺,不一不一。五月十九日。
(劉聲木手稿《李文忠公尺牘》)

◎圍生按:"四弟婦",指李鴻章四弟李蘊章之遺孀寧氏。
劉秉璋得子較晚,先以劉秉鈞之子劉詒孫爲嗣,娶李蘊章之女
爲妻,無後。劉詒孫同治十二年去世,寧氏要求劉秉璋請建節
孝坊,李鴻章爲之斡旋:"所最要者,令郎(劉體乾)得子後,必
須過繼詒壻(劉詒孫)",以爲老有所養,則"一切口舌可免矣"。

有光緒十八年上諭：以捐助賑米，予安徽合肥縣故候選道李蘊章妻寧氏建坊。（《清實錄》[56]34頁）

光緒十六年八月初二日，李鴻章致劉秉璋函：前奉六月十一日手書，敬悉一一。"樂善好施"，部文已諮尊處，建坊與否，聽之將來。或於節孝坊上添此四字，姑存其名。高卑大小，四弟婦必不過問也。（劉聲木手稿《李文忠公尺牘》）

◎圉生按：部文諮"樂善好施"四字，並非特指。僅於節孝坊上添此四字，猶如今日之公益廣告而已。

京師大雨二十日，壞廬舍，破村落。渾河北決，環九門者悉瞽鴻也。時直隸總督爲李鴻章，劉秉璋及淮軍舊部勉集巨資，竭力援助。

光緒十六年五月廿九日，京師大雨成災，永定河、大清河、南北運河多處決口。（《光緒事典》213頁）

光緒十六年六月十一日，翁同龢致劉秉璋函：治所雨多，京師則大雨二十日，壞廬舍，破村落。諸水皆漲，渾河北決，環九門者悉瞽鴻也，此百歲老人所未見而時適丁之，弟居農曹官，憂可知矣。弟去歲還家而病，回京又病，今無病而病根益深，氣不敵暑，力不勝勞，默默無短長也。（《翁同龢集》426頁）

光緒十六年八月初六日，李鴻章致劉秉璋函：蜀中秋成不至減色否，津災藩、皋各捐壹萬，諸將亦勉集巨資，欣感無似順灾，近水樓台，易於呼籲，發帑撥漕層見疊出。直（直隸）則無可控訴。幸各省竭力援助，冬賑或可勉支。報捐諸君本身萬無可再獎，自應移獎子弟。是否由川自請，抑須直局彙請。乞詢商司道見示爲荷。（劉聲木手稿《李文忠公尺牘》）

四川大足教案。

光緒十六年六月十九日，四川大足教案。法國傳教士第三次修建大足縣龍水鎮教堂，煤工余棟臣率衆搗毀教堂。（《光緒事典》214頁。大足：四川省東部，屬重慶府，今重慶市大足縣。光緒十

二、十三年兩次發生搗毀龍水鎮教堂事件)

　　光緒十六年十二月十八日,李鴻章致電劉秉璋:(大足縣)民教滋事乃地方官之責,該道(川東道張華奎)不得因暫行署理借詞推宕。應令靄青(張華奎)放膽做去,早報開關。(《李鴻章全集》〔23〕147頁)

劉秉璋調營剿辦雷波夷匪,迭次獲勝,邊境肅清。

　　光緒十六年七月十一日,劉秉璋奏雷波廳屬夷匪出巢肆擾,調營堵擊獲勝疏:閏二月間,雷波所屬小溝補,即夷支風簸、漁姑等勾結西昌生番二千餘人,大股出巢,撲擾該廳之牛吃水、天姑密等場,焚燒房屋,搶掠牲畜,捆縛民人。經該廳將,並達字營暨普安右營等,分守隘口,次第擊退。但該夷仍伏附近老林,此地隘多兵少,不敷分布等情。臣等當即調派達字左營前往駐紮牛場,並調長勝右營前往駐紮黃螂。五月二十三日,分路出擊,於蓮花石地方接仗,大施槍炮,轟斃夷匪無算。

　　查川省營勇分防各處,均有專責,礙難再事抽調,而雷波隘口分歧,防此竄彼,各營弁勇已覺疲於奔命。與其曠日持久,使吾民擾害時虞,自須分隊進攻,使該夷畏威就撫。此後如須添勇,即照上年馬邊添勇章程辦理:添勇二營,仍於事定之後裁撤,以節糜費。(《劉文莊公奏議》卷六,十六頁。雷波:四川南部,屬敘州府,今涼山彝族自治州雷波縣。西昌:屬寧遠府,舊稱建昌,民國初改西昌縣,今西昌市)

　　光緒十六年八月初六日,李鴻章致劉秉璋函:初二甫復一緘,又接七月初九手書,慰悉一一。雷波夷蠢動,三營能就了否?(劉聲木手稿《李文忠公尺牘》)

　　光緒十六年十月初四日,劉秉璋奏剿辦雷波夷匪迭次獲勝疏:七月廿七日大院子恩禮黑夷五百餘人竄出,經哨弁趙孟謙、都司吳以忠合攻轟斃夷匪四十餘名,將黑夷普子生擒過陣,餘眾奔潰。統領達字營馬朝選即於次日率弁分路進剿,轟斃夷匪百餘名。探得夷匪集有二千餘衆,盤踞田家灣,於九月初七日夜,陸續會齊三路,相繼而進。接戰良久,夷衆抵敵不住,四散奔逃。於初十日午後收隊,沿途共毀夷巢千餘間,平夷卡三十餘座。

探得有黑夷慈噶者爲此次指揮出擾之人,遂派熟識之鄉勇,於十五夜潛赴該坡,山頂檑石如雨而下。待至四更,我軍突上山寨,逆酋慈噶倉皇衝突,鏖戰兩時,傷其左腿,始就擒獲,我軍振旅而還。臣等因其先後告捷,檄令各勇,仍嚴密防範,相機進剿。該夷勢窮力竭,自必傾心歸誠。(《劉文莊公奏議》卷六,廿六頁)

光緒十六年十月初四日,劉秉璋奏添募營勇防邊片:雷波一役,前因隘多勇少,不敷分布,已檄令暫募鄉勇二百名。屏山防營前因調派赴雷波助剿,該處空虛,檄令該營添募新勇一百名。建昌鎮所轄制兵不敷守禦,亦批檄暫募土勇二百名,藉以分防邊隘。均自成軍之日起,查照川省勇營各哨章程,支給口糧。實因三邊同時有警,各募一營不免糜費,是以分募一二三哨以節餉需,一俟事定,即令裁撤。(《劉文莊公奏議》卷六,廿八頁。屏山:四川南部,屬敍州府,今屏山縣。建昌鎮:四川南部,屬寧遠府,今西昌市)

光緒十六年十二月,劉秉璋奏剿辦雷波夷匪復獲大捷邊境肅清疏:據達字營統領馬朝選等陸續稟報,各支夷民皆有投誠之意,惟小溝、魚姑二支,恃其夷巢險峻,二百餘年從無官軍深入,且有二千餘人匪黨相爲勾結,不肯乞降,非直搗其巢不能懾服。營務處候選道徐春榮定議,於十月十六七日會同各部連營進紮,於二十日夜各營齊發。維時霜雪凝寒,路途凍裂,將備弁勇一鼓作氣,攀藤附葛,銜枚疾走,直搗小溝夷巢,連破二坪,追殺至二十一日晌午始各收隊。探知風簸身受重傷,魚姑隻身潛逃。其兄弟子侄及二支夷酋各帶同哇子數百名來詣各管帶,營前乞恩免剿。自限三日內將所綑難民百餘人全數繳出,傾心投誠,誓不復叛。

通計雷夷二十六支,均於十一月二十六日齊集到廳,諭以兵威,陳以利害,責其糾衆出反之罪,宣示朝廷寬大之恩。各支夷酋均感激悚惶，叩首謝罪，認保隘口。當即賞給布匹、銀牌、嗶嘰、花綫、鹽酒，該夷等歡欣鼓舞而退。二首領在城當差，余衆均分遣回家，邊境肅清。(《劉文莊公奏議》卷七，一頁)

劉秉璋再請加廣中額，以順人心而裕餉源。

光緒十六年五月十六日，劉秉璋奏四川津貼捐輸勢難遽停疏：四川津貼捐輸勢難遽停，仍請加廣中額，以順人心而裕餉源。雖較額賦加之數倍，而民間猶黽勉以供者。固我國家深仁厚澤之所致，亦恃此科舉之榮，以歆動而鼓舞之也。況川民不遺餘力以輸，朝廷自有破格之曠典。津捐廣額，獨川省有此殊榮，他省無聞焉。士爲四民之首，分應竭力報效以爲之倡。御史所稱，江浙賦稅甲於天下，四川額賦本輕，即津貼、捐輸亦不能出江浙正供之上。不知賦則定自列祖列宗，非臣下所可輕議。川省額賦雖輕，外加津貼捐輸，亦類竭澤之漁。即不得與正供相提並論，亦從無拖欠。其先公後私，恐甲於天下之江浙未必如斯踴躍，實收實解，成效昭然。其以津捐三十萬兩，照章請廣鄉試中額一名，積至三年，名數雖多，仍酌量分科請廣。以去歲己丑科一百一十名爲最多，內原額六十名，加廣定額二十名，恭逢恩科廣額二十名，故津貼捐輸祇請廣十名，仍留有餘，不敢較原額六十名之數加至一倍。是於獎勵之中仍復示以限制，並無冒濫。(《劉文莊公奏議》卷六，十三頁)

劉秉璋反對土藥(鴉片)加徵稅厘。"窮民得片土以種罌粟圖博微利，若抽收過重，工本不敷，必至歇業。一經歇業，即屬廢地而成游民，殊爲可慮。"

光緒十六年九月初四日，劉秉璋奏川省土藥礙難加徵稅厘疏：自光緒三年，前督臣丁寶楨蒞任，以土藥本系川省所產，亦間有來自雲南者，直名之曰土貨，別其並非洋藥也。規復舊案，重行設局徵收厘稅。

自光緒十三年正月爲始，洋藥進口每箱百斤，共抽銀一百一十兩，按賣價成本五百兩計之；土藥每百斤抽銀四兩八錢，按賣價上等八十兩計之。似較洋藥稅厘爲輕。不知洋藥一到通商口岸，完過稅厘，粘有紙據，以後經過之區並不再抽分文。而土藥則不然，在川業經抽收，無論行抵何處，依然遇關納稅，逢卡抽厘。雖各處收數不一，大抵行愈遠而稅愈重。查商販過境以赴湖北者爲最夥，川省崇山峻嶺，路徑分歧，土販繞越厘金，每從小路潛行，不避險惡，兼程前進。少設巡卡，常恐防閑難密；多設巡卡，又恐經費不資。現在惟有通飭各厘局，一體欽遵諭旨，實力整頓，嚴查偷漏，嚴馭丁役人等，暗中賣放、訛索等弊。

臣覆查川省裁種罌粟皆山谷磽确之地，窮民得片土以種罌粟圖博微利，若抽收過重，工本不敷，必至歇業。一經歇業，即屬廢地而成游民，殊爲可慮。惟有仰懇天恩，俯准不予加抽，仍由臣嚴飭各局員加意整頓，力除諸弊，以期涓滴歸公。（《劉文莊公奏議》卷六，廿三頁）

光緒十六年十二月初九日，李鴻章致劉秉璋函：川省津貼捐實爲巨款，而津貼實出自土葯（鴉片），廷臣無知，此議者覆疏內若明白痛快言之，可免加徵。即因此停廣額之獎亦甚值得。今日只患舉人進士太多，無用有害。每科多數舉人即少數秋風之客，何所顧忌至斤斤較量。兩議竊照各省意見歧出，情形不同部署，諸公依違其詞終辦不動而止，請減津貼改撥甘餉，雖可備抵制後着，然部文何曾講理，請改不撥又將若何覆。香濤（張之洞）電語令人噴飯，此君自命不凡，尚未遇着此等嬉笑怒罵之前輩。有此手筆，可當訟師，必無意外風波也。（劉聲木手稿《李文忠公尺牘》）

◎劉聲木注：張香濤（張之洞）請加川鹽厘。

劉秉璋整頓、清查厘務。應裁、應減、應追，列單具稟，裁減追繳之款，悉解省厘局充餉。

光緒十六年九月廿四日，劉秉璋奏查川東道厘捐收數片：川東道經管渝厘，有開報者，有不報者。開報之款，考其收數，逐年遞短。不報之款，查其支數，浮濫實多。姑就該道現稟數款而論，如每年養勇三百名,歲支餉一萬五六千兩。查重慶腹地承平已久,鎮道同城駐有額兵,何須多勇,亟應裁減七八成,酌留二三成。又如保甲洋務各局委員,薪水歲支至一萬兩之多,明係浮冒,應即大加裁汰。又津貼水師炮船一款,歲支銀一千七八百兩,尤屬有名無實,應即刪除。又如巴縣公費一款,歲支銀四千兩,查該縣本屬優缺,路非孔道,無藏差、貢差、試差供億之費。臣上年巡閱川東一帶營伍,到重慶自僱槓夫,自租寓屋,並無供應一尖一宿之費,皆該道所親見,何得任意濫支。又聞府考棚費支銀二千五百兩,查棚費向章攤之各屬,何得于厘金庫款項下支銷。如係實支,由府繳還;如係捏報,由道繳還。該道稟內匿,未列報此款。則此外浮冒濫支,諒必不少。侵蝕相沿,以正款爲陋規,若不及早清厘,轉相效尤,日甚一日。現已札飭接署道張華奎於到任後整頓厘務,破除情面,澈底清查,分別應裁、應減、應追,列單具稟,由臣核定奏諮立案,所裁減追繳之款,悉解省厘局充餉。(《劉文莊公奏議》卷六,十九頁)

劉秉璋請將重慶海關稅銀,按照夔關稅銀例,盡數留支。免誤京協各餉,俾全大局。

光緒十六年九月廿四日,劉秉璋奏重慶開關請留支洋稅以供京協各餉疏:竊查海關所收洋稅均以四成歸南、北兩洋,六成歸於戶部。此次開辦重慶海關如照此章辦理,則川庫度支必致異常短絀,緣四川向系邊省,民賦最輕,道光以前,凡兵餉台費多賴他省濟協,軍興以後不惟他省未經協川,川省轉協他省,京協各餉亦復逐次加增。仰懇天恩,准將重慶海關稅銀仍照川省夔關稅銀盡數留支,免誤京協各餉,俾全大局。(《劉文莊公奏議》卷六,二十頁)

劉秉璋立案修建夔、巫兩峽縴路、轎路、橋道工竣。

光緒十六年九月廿四日,劉秉璋奏夔州府知府汪鑑開修夔巫兩峽工竣疏:夔州知府汪鑑開修夔、巫兩峽縴路、轎路、橋道事竣。謹將工程經費立案緣由,恭摺具陳。

竊查川江險灘櫛比以百數,不可枚舉。其最奇險者爲三峽夔峽,起奉節白鹽山爲三峽之首,即古瞿塘峽。當峽口者曰灩澦堆,冬則出水二十餘丈,夏則沒入水中。水高漲二三十丈,勢險溜急,人力難施。巫峽在巫山縣東,《水經注》云是杜宇開鑿以通江水。沿峽一百六十里,峰巒峭削,所謂巫山十二峰也。在湖北宜昌歸州境者,曰巴峽,即古之西陵峽。凡此三峽峭壁插天,懸崖千仞,並無山徑可通,蜀道之難於斯爲極,中惟一綫,川江急湍奔流,上下行船絕無縴路。每當夏季水漲,舟行輒覆,每歲遭覆溺斃者不下數百千人。

光緒十四年九月間夔州知府汪鑑立志捐廉,稟請開修。經臣批准先從夔峽開工,自白帝城起下至大溪對面之狀元堆止,曲折迂回約三十里。施工之始,工匠無所憑藉,乃對壁鑿孔,層累而上。每開一大竇,以火藥燃引綫而炸之。旋炸旋鑿,使千仞峭壁之腰嵌成五六尺寬平坦路,堆轎可以並行其中。分造溝澗平橋十九道,自狀元堆至巫山縣城九十里中造平橋兩道,拱橋四道,並開土石山麓成平坦寬路。於去夏工竣,迄今兩年。當盛漲對峽之時,行人往來山路,肩挑背負,絡繹稱便,而舟行有縴路亦少覆溺。

巫峽於十五年十月開工,自巫山對岸起下至川楚交界之編魚溪、青蓮溪止,計七十五里,地段較長,經費較鉅。計造大拱橋四道,迤邐開鑿,變險巇爲康莊,今已一律告成。本擬接修楚境巴峽,惟力是視,臣電商湖北督撫,接其回電,由楚籌修,是以修竟川界而止。

該府汪鑑捐銀一萬兩,臣籌撥款捐銀二萬八千餘兩,渝、夔兩屬官商捐銀二萬二千餘兩。除支用一切經費及設石樁、鐵鍊等用外,存銀一萬兩,發商生息,以作兩峽縴路、轎路、橋道歲修之資。

臣覆查蜀山萬點,赴衆壑者夔門;川水支流,障奔濤者巫嶺。徑路既絕,攀躋難登,舟遭覆沒之傷,人鮮救援之術。千年來未能經營開鑿,誠以工艱而費鉅也。該府汪鑑竭一己之誠,免行人於胥溺,慶王道之蕩平,厥功實非淺鮮。仰懇天恩,降旨嘉獎,以爲好善勤民者勸。(《劉文莊公奏議》卷六,廿一頁。夔州:四川東部,夔州府城,今重慶市奉節縣。瞿塘峽、巫峽、西陵峽:即長江三峽,瞿塘、巫峽屬四川省夔州府,西陵峽屬湖北宜昌府)

劉秉璋家事。

光緒十六年九月廿六日,劉秉璋致劉秉鈞家書:介如(劉秉鈞)吾弟大人手足,接州八十暨八十一號信,知川四十九號去函猶未寄到。八月十三假滿,隨即力疾銷假,直至九月初一。年豐是居家居官之運氣,更森府試名次何如,怡官對親班輩相當,甚爲合宜。我捐直賑一萬三千,擬爲八官、述官(劉述之)、惠官(劉惠之)、元官(劉元之)各捐員外郎銜。蓋不准捐實官,若抵折扣捐銜之實銀,僅抵三成而已。望將八官是府學是外學暨冊年開來,述官先署正銜,照在家,望照錄一份寄來,以便請獎。蓋我即不圖獎,傅相(李鴻章)亦不願白收,況以銜捐官仍可抵銀,不必白丟了。署中牯坪,淘氣是家常便飯。手泐敬問升安,兄頓首,茀堂均此。介卿致候太太,尤姨少奶奶暨兒女輩分別請安。問諸宅好。川五十號,九月廿六日。(劉聲木手稿《劉文莊公家書》)

◎圍生按:劉秉鈞,字介如,劉秉璋胞弟。此家書即劉秉璋任川督期間,寄給劉秉鈞的部分家信。由督署寄往無爲稱"川×號",由無爲寄四川督署者稱"州×號"。同治七年劉秉璋卸勇,舉家遷居安徽省無爲州。

又:更森、怡官、八官、茀堂等,均爲劉秉璋家族侄、甥輩。述官、惠官、元官:劉秉璋三子劉體信,字述之;四子劉體智,字惠(晦)之;五子劉體道,字元之。

光緒十六年十一月廿八日,劉秉璋致劉秉鈞家書:今日接州八十四號信,知川五十一號猶未遞到,諸宅平安爲慰。更森府前十可望入學。小考文字只要清不要混,貪長是所至囑。附上慰官(劉秉璋次子劉體仁,字慰之)過禮衣單,望在州費神做好,明年九月入贅張府(張樹聲府)。

此間亦望雨甚殷，署中平順，上月十一日得一女孫，不滿所望。
此問近安，兄頓首，冬月廿八日，川五十二號(劉聲木手稿《劉文莊
公家書》)。

　　◎圓生按："入贅張府"，指劉秉璋第二子劉體仁娶淮軍將
領張樹聲之女爲妻。

曾國荃卒，劉秉璋贈輓聯。

　　光緒十六年十月初二日，曾國荃卒，諡忠襄，贈太傅。劉秉璋贈
輓聯："能擒賊先能擒王，歷數千古英雄，威風冠絕麒麟閣；有難兄更
有難弟，痛煞兩江士庶，大星遽隕鳳凰台。"(《萇楚齋》509頁)

　　光緒十六年十月十四日，翁同龢致劉秉璋函：萬里江山，十州
將史，奔走低昂於使君之庭，年穀稔而盜賊除，訟獄衰而文風振，以
此爲樂，樂如何哉！

　　江南九帥(曾國荃)電傳星殞，繼此者更難卧護，亦大可慨。屢
驅少病，而志衰乃真是病，餘無足論。草草，敬候勛安不一。弟同
龢頓首。十月十四日。賢郎輩均吉。(《翁同龢集》427頁)

劉秉璋剿辦峨邊夷匪獲勝。

　　光緒十六年十一月初九日，劉秉璋奏剿辦峨邊夷匪獲勝片：
峨邊所轄夷民十三支，内有雅札一支爲最強，屢撫屢叛。本年八月
二十四日以後迭擾邊境，焚場擄人。參將定長自率制兵、土練由中
路而進。敵先放擂石，繼以弩箭。營兵奮勇當先，齊上山頂追剿。
斃敵首數名，毀兵棚四十二家，奪獲器械七十餘件，救出難民二十
余名。(《劉文莊公奏議》卷六，廿九頁。峨邊：四川中部，屬嘉定
府，今四川省峨邊彝族自治縣)

　　光緒十六年十一月十二日，公奏留游擊吳杰帶勇片：本年雷
波、峨邊彝民騷擾邊境，正值需用將才之際，適江蘇候補游擊吳杰
措資來川，臣稔知該游擊秉性忠勇，辦事認真，因飭峨邊帶隊，以期
剿撫得力。(《劉文莊公奏議》卷六，三十頁)

光緒十七年辛卯（1891）　六十六歲

　　大足教案漸就緒，計被毀三教堂、一公所、一醫館，教民被焚二百餘家，被殺十二命，共償恤銀五萬兩，分三年付清。十七年十二月初畫押。

　　光緒十七年正月初九日，署川東道張華奎致電總署：教案（指大足教案）漸就緒，本月二十一日開關。（《李鴻章全集》〔23〕154頁）

　　光緒十七年三月初十日，李鴻章復署川東道張（張華奎）函：川東教民之多，甲於他處，平日怙勢健訟，他省所無。平民重身家而畏官，長吏懼生事而袒教，不平之積，已非一朝，逮至釀成巨案，繩以官法，則就事論事，亦惟有殺傷者抵死，焚掠者賠償。今但擬歸罪教堂，歷舉從前各案，固屬有因。此次究因何事，非得教士不法確據，恐難折服其心，似不能以"事由自召，理無取償"八字斷定。秉公持正，該教士自不能有異言，此系地方官力所能辦，仲帥（劉秉璋）必以爲然。（《李鴻章全集》〔35〕194頁）

　　光緒十七年四月初六日，安徽蕪湖，江蘇丹陽、無錫、江陰等處相繼發生燒毀教堂之事。四月廿九日湖北廣濟發生武穴教案。（《光緒事典》221頁）

　　總署以各省教案迭出，請飭辦。諭曰：各國傳教載在條約，商民、教士各省當力衛其身家。乃者焚毀教堂同時並起，顯有匪徒布謠生事，各督撫其緝治之俾勿有所擾害。（《清代年表》917頁）

　　光緒十七年七月十七日，李鴻章致電川督劉（劉秉璋）并川東張道（張華奎）：彭教士訴冤稟已咨行驛遞，與道（張華奎）稟情節迥異，疑各有偏。與法使議，非另擇地、賠修費斷不能了。彭慮教民無人保護，官當力任。現各使在京哄爭。薛叔耘（薛福成）電：

法外部云,已約同英、德調兵自辦。沿江各案正拿匪、賠銀,不日均可結。川豈能獨支。(《李鴻章全集》〔23〕200頁。彭教士訴冤,指光緒十六年六月四川大足第三次教案)

光緒十七年七月廿五日,李鴻章致電川督劉(劉秉璋)并川東張道(張華奎):渝主教所商近情,議開五條:一、重慶所屬地方被殺教民十二人,應將凶犯按中國例抵償治罪。二、龍水鎮、馬跑場、强家壩教堂,教民被害之處應給賠款。三、被害逃難之教民應由地方官設法招回,並設法杜絕後患。四、龍水鎮已毀教堂不再建立,主教不願換給他處另修,允許不在此處蓋堂,惟須留此地基。重慶所屬,自指大足前案,凶犯本應治罪,教堂被毀、教民被害如何給賠,應查明詳細蹉磨。務由藹青(張華奎)速與照此議定,如能早結甚妙,何待黎君(黎庶昌)。(《李鴻章全集》〔23〕203頁)

光緒十七年七月廿七日,川督劉(劉秉璋)致電李鴻章:羅司鐸述主教之言甚平和,惟祈緝匪,餘易商量。但主教久病,俟病癒乃能定議。大足已換桂令,勒緝逸匪,必能盡力。(《李鴻章全集》〔23〕204頁)

光緒十七年八月廿三日,劉秉璋致電總署:川東張署道(張華奎)電稱,六次就商主教,舌敝唇焦,彼始允廢堂撤彭,恤款亦言明,俟緝獲要匪後絕不争論多寡。已將就緒。昨羅司鐸忽又言,主教已因病篤辭職,一切須新主教來始能定局。(《李鴻章全集》〔23〕216頁)

光緒十七年八月廿六日,李鴻章致電總署:倫敦來電,教案一節,歐洲各國不能再聽北京政府延宕不辦。(《李鴻章全集》〔23〕219頁)

光緒十七年九月廿四日,李鴻章致劉秉璋函:昨接八月廿三、廿七手書,敬審一一。大足案日久不了,法國李使(譯名李梅,光緒十三年至二十年任法國駐華公使)過晤謂白主教病退,有代辦教士可商,而張道(張華奎)故與磨難。頃邵小邨(邵友濂)自京回,謂孫萊山(孫毓汶)囑轉致敝處,寄語執事,暨藹青(張華奎)設法速結,勝於總署一紙書,且以張出示。各省將上諭照鈔出示,而川中獨不張貼,未知劉(劉秉璋)、張(張華奎)等是何意見。(劉聲木手稿《李文忠公尺牘》)

光緒十七年十一月廿五日,劉秉璋致電李鴻章:渝道(張華奎)來電,大足案已有成説,賠款五萬,余蠻子等五匪續緝,堂不再建。(《李鴻章全集》〔23〕245頁)

光緒十七年十二月初四日,署川東道張華奎致電總署:(大足)教案議結,初二已畫押。計被毀三教堂、一公所、一醫館,收養教民年餘,教民被焚二百餘家,被殺十二命,共給償恤銀五萬兩,分三年付清。較長江各案似尚不多。且允徐緝匪,免激巨變。廢教堂,撤司鐸,免貽後患。議結後,所有教民,司鐸,京控,省控各案一律註銷,免株累無辜。教堂肇釁之王、朱兩犯言明仍由官拿辦,輿情尚悦服。(《李鴻章全集》〔23〕249頁)

劉秉璋"懵然不知"鐵路於軍國商民之益,亦隨迂儒腐吏妄加訾議。

光緒十七年正月十六日,李鴻章致劉秉璋函:鐵路於軍國商民有益,執事懵然不知,乃亦隨迂儒腐吏之後妄加訾議,嘗慨中國無豪傑,其信然矣。興獻識力不定,此事獨爲士夫所撓,可爲太息。香濤(張之洞)專做空文字,亦非能任事者。盧漢之舉中止,關東之議未息,以待後之君子卒業而已。手此奉慰,復頌春祺,餘不一一,正月十六日。(劉聲木手稿《李文忠公尺牘》)

◎劉聲木注:張文襄(張之洞)請修鐵路。"盧漢之舉"即京漢鐵路,"關東之議"指中東鐵路。

光緒十七年三月十三日,命李鴻章爲中東鐵路督辦,四月中東鐵路動工興建。(《中國近代鐵路史》137頁)

劉秉璋夫人程氏逝世,回里安葬。

光緒十七年正月十六日,李鴻章致劉秉璋函:獻夫(劉汝翼)

送閱十一日電報,知親母夫人仙逝。暮年喪偶,內助乏人,不如意事常八九,傷悼何如。靈櫬當暫寄厝,待諸郎成立回鄉時再行扶送,尚希曠懷自玉爲幸。(劉聲木手稿《李文忠公尺牘》)

◎圃生按:親母夫人,指劉秉璋原配夫人程氏。貤贈中憲大夫(程)學勤之女,同治九年封一品誥命夫人,光緒十七年正月歿於四川督署,擬四月出殯,回里(無爲)安葬。

光緒十七年二月十二日,李鴻章致劉秉璋函:正月十六復函,並唁弟夫人之喪,計早到達。初七日奉上元手書,備述閫德柔嘉。老年失此賢助可勝悼歎。前具幛聯交獻夫(劉汝翼)寄呈,幸付達觀,以和天倪,至禱至禱。(劉聲木手稿《李文忠公尺牘》)

光緒十七年二月廿三日,劉秉璋致劉秉鈞家書:接八十六七號,並漏未填號之八十八號三函,具悉一一。接電信,子山午向,水口合法,想是長崗老莊房之左手山後,抑或黃宜人墓之右手山上,惜十八日信中並未説明。現已擇定六月初四申時浮厝,十一月初四丑時安葬(原注:十月廿九巳時動土),定於三月十七靈柩上船,十八開行。石卿爲送,又得錢榮山(錢玉興)同伴行走照料,有人路上似尚妥貼。石卿俟安葬後再回四川,省家中多得一人辦事。靈柩到無爲在船上多停幾日,緩緩赴山,或於莊房厝基旁搭棚暫停數日,以待浮厝之期,悉聽酌辦。(劉聲木手稿《劉文莊公家書》)

光緒十七年三月十六日,劉秉璋致劉秉鈞家書:十三日預渤川五十五號詳函交石卿携回,尚未動身(原注:十八開船),今晚接州八十九並九十號兩函,爲之稍慰。長崗莊房穴場想係在莊山之後,面是以坐子朝午,決計無疑,今早發電以慰怨念。又慮蕪局(蕪湖鹽局)混帳,竟出腳力二千(原注:爲先蓋莊房則諸事順手)。靈柩不必入城開吊,已囑石卿,多雇紅船一條,泊於靈柩船旁。家中先一日祭奠,次日戚友祭奠者即在紅船上,作客廳亦頗去得。餘詳五十五號信中,此不多瀆,即頌升安。兄手渤三月十六日燈下,川五十六號。(劉聲木手稿《劉文莊公家書》)

光緒十七年四月十七日,劉秉璋致劉秉鈞家書:前作川五十六號信復州八十九暨九十號信,計此時或猶未到。接石卿蕪湖來電,已於十二日進裕溪,計十三四日可到州城。厝葬各事弟與兩甥料理,兄亦無庸記掛,惟莊基坐乙朝辛何以新遷能坐子向午,似是莊之右手山上矣。能繪一圖寄示更放心。照堪輿先生説帖,羅城周密,定可用得,蓋山龍最忌凹風也。(劉聲木手稿《劉文莊公家書》。裕溪:安徽東部,蕪湖以北,屬和州府,今蕪湖市裕溪口鎮)

光緒十七年五月十七日,李鴻章致劉秉璋函:親家太太(劉秉璋夫人程氏)靈櫬計期早抵無爲,卜葬已定期否。(劉聲木手稿《李文忠公尺牘》)

光緒十七年六月初三日,劉秉璋致劉秉鈞家書:發川五十七號後連接州九十二三號信,具悉一一。墳事悉由吾弟酌辦,不過多費些心耳。河下無水,靈柩起旱未免多一番費事,石卿更勞矣。(劉聲木手稿《劉文莊公家書》)

光緒十七年六月初八日,劉秉璋致劉秉鈞家書:太太靈柩已厝,務望覓佃看守,安葬後乃可放心。(劉聲木手稿《劉文莊公家書》)

光緒十七年十二月廿五日,劉秉璋致劉秉鈞家書:昨接州一百一號信,知川字六十四五六號猶未遞到就譙,動定咸宜,諸宅平安慰之。太太墳事已畢,感歎交并。西園(楊岐珍)寄來之物,均請吾弟留用(原注:此間甚多),不必寄川。各處祭幛留家中應酬人情,亦不必寄。誠厚堂事,吾弟可往函辦之,此間亦作函爲説。(劉聲木手稿《劉文莊公家書》)

劉秉璋朋僚、子弟之進退。

光緒十七年正月十六日,李鴻章致劉秉璋函:汪鑑等請補道員後加二品銜,此係勞績保案而非捐賑例也。藹卿(張華奎)電稟廿一開關,頗合總署之意。內外保關道者甚多,即難遽得此席,他處或有望耳。(劉聲木手稿《李文忠公尺牘》)

光緒十七年正月廿二日,翁同龢致劉秉璋函:讀手箋,知去歲十月有帷帳之戚,雖德曜長健而朝雲渺然,內顧不無增感,幸善遣也。三川天下雄鎮,自古難治,吏偷而民囂,將驕而卒惰,淳淳汰之,百尺風潭,漸見其底,彼悠悠者真蟻蠓過眼耳,不足置論。衛藏(即西藏)事,剛柔兩難,通蔽皆病,況徒手而遍虎鬚哉!川中南顧滇,北顧隴,餉力實疲。關外舊欠,知煩擘畫,又有所謂冒頂者,無處不省,即駐防中亦有之,宜以時芟薙,想公深察也。便中望賜數字,仍與燮(孫家鼐)、頌(徐郙)兩兄同觀,以慰遠念。(《翁同龢集》431頁)

光緒十七年二月十二日,李鴻章致劉秉璋函:伊道開缺,覬覦孔多,藹卿(張華奎)資淺,未必能得綿力,無從扶助。宋祝三(宋慶)老健,一時尚難讓位,榮山(錢玉興)積資坐升固意中事。醇邸(醇親王奕譞)薨後,慶邸(慶親王奕劻)接辦一切,聖眷極隆。頃函稱嘉定守恩壽係其至戚,在任已久,政績卓然,囑轉致隨時培植。二月十二日。(劉聲木手稿《李文忠公尺牘》。嘉定:四川中部,嘉定府城,今樂山市)

光緒十七年三月廿七日,李鴻章致劉秉璋函:省三(劉銘傳)勇退可惜(原注:況賢臣補中軍行否),同鄉又少一人。復頌勛祺,三月廿七日。(劉聲木手稿《李文忠公尺牘》)

光緒十七年五月十七日,李鴻章致劉秉璋函:令郎葷獎案仍照部定,減成章為妥,已由獻夫(劉汝翼)劃補。兄四月十六出海,會閱海軍及各口炮臺,往返十八日,屢遇霧迷風暴,幸尚無恙。黎蒓齋(黎庶昌)資勞極深,洋務精熟,川東可資臂助,藹青(張華奎)未免觖望。江、皖、鄂教堂迭毀,適久旱不雨,人心惶惑。蜀中尚貼服,足見控馭有方。手肅布謝,即頌勛祺,五月十七日。(劉聲木手稿《李文忠公尺牘》)

光緒十七年八月初五日,李鴻章致劉秉璋函:大足教案頗為從旁著力。執事乃徇藹青(張華奎)硜硜立名之意,不為認真查究,藹青閱事未深,此等沽名亦甚無謂。川東雖失,永寧、建昌兩缺必得其一。前綿州張嵩生持孫燮臣(孫家鼐)、鹿滋軒(鹿傳麟)及乃翁寶卿觀察函來謁求援,恩詔爲請送部引見,既非直官直紳礙難措詞。執事爲本管上司,如原參冤,抑應援案昭雪。游子岱(游智開)參劾示威本不足信,丁文誠(丁寶楨)用人失實,亦非全不可用。寶卿窮老,流落蜀中情尤可憫。茲將孫、鹿、張三函附呈。聞張嵩生與錢玉興近鄰,曾令隨剿番軍,中爲徐道所阻,未能列保。現各省援恩詔請送引者紛紛,何爲固執成見,不一援手也。(劉聲木手稿《李文忠公尺牘》)

劉秉璋奏,楚省議咨川土加增稅厘,礙難照行。湖廣總督張之洞不察其中利病,以重慶開關,運土赴鄂,其稅每川土百觔,徵銀一百三十兩,比洋土尚多二十兩。川土之價僅抵洋土十成之三。勒令與洋土一律完納,已屬萬不能行,況復比洋土稅厘加增二十兩,事太離奇,川民駭愕。

川省地狹人滿,無田可墾,民力萬分拮据。辛苦墊隘於崎嶇山谷間,開種罌粟,澆灌收割,厘稅太重,難以行銷,成本不敷,勢必歇業,不爲餓殍即爲盜賊,無窮隱患。

光緒十七年二月,劉秉璋與成都將軍岐元合奏楚省議咨川土加增稅厘礙難照行疏:竊查川土(川產鴉片)行鄂,川省每百觔抽銀四兩八錢,行至鄂省亦抽四兩七錢。光緒十六年因總稅務司赫德,建議加抽土厘。在赫德之意,無非重徵內地土厘,使內地種烟無利,則洋土暢行。名爲利華,實則利洋。湖廣總督張之洞不察其中利病,運土赴鄂,其稅每川土百觔,徵銀一百三十兩,比洋土尚多二十兩。臣等竊查,關卡抽收稅厘,視貨物之貴賤定收數之多寡。川土之價僅抵洋土十成之三。勒令與洋土一律完納,已屬萬不能行,況復比洋土稅厘加增二十兩。事太離奇,川民駭愕。臣等受恩深重,若隱忍不言,上無以對君父,下亦無顏以對川民。

伏查川省地狹人滿,無田可墾,且地丁外加派津貼捐輸,每年一百數十萬掃數完納,民力萬分拮据。辛苦墊隘於崎嶇山谷間,開種罌粟,澆灌收割,其費用十倍於農田。厘稅太重,難以行銷,成本不敷,勢必歇業,不爲餓殍即爲盜賊,無窮隱患。張之洞未悉民隱,志在取盈,素以經濟自許,其操術似爲失當。(《劉文莊公奏議》卷七,四頁)

光緒十七年二月十二日,李鴻章致劉秉璋函:土藥一事,當不再爲楚氛(指來自湖廣總督張之洞一方"志在取盈,操術失當")所惑矣。爭舉額只是沽名,有何實際。進士人才有限,捐班、勞績略同,緣緣取士之法未備耳。(劉聲木手稿《李文忠公尺牘》)

光緒十七年三月,劉秉璋奏江楚兩省加抽川鹽厘錢請立限停止疏:竊查江楚兩省加抽川鹽江防、海防厘金,雖經戶部議,奉諭旨,允准自光緒十三年正月爲始一律停收。旋准兩湖督撫來咨以鄂省加抽川鹽厘金一款,尚難驟停,復請展限數月,仍與淮厘照常加收。查江楚陳請暫緩展期原只數月,今已展緩四年,若再不停,既無以取信於商人,而尤於餉款民生大有窒礙。思維再四,惟有懇請仍將江楚兩省加抽川鹽江防、海防厘錢奏請立限停止,以紓商力而顧餉源。(《劉文莊公奏議》卷七,七頁)

光緒十七年三月廿七日,李鴻章致劉秉璋函:月內連奉二月廿三、三月四日手書並鈔摺,敬悉一一。土藥加厘之事,萊山(孫毓汶)寫信赫德(Sir Robert Hart)條陳倡爲此論,樞、農、譯各堂群起附和,爲開利源之計。香濤(張之洞)內中消息甚靈,故請加稅百卅兩。萊山平日頗詆香帥,獨於此事針芥相合,毅然欲行。旁人謂須函詢北洋,惹出鄙人絕大議論,甚爲阻興。讀尊疏痛快淋漓,似與香濤有宿怨者。微覺火氣過重,未免不留香與萊公餘地,無怪其不合時宜矣。然爲民請命,大聲疾呼,分所應爾,或疑及鄙人幫訟所不恤也。部署經我等攪鬧,迄今會議未定,斷無初議之堅執,稅厘當少減輕,亦大局之幸。

都人函稱樞中擬及藹卿(張華奎)或可倖獲,前復慶邸(慶親王奕劻)函已答應結實,渠有函道謝,土厘非伊主持,僅在附和之列,然亦無獨持之實力,年終通函致敬亦妥調濟,其親家知固不易。(劉聲木手稿《李文忠公尺牘》)

光緒十七年五月十七日,李鴻章致劉秉璋函:崧錫侯(崧蕃)昨過津,謂樞部議減川土厘稅,能照鄙人前函之說,不日當見明文。禮(禮親王)、慶邸(慶親王奕劻)簽云,大疏爭之誠是,但火氣過重非睦鄰和衷之道,將來鄂帥(張之洞)若聞知,定訾其唐突也。錫侯(崧蕃)途中或得黔撫遺缺,計潘偉如(潘霨)一月假滿必即揭曉。(劉聲木手稿《李文忠公尺牘》)

光緒十七年六月初三日,劉秉璋致劉秉鈞家書:署中挵平,公事亦算撐過去(原注:與張之洞打官司幸打贏了)。(劉聲木手稿《劉文莊公家書》)

劉秉璋籌備重慶開關通商。

光緒十七年二月初四日,劉秉璋奏重慶開關通商疏:此次新關創始,亟應分派委員,調選書史,招募各項差役丁壯,分撥關署設卡,各司其事。凡員役薪水工食,應修碼頭、跳板船、巡哨炮船、查河划船、渡江紅船並三卡辦公之所,修整房間、置備器具,皆係必不可少之件,即有必不能省之需。

臣查重慶商務大致與宜昌關相符,應用款目即與宜昌關相同。該道參酌宜昌關成案,所定月支經費較之宜昌關,實屬有減無增。仰懇天恩,敕下總理各國事務衙門,會同戶部核覆,再查宜昌關開辦伊始,一切經費先在鹽局提用。此次重慶關開支經費亦請在重慶鹽局暫行提撥。俟一年後,稅收暢旺,即於關稅項下開支,並將提撥鹽局之款照數歸還。各清各款,以免牽混。(《劉文莊公奏議》卷七,三頁)

光緒十七年三月十七日,李鴻章致電劉秉璋:重慶通商現已將續約照知各國,凡洋商前往貿易納稅等事,均照英商辦理。(《李鴻章全集》[23]172頁)

光緒十七年八月初六日，劉秉璋致電李鴻章：藹青（張華奎）請開重慶招商局，甚切事理。祈電飭杏蓀（盛宣懷）等及早以民船開辦，生意必遠勝於宜昌。（《李鴻章全集》〔23〕208頁）

劉秉璋家事。

光緒十七年二月廿三日，劉秉璋致劉秉鈞家書：運氣不佳時有駁雜事，心緒紛亂。告歸須待明年夏（原注：今年要辦科場，改於明春閱兵），亦不知能否如願。吾弟亦是六十以上之人，事多心煩，我頗怨念。諸望一面辦事，事辦過須使此心稍閒，不可過思。荊堂生子，取名彭年更好。孫小姐有喜，我心甚慰（原注：多服太山磐石散，並吃燕菜四五斤），達生編上所說保胎穩子道理絲毫不錯，子孫貴重之家，務須敬謹遵循。更森入學與八官同赴鄉試，吾弟與荊堂可抽一人送考。太太存荊堂處之款，我擬以一股給孫小姐爲遺念，以二股再分作三，兩內侄得二，慰官五姊妹共得一爲遺念（原注：當開細單交石卿帶回）。箱籠中所餘現銀千餘，已給七官少奶奶矣，大姐建壇是我分内之事，以息金爲之已屬毫不費力，何謙讓之有。一切俟石卿動身到家，自可面詢。

署中淘氣事時時有之，我亦真不耐煩。衙門本是是非門，勢不能不管是非事，招怨、焦心、動氣皆於自己毫無關涉，真是冤極。然使裝聾作啞，必鬧得不成事，我仍無好下場處。公牘之暇惟以看書消遣，每日游園片刻，不能如太太在時，尚有上房走來走去，益睹物思人，每走一次，即不免傷懷也。手泐敬問升祉，兄頓首。二月廿三日，川五十四號。

老莊房面西北，今子山午向，故知是莊房後山也。八小姐殤逝固難忘情，好在汪姨太太尚可生育，八官已漸成立，怡官茁壯，此可娛情。（劉聲木手稿《劉文莊公家書》）

◎圈生按：太太，指劉秉璋夫人程氏；大姐，指劉秉璋長姐，適太學生程鵬，前卒。

光緒十七年四月十七日，劉秉璋致劉秉鈞家書：署中無事，蜀中頗望雨。兄便血症時發時止，發亦不重，似無大礙。八官執照未到，仍以附生起文坐官號應試科考(原注：由川送考亦可)，若得頭二等，免得錄遺，亦自簡便，院試計已過，更森、芹喜實所盼望。周老朋友欲以抱孫送川，太無道理，亦太不情。衙門吃閑飯是陷人坑，營混子更是陷人瀰坑。

已爲直夫打絪二千生四厘息，家收租百餘石，適去修金二百六，全供家用，猶有不足。都由没成算，自己濫用，專圖朋友之惠，未免愈老愈顛倒矣。楊老先生之子亦要來川，作函止之，望即送去，此間實無好處。望向其開具年貌三代，我或爲捐或爲保，終以不來爲妥，蓋不來而保官，不更便宜乎？手泐敬頌升安，兄頓首。四月十七日，川五十五號。萊堂不另，石卿道辛苦。(劉聲木手稿《劉文莊公家書》)

光緒十七年五月十七日，李鴻章致劉秉璋函：威海衛舟次奉三月十五日手書，五月初三回津晤錢榮山(錢玉興)細詢起居，一切迺以明正。賤辰過蒙摯念，寵錫多儀，情文周到，浣讀華翰，感愧曷任。蜀中諸將領復公釀厚禮，尤令跼蹐不寧。自覺苟活人間，百般苦趣，遍告親友，勿循稱觴俗例，而公竟率先破費，能毋顏汗耶。尊患便血之症，總須設法醫痊，老年何堪此漏卮。(劉聲木手稿《李文忠公尺牘》)

光緒十七年六月初三日，劉秉璋致劉秉鈞家書：恒齋之子已到，只好留住署中再爲想法，大約須交靄卿(張華奎)，蓋現有缺出，靄卿可補也。更森入學可喜之甚，但須努力加功，勿作三等秀才。怡官老親做親，甚爲相當。孫小姐遺念何足辭(原注：程氏兄弟之疑須費心妥辦)。

我便血時發，或不大爲害，看來已成老病，恐難斷根。八官進場務囑其勿與同官號諸君多打交道，有損無益。文章但須條暢，即不絶望，更新之中式並無佳文。二、三場勿太潦草，若科考二等可免餘遺亦是好事。接津電，大少奶奶痰厥而逝，爲之悵然。手泐敬問升安，諸惟靄察，兄頓首。川五十八號，六月初三日。(劉聲木手

稿《劉文莊公家書》)

◎圍生按：程氏兄弟，劉秉璋夫人程氏族人。

光緒十七年六月初八日，劉秉璋致劉秉鈞家書：初三日發川五十八號信後旋接州九十四號信，具悉一一。家鄉旱象已成，幸米價未昂。州中水鄉較安於盧、合(盧州、合肥)，惟佃户若不能種旱糧，則明歲且有抛著之患。川省各屬間有少雨者而米價驟昂，合之吾鄉每升五十餘文，真可慮也。

孫小姐得男，爲之稱慰。鍾先生不錯，仍可延請。我命七官將所讀之文開題目寄回照讀，更森亦可讀也。小楷可臨所寄《訓子篇》，乃周克夫所寫，時下翰林字不過如此，勿輕視之。詩文已閱，均有長進。此事貴有狠勁，尤貴有長勁，久而不懈自必見功。此間無可言者，手此敬問升安，兄拜泐。六月初八日，川五十九號復州九十四號。(劉聲木手稿《劉文莊公家書》)

光緒十七年八月初五日，李鴻章致劉秉璋函：六弟婦遠道入川，竟罹血疾歿於金陵，方兒(李經方)應守制期年，迺蒙特恩賞假，穿孝百日，仍令回任，未敢固辭，秋節前起程内渡，擬令扶櫬歸里，料理喪葬，畢後再行出山。手復順頌秋福，不一不一。八月初五日。(劉聲木手稿《李文忠公尺牘》)

◎圍生按：六弟婦，指李鴻章六弟李昭慶夫人，即李經方之生母，故"應守制期年"。李經方娶劉秉璋之女，劉體乾娶李昭慶之女，劉、李姻親以此爲要。

光緒十七年九月十六日，劉秉璋致劉秉鈞家書：接州九十七號信，知川六十號、六十一號兩函猶未遞到就譖，四宅平適爲祝。吾弟病後體虛，宜常服補劑。此間購有吉林參，其價甚廉，而貨色不差，比金陵之價計不過十中之一，是以由信局加脚力期早遞到，計八兩一錢，另有帳單。四川淡茸甚賤(原注：不過回換)，乃麛茸也，如合用當再設法寄來。冬季可吃鱘魚肚子，暄送我亦多存者。

蕃侄(劉體蕃，劉秉鈞之子)與更森計已到家，若能中式亦我所最喜。潘兄之第二侄,名穀孫者(疑爲劉大綵一支)北闈中式,可見我家風水本不錯,惜無恒心用功之人耳。日内江南榜發,此間亦有電傳題名録,可先睹也。昨石卿有信,脚氣已痊,慰甚。大嫂年七十六,可能老壽,然翼侄(劉汝翼)正盼陞官,有此蹲蹬,爲之惜然,此間命兒輩於佛寺戒服諷經三日,禮爲士大夫家所當講究也。

兄便血之症時止時發,發亦不重,此是養老病,只可聽其自然。石卿囑匯二千至揚,已交蔚豐厚,定於十月内匯到。翼侄(劉汝翼)計將抵里,我寄天津一函,恐未接着(原注:函中言古塘附近,彼有莊山,曾偕楊約齋看過,楊云是虛寓,若因虛寓則只可做底板,如浮厝法不可開金井)。手此敬問痊安,兄頓首。九月十六日,川六十二號。(劉聲木手稿《劉文莊公家書》)

◎圍生按:大嫂,指劉秉璋長兄劉贊之遺孀,劉汝翼之母。舊制,父母年過八十,必須開缺終養,故"翼侄正盼陞官,有此蹲蹬,爲之惜然"。

光緒十七年九月廿四日,李鴻章致劉秉璋函:蒓齋(黎庶昌,繼任川東道)何時抵任,能速辦結否? 方兒到籍治喪,冬月秒假滿,擬即赴差。獻夫(劉汝翼)又奉母諱,尊府家運近頗不順。鐵路款已將解到,謝謝。肥鄉(合肥)旱荒,長江多故,南望增憂。川中秋收尚稔長。少白(長庚)函當即緘復。汪小潭(汪鑑)開缺何往,日内已奏保二品頂戴矣。匆匆復頌勛祺,餘不一一。九月廿四日。(劉聲木手稿《李文忠公尺牘》)

光緒十七年十月十四日,劉秉璋致劉秉鈞家書:九月十六日作川六十二號,復州九十七號後(原注:吉林參八兩已由銀號寄蕪湖,當已送州),昨接九月初三州九十八號信,具悉一一。所寄閣作,大致清暢,從此加功,何可限量。體蕃(劉體蕃)約抵我十七八時,更森約抵我十七時,精進不已,自有做到之日。我之功夫始終不懈,今六十六矣猶每日以課程看書(原注:世間有味之事無過於書),可舉勉若輩也。黄佳恒不通童生,以早改行學生意爲正辦,彼若來纏,酌幫二三十金可矣。

吾弟病後宜善自調養,補不宜峻,却不可間斷,久則有效,汪姨奶奶有喜,爲之甚慰。此間馬步射已畢,明日看技勇,大約六日可完。精力尚健,而淘氣事多,真不耐煩,恨不能插翅歸也。手泐敬問升安,兄頓首,兩甥暨獻夫不另。十月十四日,川六十三號。

維開侄媳有信告靠,望酌量周濟,出我賬。蕃(劉體蕃)、森課程另開。(劉聲木手稿《劉文莊公家書》)

光緒十七年十一月十八日,劉秉璋致劉秉鈞家書:接州九十九號信,知川六十二三號兩函猶未遞到,敬維身體老健,各廑平安,慰如所祝。太太安葬事想已妥帖,石甥諒已回州。年過六旬當常服補劑,不可間斷。吉林參如服完合式,仍可由京再購。屈計八官喜期已過,新婦必定賢淑,此一老年人得意之事。七官於十七日寅刻得一孫男,名之曰增福,此亦否運去而泰運交之機也。

作文之法前已言之,所應讀之文,七官已寄去,望照課用功看,匯參緊要數章,看完接看《綱鑑》、正史,約平日(須)經常先連小注看一遍,再讀二遍,不拘乎背熟,期於懂而能用,更森亦然。手此數項年禧,兄拜泐,兩甥均此。獻夫(劉汝翼)已抵里料理葬事,期於平妥爲要,亦不另函。冬月十八日,川六十四號。(劉聲木手稿《劉文莊公家書》)

光緒十七年十二月廿五日,劉秉璋致劉秉鈞家書:新婦須常服滋補之物(原注:桂圓、蓮心、紅棗、百合、山葯之類)。幸而有身,除服泰山磐石散外,仍服燕菜每日三錢。水漲船高,不能仍照窮時辦法無如何也。

石甥來時但須將紅格本子、字典、《篹詁》十本帶來耳。手泐敬賀新禧,即頌升安,兄頓首。嘉平廿五日,川六十七號。大太太厝基是否仍係長兄(劉贇)之厝基,獻侄,蕃、石甥均不另。(劉聲木手稿《劉文莊公家書》)

劉秉璋請免再裁減一成勇營。因四川馬、雷、峨、越盡屬番夷,松、理、敍、寧界連草地,幅員萬里,聚衆出擾,無歲不有。光緒十七年,川東夔州府屬開、萬等縣匪徒崔英河捏造謠言,煽惑民心,暗糾匪黨,謀爲不軌。茂州土匪何三木匠等倚山爲巢,糾衆擄劫,拒敵官兵,山谷險阻,匪徒出沒無常,此拿彼竄。雲南祿勸、元謀滇匪爲亂,與川省僅隔金沙一江。青海玉樹德爾格土司欺凌搕索。制兵不敷調派,一旦有事,倉猝招募,勢難得力。故勇數不但求足,且求精壯。請免予再減一成,川民幸甚。

光緒十七年二月廿五日,劉秉璋奏滇匪爲亂添募營勇防邊片:傳聞雲南元謀縣知縣傅炳墀被匪戕斃,祿勸縣知縣之眷屬全行遇害。祿勸、元謀兩縣與川省寧遠府僅隔金沙一江,青海深恐會匪竄川爲患。當即批令該鎮(建昌)暫行募勇一營,協同兵團分駐要隘,毋令竄入,一俟滇匪蕩平,所募之營即令遣散。(《劉文莊公奏議》卷七,六頁。元謀、祿勸:雲南北部,屬武定州,今元謀縣、祿勸彝族苗族自治縣)

光緒十七年七月,劉秉璋與成都將軍岐元合奏派員查玉樹番控德爾格土司案疏:青海辦事大臣薩凌阿具奏玉樹番衆迭控川屬之德爾格土司欺凌搕索一案。奉諭旨敕下成都將軍、四川總督、駐藏大臣遴選妥員,確切查明,分別懲治,以弭後患。

臣等當即咨商青海大臣,由川甘兩省各派委員,約於德格玉樹適中之地帶,所轄番族,彼此資訊,以期迅速清結。惟查辦玉樹、德格之案,距打箭爐廳較遠,其中十餘站寂無人烟,須由各土司地界經過,所有應用賞需、行糧應先籌備數月,跟隨駝運以供支用。且該處天氣陰寒,時逾八月,冰雪堅凝,弁兵備帶鳥槍火藥潮濕不堪應用,請先發給銀三千兩,以備賞需、腳價、口食之用。並請照發洋槍五十杆,銅帽五千出,以期有備無患。

再查川屬之被告德爾格土司,地處邊荒,性悍勢强,誠恐恃橫不遵,轉虞束手有失體制,而弁兵與番族言語不通,必難得力,不若暫募瞻地番卒百名,通言語而耐勞苦,每日每名僅給口食銀八分,亦可節省餉需,一俟案結即行撤遣。(《劉文莊公奏議》卷七,十二頁。玉樹：青海南部，巴顏喀拉山南麓，屬玉樹一司、二司、三司等"玉樹四十族"地區，今玉樹布、治多縣、曲麻萊縣一帶；德爾格：四川西北部，金沙江上游，屬雅州府，今德格縣；打箭爐廳：四川中部，屬雅州府，今康定縣）

◎圍生按："德爾格土司欺凌搕索"，案情不詳，至光緒二十年三月十九日清結。

光緒十七年九月十五日，劉秉璋奏平萬縣叛匪疏：川東夔州府屬開、萬等縣與兩湖交界，山深林密，最易藏奸。本年五月初間，有匪徒崔英河等捏造謠言，煽惑民心，暗糾匪黨，謀爲不軌。該縣選派兵役往拿，於初九日先後捕獲逆匪張渼恩等。並起獲僞示多張，訊明實係崔英河起意謀叛，張渼恩等同謀內應，欲襲縣城。據稟報，距縣城七十里之小舟溪地方，於是夜四更後被匪多人將電杆砍斷六根，砍壞二十餘根。該兵役拿獲執旗杆匪三名，奪獲大小旗幟刀矛二十餘件，追獲匪首羅二憘。據供謀反定於五月十一日寅時，入城會合起事。因首逆崔英河未獲，人心惶恐。

臣與兩司接電後，當即電飭將已捕獲之張渼恩等七犯先行正法，就近檄調管帶方玉興率領兵勇馳赴該縣彈壓。於是月十四日跟蹤追至開縣長嶺杠地方，將首逆崔英河拿獲梟示以昭，地方現已一律安靜。（《劉文莊公奏議》卷七，十四頁。開縣、萬縣：四川東部，屬夔州府，今重慶市開州區、萬州區）

光緒十七年九月廿四日，翁同龢致劉秉璋函：久未奉狀，惟起居安和，西南邊徼，亦已晏然。籌筆勤勞，輕裘整暇，兩者均深欽佩。公牘文字，或瑣或鉅，或觝同，不復敍述。賢郎回署否，極念，極念。

弟衰病如恒，耳聾累月，深秋始愈。官事只知畫諾，并無坐嘯之暇，幸北地年谷順成，民氣稍蘇。孫（孫家鼐）、徐（徐郙）兩兄不時晤聚，餘不贅述，專請勛安。世愚弟翁同龢頓首。（《翁同龢集》434 頁）

光緒十七年十月十三日，劉秉璋奏酌擬籌餉辦法疏：蜀處邊陲,不同他省,馬、雷、峨、越盡屬番地,松、理、敍、寧界連草地,幅員萬里,聚衆出擾,無歲不有。制兵不敷調派,必須輔以勇營,早年養勇四五萬,光緒三年以後大加裁撤,只留一萬二千九百餘名。光緒七年奉上諭又減一成,現僅存勇一萬一千餘名。東馳西駐,實不敷調遣,故勇數不但求足,且求精壯。今若複加裁汰,一旦有事,倉猝招募,勢難得力。請免予再減一成,川民幸甚。(《劉文莊公奏議》卷七,十五頁。馬、雷、峨、越,即馬邊、雷波、峨洛、越嶲;松、理、敍、寧:即松潘、理塘、敍永、寧遠等廳。均爲四川省邊遠地區)

　　光緒十七年十二月廿九日,劉秉璋奏平茂州土匪疏:川省茂州、安縣、石泉、綿竹等處,地界毗連,山谷險阻,匪徒出没無常,往往此拿彼竄。於光緒十七年十一月初五日,首匪何三木匠等糾合數百人突由茂州擾踞石泉、安縣交界之千佛山,擄人劫物,踞聚不散。臣檄飭現署提督重慶鎮總兵錢玉興督隊前往剿辦。何三木匠等倚山爲巢,糾衆擄劫,拒敵官兵,叛踪已著。今幸一鼓蕩平,一律肅清。(《劉文莊公奏議》卷七,二十頁。茂州、安縣、石泉、綿竹,四川北部,分屬茂州、綿州、龍安府,今四川省茂縣、綿陽市安州區、北川羌族自治縣、綿竹市)

劉秉璋請蜀漢鎮東將軍趙雲列入國家祀典。

　　光緒十七年五月,劉秉璋奏請蜀漢順平侯趙雲列入祀典疏:大邑縣城東三里,地名銀屏山,有蜀漢鎮東將軍追謚順平侯趙雲字子龍墓。忠扶漢室,勇懾強鄰,偉烈豐功,焜耀漢史,瘞骨兹山,幾二千載。咸豐十一年六月,滇匪何逆圍攻縣城,經前提督胡中和率湘果營勇由崇慶來援,路遇鄉兵一隊,旗書趙字,導其前驅,遂獲大勝,城圍立解。又稱每遇水旱偏災,祈禱輒應,士民感悚,歷久彌深。伏查嘉慶二十年,前督臣常明以蜀漢桓侯張飛祠墓在閬中縣靈迹素著,題請列入該處祀典,經部議准在案。今蜀漢順平侯趙雲靈應昭著,與准入祀典之蜀漢桓侯張飛,事同一律。呈請援案,准將大邑縣屬銀屏山趙雲之墓,列入祀典,由地方官春秋致祭,以彰

崇報,而順輿情。(《劉文莊公奏議》卷七,九頁)

劉秉璋奏,近年外洋收買制錢銷毀成銅,轉售民間。今滇省以極貴之商價買會理州通安銅廠六成之銅斤。川滇價值懸殊,商人惟利是趨,孰肯捨多就少。恐川省四成官銅,久將無銅可買,致寶川局不能開鑄,每年應發旗、綠各營餉錢數萬釧,無項給發。

光緒十七年七月,劉秉璋奏寧遠府屬通安廠銅斤請照原奏川滇分買疏:四川會理州銅廠皆在通安各土司地,該廠銅斤向以六成通商,點化白銅行銷各省。近年外洋收買制錢銷毀成銅,轉售民間,致該廠白銅不能行銷,廠民歇業,四川銅課因而短絀。

今滇省以礦務局極貴之商價買通安廠六成之銅斤,同係一廠所產,川滇價值懸殊,商人惟利是趨,孰肯舍多就少。日引月長,難免透漏,恐川省四成官銅,徒有其名,久將無銅可買,致寶川局不能開鑄,每年應發旗、綠各營餉錢數萬釧,無項給發。惟有詳乞奏明,川銅例價與滇局商價懸殊太甚。一旦停鑄,勢必紛紛索欠,無辭以對,甚屬可虞。

原奏指明,川省別廠之銅,滇局不得添價併買。川省所開各子廠,滇局不得侵占。劃清界限,各照奏定章程辦理,則有裨京運,無損川鑄,實爲並顧兼籌之道。(《劉文莊公奏議》卷七,十頁。寧遠府會理州通安鎮:四川省南端,近雲南邊界,今西昌市會理縣通安鎮)

中英定亞東爲藏印邊界通商地。

光緒十七年十二月初五日,定亞東互市爲藏印邊界通商地。(《光緒事典》228頁。亞東,西藏南端,與印度、不丹、哲孟雄毗鄰,是西藏通往南亞的通商衢道,今亞東縣)

光緒十八年壬辰(1892)　六十七歲

劉秉璋賀李鴻章七十壽辰,贈壽聯。

光緒十八年正月初五日,李鴻章七十壽辰,將吏雲集。劉秉璋贈壽聯:"南平吳越,北定燕齊,二十年前人羨黑頭宰相;西輯歐洲,東綏瀛海,三萬里外,共推黃髮元勳。"(《葑楚齋》509頁)

光緒十八年正月十五日,李鴻章致劉秉璋函:除日奉騰初手書敬審頤福多綏,孫枝秀擢欣慰。曷任晚歲多男,茁壯已屬難事,抱孫更早,後福無涯。鄙人已有六孫,去冬病中夭折其最小者。正月六日幼子經進將十六歲,暴疾而殤。苦乏意興,適逢正壽,賀客盈門,尤非佳讖,然素性豁達,視之泊如也。今春無陵差,藉淂休息,老馬戀棧,衣錦夜行,殊自笑自疚也。手此復頌春禧,不一不一,正月望日。(劉聲木手稿《李文忠公尺牘》)

四川大足縣教案議結。

光緒十八年正月,四川總督劉秉璋奏:四川大足縣教案現已議結。辦匪四名,恤銀五萬。(《清實錄》〔56〕5頁)

光緒十八年正月十五日,李鴻章致劉秉璋函:大足教案,藹卿(張華奎)竟能妥結,賠款頗少,能者固不可測。(劉聲木手稿《李文忠公尺牘》)。

光緒十八年八月,劉秉璋奏剿辦大足教案逸匪疏,上年大足縣匪余蠻子、余翠坪等,打毀龍水鎮等處教堂並教民房屋,率眾踞聚。銅梁匪徒劉義和,勾串余翠坪等,糾匪二百餘名,在銅梁搶劫教民唐明興家。旋復至大足甕溪場,搶劫教民桂應宗家。大足署令桂天培自募勇丁,督同員弁紳團共百餘人跟蹤拿捕,該匪等膽敢麾眾出場,架列大炮抬槍抵拒,情同叛逆,桂天培督勇奮力鏖戰。

伏思大足教案迭興,皆由民教不和,匪徒即以打教爲名,哄誘紳團與之聯爲一氣，故從前辦理殊多牽礙。自前署川東道張華奎剴切出示，曉諭紳團，不使庇匪。現任黎庶昌亦力主此議，大足縣署令桂天培到任以來，聯絡紳團官民一氣，故此次匪首糾衆打教搶劫，紳團無一助逆者。

再，正拜摺間，接川東道黎庶昌電報，逸匪劉義和已經銅梁縣弋獲，一俟訊取確供，當即從嚴懲辦。（《劉文莊公奏議》卷七，三十四頁）

劉秉璋家事。

光緒十八年正月十五日，劉秉璋致劉秉鈞家書：介如吾弟大人新禧，去臘廿五日川六十七號計正月底可到。邇維諸宅平安，可慰遠念。此間公私平適，寅生孫（劉寅生：劉體乾長子，劉秉璋之長孫）茁壯，孫女解語逗人嬉笑。昨夜夢先二叔（劉友家）向我索官索錢，記得我曾爲請虵封，望查誥軸。若未請則現在覃恩可請虵封，抑或爲元兒（劉體道，字元之）捐封虵贈嗣祖（原注：前此捐照填二叔籍貫）。三河道遠，望叔嬸合一主爲主神主，下書"嗣孫體道奉祀"，則歲時四祭，得與於享。夢雖杳渺，要亦情理所當盡。

昨接鴻開信，似是慧香之孫，其夫婦均已物故，兒子亦逝，只有孤孫。此亦可見不孝不友之人無甚好處。原信附呈，望於年例酌量周濟。大太太已厝定邇□，曾否得有吉兆念念。記得去年曾函囑獻夫於外孫小姐出閣時爲我代送添箱女，因吉期改遲未送，我須守信補送也（原注：聞吉期改定今年三月廿四）。兩宅與兩甥均此諄囑，子弟以認真讀書爲要。此頌升安，兄手泐，上元日，川六十八號。石卿未動身否，我擬夏間告退，今年不閱兵矣。（劉聲木手稿《劉文莊公家書》）

◎園生按：劉秉璋祖父劉大德得子稍遲，以其兄劉大綵之子劉世家爲嗣，劉世家生劉秉璋。"先二叔"指劉大綵次子，劉世家之弟劉友家。《宮保公行狀》載"友家公無後，劉秉璋命體道爲之後"，作爲"嗣孫"奉祀。劉體道，字元之，劉秉璋第五子。

又：貤封、貤贈：清制，以所應得的誥封，呈請改授先祖及叔伯或外家謂貤封，婦人稱貤贈。

光緒十八年三月廿八日，李鴻章致劉秉璋函：昨奉上巳手書，敬悉履候，勝長爲慰。獻夫(劉汝翼)回籍後，聞葬地尚未卜定，何時窀穸告成，尚望北來相助。前以長孫女于歸，尚蒙代致奩資，曷任感謝，業於廿四日由伊母送京遣嫁成禮矣。(劉聲木手稿《李文忠公尺牘》)

光緒十八年六月十三日，劉秉璋致劉秉鈞家書：寄來十七年賬單已照錄登簿(原注：内有鹽捐千數百兩，已於收數内剔除，而總數内又併入付數，自量一時誤記)。鹽捐部議可照現在減成例價請獎實官(原注：七官、慰官均有實官，大抵官未捐定，只捐至雙月爲止，則改捐不吃虧)，望將家中鹽捐湊爲八官捐雙月員外郎(原注：部章另紙，餘請照辦，川省鹽商可以八折賣捐於人，可以移獎，則更便宜)。(劉聲木手稿《劉文莊公家書》)

光緒十八年閏六月廿七日，劉秉璋致劉秉鈞家書：八少奶奶有喜，每月須服泰山磐石散十帖，到八個月改服十三太保亦每月十帖，每日可服燕菜三錢。須令其常常行動，處富貴境欲復照窮時辦法勢不能也。

三樂堂租事如不欲多管，須呈請由孫派正紳管理，當年曾報院司有案，今亦當由孫詳報，索性不再問。歲考勞勞，我故勸弗堂爲捐雙月同知也，西票事昨晚已囑蔚豐厚徑電揚號轉告蕙滋，銀須匯到再用，計亦不難騰挪。獻侄(劉汝翼)正在州買田，東門自宜停讓，廬界有田仍可買之，票事簡易究不及田地可靠。此間年成大好，瘟疫盛行，省城故者一二萬，通省計之恐不止十萬，無術挽回，瀰自愧憷。署中清平無事，李石山到後，山已改堆有樣否(原注：貴靈秀，不貴拙實)。手沨敬請升安，兄頓首。閏月廿七日，川七十四號。(劉聲木手稿《劉文莊公家書》)

◎園生按：三樂堂，劉秉璋、吳長慶、王占魁共同集資在家鄉廬江辦的學堂。(《宮保公行狀》)

光緒十八年九月初八日，劉秉璋致劉秉鈞家書：七官携眷與慰兄仍定於十九日動身，約計十月下旬可到，望將第七進上房前後窗撐開數日，然後下窗，用蒼术、白芷、菖蒲多熏數日(原注：須人看守防火燭)，再開窗透氣，蓋此層已六年未住人矣。三樂堂已咨皖撫，推出前已抄稿寄閱。八少奶奶已六七個月，十三太保最宜，若受姙一兩個月仍以泰山磐石散爲好。家鄉醫生學問甚淺，不足信也。

大抵捐官未定，只捐雙月決不吃虧。蓋捐班京官，永無出路，而當差旅費十年計之可捐大八成矣。少年紈綺子孫到京是奇貨，必有人誘其爲非，有何識面可學。若欲學公事，何不早令到督撫署中住數年等，更森是我孫侄，我豈不真心爲好(原注：時光已過，功夫太早，我何必不真告)？奉勸捐同知或直隸州分發省，分到三十歲後再捐省候補，此是正辦。七官兄弟若不得科名，我亦決計爲捐外官也。手泐敬問升安，兄頓首，九月初八日，川七十七號。(劉聲木手稿《劉文莊公家書》)

光緒十八年十月廿八日，劉秉璋致劉秉鈞家書：十五日川七十八號信諒可先到，敬維起居迪吉，諸宅平安爲祝。兄近來便血增劇，幸眠、食如常，總須解組歸來，此心乃能放下。李石山猶未到，接體乾(劉體乾，字健之)廿四電，計廿五六日當可到家，渠輩讀書做人是我所最託掛者。途中之文大爲減色，亦足見其心之易放矣。手泐敬頌升安，兄頓首。十月廿八日，川七十九號。(劉聲木手稿《劉文莊公家書》)

光緒十八年十一月十三日，劉秉璋致劉秉鈞家書：上月廿八寄去川七十九號，旋接州百十七八兩號，敬悉諸宅平安慰甚。乾兒(劉體乾)輩到州後一切家用兄派一半，或月作一二百金添補，不必客氣，渠輩月費歸署中另寄，免勞精神(原注：若輩添衣暨孫男女添衣服之類皆在若輩另帳之内,不與家用相干),爲之瑣瑣。

圖書集成但有一部,可以校對,不難互相鈔補。此亦無用之書,尚未開卷,不過虛擅富有古書之名而已。我書百餘箱,我喜讀書,聊備子孫中有博雅敏悟而又好學者,有藏書可資查考耳。

李堆山到川又賞廿千,兼小家親兵,又爲補入練兵,口食甚優。照渠説來山竟堆得有致,我急欲到家玩玩。日來便血增劇,眠食如常,臘月再告,明正可開缺。手泐敬頌升安,即賀年禧,兄頓首。年底有賣花來者,祈買牡丹,將後園兩台補滿。十一月十三日,川八十號。述、惠、元兒,七小姐同即。(劉聲木手稿《劉文莊公家書》)

◎園生按:李堆山,疑與前函"李石山"爲同一人,堆山造園之工匠。

光緒十八年十二月十八日,劉秉璋致劉秉鈞家書:接州百十九暨百廿號信,知川七十八(原注:有課文)、七十九(原注:有課文)、八十號信猶未遞到就讅。新祺圖駿,諸宅吉祥,頌慰兼之。八少奶奶計已分娩得雄,大抵有身子後,女服泰山、太保兩方。男子須僅守達生篇之戒,免致老來望子望得眼穿,始悔恨不守法戒之誤,致有小産,並暗墜而已,追悔無及矣。

兩先生館事,前已説過,不必客氣。七、慰官讀書課程及行止言動,務望切實管教。渠輩在署日久,恐習慣衙門潤氣(原注:署中太嗇則不稱),意欲在家如在署中則斷斷不可。治家是子孫長久之法,子孫未必皆做官,更難做此潤官。若在家稍似署中,則其窮可立待也。譬如各人屋中只許給油燈,不許點燭,如偶爾須燭照亮,各房自備一二枝,不得取諸公中。又書房照例油燈,永不准點燭,古有書燈、青燈之語(原注:囊螢鑿壁又當別論),從無言點燭讀書者。古典言燭皆在官富貴潤事。燃燭讀書,我決其必不苦心,終於不通而已。舉此一端,他可類推。

獻夫(劉汝翼)所述張幼翁(張佩綸)雅意,我已專函,後至三告,計必得請,不待至四。其實即至四至五我亦必以得請而止。蓋不以爲官爲利爲福,直以官爲害爲禍也。

今年冬寒特甚,冰厚及尺,川中六七十歲老人皆未曾見。署中平適,寄語翼侄(劉汝翼),天下無不屑教誨之兒子,更壽已往之過,姑置勿論,當今其隨幼迂於書房設一坐,但温書看書,不必背書,所寫之字,幼迂爲之批評。願否作詩文亦聽其便,但須終日坐對正人(原注:指幼迂),終日看見聖賢所説之好話,暗中當有轉移。手泐敬頌新禧,即請升安,兄頓首。嘉平十八日,川八十一號。(劉聲木手稿《劉文莊公家書》)

劉秉璋朋僚、子弟之進退。

光緒十八年正月十五日,李鴻章致劉秉璋函:自崧錫侯(崧蕃)入覲,痛詆執事暴躁難與從事,故以同鄉素識易之。可見春倚尚隆,欲求如昔年卸勇閒居不可得矣。(劉聲木手稿《李文忠公尺牘》)。

光緒十八年三月十七日,劉秉璋謝賞福字疏。(《劉文莊公奏議》卷七,廿四頁)

光緒十八年三月廿八日,李鴻章致劉秉璋函:仰遽(龔照瑗)已過宜昌,計四月中下旬可抵省接篆。渠極誠厚可靠,惟情形過生,一切奉令承教,當無齟齬。新授川北道張成勛(字麟閣),刑部出身,政刑諳練,張青翁(張之萬)函囑轉致,將來到省幸飭履新,以試其能。品蓮(沈保靖)去冬假,旋有一去不返之意。曾密片渳雪,冀得一缺,渺無消息。其不合時宜可知老而愈窮困,而更介恐槁餓空山矣。何成鰲(何乘鰲)尚是健將,如能調署川東,可鎮浮囂。芝田(劉瑞芬)作古,吾皖遂無專坼,似潘(潘鼎新)、龔(龔照瑗)得氣猶早也。都人嘖嘖,議徐道春榮迎合招搖,未能認真襄理營務,以候選而參預機密本易招謗,祈密防以保全之。鄙狀怖平,懸車之年,夜行不休,蒿目可懼。復頌勛祺,不一不一,三月廿八日。(劉聲木手稿《李文忠公尺牘》)

光緒十八年六月初五日,李鴻章致劉秉璋函:月杪奉初九日手書,欣諦履祺佳暢。品蓮(沈保靖)稟請銷差,恐不復返,故欲獻夫(劉汝翼)復出,前管機局,上下交孚,居憂時不妨奏調。頃見伊致幼樵(張佩綸)書,葬事必須躬親,不欲重違仁孝。而品蓮次子赴引過津,謂若翁夏間可北來也。仰遽(龔照瑗)敦厚有餘,精明不足,當無掣肘之處。廣西試差宋某假歸,謂富順令官聲平常,而徐函囑幫岐將軍(岐元)奠分過優,只要紳民不上控可勿去任,甚至頌執事之察吏精嚴,每爲左右所誤。六郎(劉聲木注:六郎,張文襄,即張之洞)鐵政尚無就緒,斷無量移之日。壽文雖恭維鄙人,實以洋務自命替人,鄙事豈伊所能替,所能幫哉。貴部亦多淮將,試問誰可替者,雖不甚合時宜,究竟老羆當道。昨囑勿續假,徒惹閒氣,似有味乎其言之。復頌勛福,不一不一,六月初五日。(劉聲木手稿《李文忠公尺牘》)

　　光緒十八年十一月十六日,李鴻章致劉秉璋函:連接十月初六、十六日手書敬悉一一。琴軒(潘鼎新)天津建祠,各紳董詳請至再而後辦。辦則暢所欲言,足吐胸中塊壘,琴亦可瞑目矣。近日各省奏准建祠者,兩奉諭旨,收回成命,皆由將吏飾稟爲言者所糾。嘉(嘉興)、湖(湖州)之功與筱軒(吳長慶)合祠,名實相稱,但無聯名公稟,未便自我發端。昨浦東各屬紳士欲爲琴軒請建祠於奉賢,俟其稟到或併臚及嘉禾合祠耶,然無詳呈仍未敢屢瀆也。先君潛德幽光,藉仲復一言而闡發,此不肖孤所最愜心之事。中廟祠宇計須兩年後蕆役,屆時扁舟幅巾就便展拜爲幸。鄙人夜行不休,徒增望雲之痛而已。假滿仍擬詳呈,何決絕乃爾。聞樞廷前方擬以夔石(王文韶)作替人,懿旨未允,若再三告,似須斷送此官,既爲琴軒乞恩,又擬遺囑無求於人。是以卞頌臣(卞寶第)爲鑒,"儂今葬花人笑癡,它年葬儂知是誰",爲之發一大笑。惠人使期已滿,電旨調蕪湖道。楊儒赴召即是替人,藹卿(張華奎)無望,兄亦不妄作曹邱,無論新督何人,藹(張華奎)之才品必能自立,可勿過慮,原函附繳。

　　光緒十八年十一月廿七日,李鴻章致劉秉璋函:南皮閣老(張之洞)則又出鄙人意料之外矣。徐道閉門謝客早應如此。復長公(長庚)書何必奚落太過。前家信方怪我不勸阻,可知并非假言,或措語不盡切當耳。保丁(丁寶楨)乃受孫(孫家鼐)託,劾吳(吳棠)亦爲卞(卞寶第)率,揆厥由來尚可曲諒,至氣死芝田(劉瑞芬)之說,蒯禮卿(蒯光典)倡言之,似不可信。芝田海外歸來,病憊殊甚,粵中督權偏重積習已然。長公尚稍紆徐,惟不如執事之勇退,晚節亦殊可憂。此番口舌并未提及,亦可知其德量矣。成(都)、綿(州)道承厚懼爲密考所糾,幸留意。復頌歲禧匆匆,不一不一。冬月廿七夜。(劉聲木手稿《李文忠公尺牘》)

劉秉璋爲前江蘇候補道趙繼元鳴冤。

光緒十八年八月,劉秉璋奏已革前江蘇候補道趙繼元才力堪用疏:臣查前江蘇候補道趙繼元由翰林院庶吉士散館改部捐納道員,指分江蘇,到省後檄奉辦理江南籌防局務,諸臻妥協。嗣因前兵部尚書彭玉麟謂江防應用之款該局吝而不發,將趙繼元附片奏參革職在案。伏查各省局員支發防餉,總以奉到督撫批檄爲憑;各省疆吏籌撥防餉,又總以斟酌庫款之盈虛緩急爲定。其多寡遲速督撫主持,決非局員所得擅專,亦非局員所能阻抑。彭玉麟前以江南炮臺用款不如所願,乃遷怒於趙繼元,未免稍有冤抑。且查原奏亦只空言,並不能指出絲毫實在劣迹。臣素稔該員趙繼元穩練安詳,其參案情有可原,而才具亦堪任使,若遂終身廢棄,未免可惜,可否恭援恩詔,將該員開復原官。如荷天恩諭允,應飭該員趙繼元赴部帶領引見,以備錄用。奉硃批,趙繼元著交吏部帶領引見。(《劉文莊公奏議》卷七,三十三頁)

光緒十八年十月廿三日,李鴻章致劉秉璋函:九月十二詳布一緘,計早達覽。廿六奉九月朔手書,爲梓芳(趙繼元)鳴冤摺,淋漓盡致,足吐積年不平之氣。固知必可昭雪,旋電囑伯遠探明見示,而伯遠因末疾纏綿不覆,十月十二始見鈔報。執事頂上圓光本無霉氣,何得更添三尺,足見平日小心太過,臨去仍恐碰釘耳。老彭(彭玉麼)把戲甚多,尊函並推廣各戲,殊令發笑。我輩老實人不知變戲法,但學老僧入定,不聞不見而已。湘人胸有鱗甲,大都如是,獨惜梓芳衰老多病,家事煩累,久無進取之志,未必能遠行也。然有此一奏,即不赴引亦是公道大式。(劉聲木手稿《李文忠公尺牘》)

光緒十八年十一月十六日,李鴻章致劉秉璋函:子芳(趙繼元,字梓芳)老不能用,有此一奏,少彌吾憾乎。手此復頌勛祺,不一不一。冬月十六日呵凍。(劉聲木手稿《李文忠公尺牘》)

李鴻章繼配夫人趙小蓮卒於天津。

光緒十八年閏六月十四日,李鴻章致劉秉璋函:内子助我三十年,忽爾撒手,暮年苦境,心緒煩惡。轉而思之,逆來順受亦無過不去之事。方兒(李經方)須七月受代後再行北旋,大約明年乃能扶櫬歸葬知念。附及手此,復頌勛祺,不一不一。閏月十四日。(劉聲木手稿《李文忠公尺牘》)

◎圍生按:李鴻章繼配夫人趙小蓮,於六月初十日卒於天津,享年五十五歲。李鴻章原配夫人周氏歿於咸豐十年。

光緒十八年七月十三日,李鴻章致劉秉璋函:仲良仁弟親家大人閣下,頃奉惠函,以内子之喪,過勞慰問,並荷遠頒素幢、牲肴,儀文周至,銘感曷勝。回溯瑤臺永憶之辰,已有玉琯再移之夢,感現身之說法,真同病之相憐。循繹來箋,彌增愴惻。再誦手書,善言曲喻,所以慰藉之者良厚,感泐莫名。自顧衰頹,久膺艱巨,茫茫前路,更無稅駕之期。回憶三十年來,幸無内顧之憂,何堪垂暮忽遭此變,然事至無可為力,只有强付達觀,敢不勉為支持,以副關愛之重。坤維重鎮,擇帥頗難,時事方殷,同志日少,猶能暫紓歸策,以係時望否耶。(《李鴻章全集》〔35〕403頁)

劉秉璋調派兵勇剿辦甘肅拉布浪寺番僧越界搶劫,並請敕下陝甘總督,西寧辦事大臣,將該寺滋事喇嘛提案究懲,退還所占番寨,償還焚掠各件,以遏亂萌,而安邊氓。

光緒十八年二月,劉秉璋奏甘省拉布浪寺番僧越界焚掠疏:

竊查松潘鎮轄境與甘省毗連,川甘交界之區盡係番夷部落。上年甘肅拉布浪寺窩匪捧周(捧周:人名)越界搶劫商民貨物,緝拿無獲。光緒十五年冬,經臣附片奏請諭旨,敕下陝甘督臣、西寧辦事大臣嚴飭該寺將捧周解川省辦,至今抗延未解。十七年八月,該寺香錯黑窩等擁衆數千,至松潘所屬之上阿壩,圍攻色凹等寨,焚毀多家,並將折參巴寺院焚掠殆盡,殺斃七人。色凹六寨均被逼降。復將班佑十二部落之轄漫各寨五百餘家及冷房草場、籬柵概行燒毀,且圍攻中阿壩等處。據該部落之土千户百户等紛紛稟訴,經該松潘鎮夏毓秀一再稟請,調派兵勇數千前往剿辦,並開具川番迭被逼占各寨名目清單。

臣查松潘在川省西北邊境,南至省城千餘里,北至該寺又經草地千餘里,該寺恃在邊荒,故敢妄爲,似不足遠勞師旅大動干戈。且該寺地屬甘境,亦非川省所當越俎,然若任其肆擾,勢必益無忌憚後患。仰懇天恩敕下陝甘總督,西寧辦事大臣,即將該寺之滋事喇嘛提案究懲,勒令退還所占番寨,償還焚掠各件,以遏亂萌,而安邊氓。(《劉文莊公奏議》卷七,廿二頁。拉布浪寺,又稱拉卜楞寺,甘肅南部,藏傳佛教的重要的寺廟,建成於清康熙年間,今屬蘭州市夏河縣。松潘、阿壩:四川北部,屬松潘廳,今阿壩藏族自治州松潘縣、阿壩縣)

劉秉璋肅清川南會理州夷民叛逆,圍拿巴州、廣元、南江藉求乞爲名,估食大户、乘機綹竊的川北土匪。

光緒十八年四月,劉秉璋奏會理州黑夷叛逆伏誅片:據署會理州文芳稟稱,州屬貓貓溝地方漢、夷雜處,內有黑夷劉二馬頭、劉立甫等本係逆夷,恃險妄爲,近更肆虐。去年左發才、任耀山等家均被槍殺,通報飭緝未獲。今年二月該州帶團入溝查拿,劉二馬頭等輒敢糾集二十余支夷衆,沿山紮營抗拒,形同叛逆。臣批飭妥速拿辦,三月初三日調團數千名與該逆夷連日接戰獲勝,擊斃夷五十余名,劉二馬頭、劉立甫悉皆擒獲,當即訊明正法。脅從者五百餘

人投誠,分別遣散,現已一律肅清。(《劉文莊公奏議》卷七,廿五頁。會理州:四川南端,屬寧遠府,今會理縣)

光緒十八年六月,劉秉璋奏川北土匪陳坤山等伏誅疏:竊查川北所屬廣元、昭化、巴州、南江各州縣處處與陝省毗連。去年漢中一帶秋收稍欠,每有饑民入川求乞。本年四月初,有陳坤山、苟管事等勾結匪類,誘串饑民,藉求乞爲名,估食大戶,乘機緝竊。各該地方官因係饑民,僅飭團保防範。四月十九日陳坤山等約聚百餘人,帶有槍械,突至南江縣所屬之禹門場,該南江汛把總陳仲溶帶兵攔截,該匪等放槍將陳仲溶轟斃。

臣電飭駐萬縣之管帶劉玉田就近帶勇圍拿,又檄營務處候選道督隊前往順慶一帶駐紮,並諮明陝西撫臣會拿,免致竄越。分別在巴州、廣元、通江、閬中拿獲陳坤山、苟管事等,戕害汛官在場助勢者立予正法,脅從者拘繫遞籍管束。(《劉文莊公奏議》卷七,廿六頁。廣元、昭化、巴州、南江、閬中等,均爲四川東北部州縣,與陝西接壤,屬保寧府,今均屬廣元市、巴中市)

劉秉璋請假、請開缺。

光緒十八年五月初九日,劉秉璋奏積疾未痊,精力不支,請假一月。(《劉文莊公奏議》卷七,廿八頁)

光緒十八年六月,劉秉璋奏請開缺回籍調理疏:微臣假期已滿,病益增劇,叩懇天恩賞准開缺回籍調理。臣近因病體難痊,懇請賞假一月,於五月初九拜摺,計假期現已屆滿,便血舊疾日益加重,每當批判公牘便覺頭暈目昏,遇有疑難事件稍加思索往往徹夜不寐,漸成怔忡。飲食因之日減,精力因之日頹。據醫家云,早年思慮過度,勞碌太久,致暮年疾病糾纏,非靜養數年,積疾難以痊複。臣職膺疆寄,責重事繁,何敢以衰巧殘軀,勉強支撐,致多貽誤。仰懇天恩,准予開缺回籍調理。早簡賢員,來川接辦,以重職守。(《劉文莊公奏議》卷七,廿九頁)

光緒十八年六月十三日,劉秉璋致劉秉鈞家書:接州百九號信,知五月初六由蔚豐厚寄去川七十一號(原注:内有官照八張,課文四篇)現猶未到就請,諸宅平安爲慰。五月初九專摺請一月假,六月初九專摺請開缺,意必得請而後止,真告官未有告不脱者。此間平平無事,惟志在求退,未能決定何日脱身,而朋友紛紛勸阻,不免厭煩。手泐敬請台上,兄頓首。六月十三日,川七十二號。(劉聲木手稿《劉文莊公家書》)

光緒十八年閏六月初六日,劉秉璋奉硃批著賞假兩個月,無庸開缺。(《劉文莊公奏議》卷七,三十二頁)

光緒十八年閏六月初九日,翁同龢致劉秉璋函:頃見邸鈔,賞假兩月,不審尊體如何。馳仰莫釋,得此靜息,自當康復,若可支持,即起視事也,欽祝,欽祝。昨因雨修屋,一動而樑棟欐角無一不動,修成則迴不如舊,地方易一大吏亦如是而已,吾輩當深思之。草草,敬請勛安,不盡欲言,弟同龢頓首。閏月九日。(《翁同龢集》439頁)

光緒十八年閏六月十四日,李鴻章致劉秉璋函:昨接六月初九日書,並乞退述懷四律。旋閱邸鈔,知已賞假兩月毋庸開缺。足見眷倚之重,實非自知之明。時宰雖不水乳,何至遂成冰炭。所云見險知難,蜀中駕輕就熟,並無險灘也。幸勿以求退爲得計,徒爲再三之瀆。大著第三首憂憤太過,第四首放曠太高。鄙人只知做分内事,身外之毁譽榮辱,世路之夷險臧否,全不措意。以視執事憂患猜疑,大有青出於藍之象矣。(劉聲木手稿《李文忠公尺牘》)

光緒十八年閏六月廿七日,劉秉璋致劉秉鈞家書:連接州百十號至十三號四次家信,知川七十二三號猶未到,敬維諸宅平安爲慰。六月初九請開缺,閏月初間奉旨賞假兩月,計扣至八月初旬,即當再申前請,總以告准開缺爲止。(劉聲木手稿《劉文莊公家書》)

光緒十八年七月,劉秉璋奏請開缺疏:臣閏六月初六日奉硃批著賞假兩個月,無庸開缺。臣跪聆之下感激涕零,屈計自奉批旨之日起扣至八月初五日，兩個月假期又滿，近來病勢有增無減，頹唐已極。封疆之任，責重事繁，思慮不周，貽誤堪虞。若再因循持祿，勢必上負朝廷，下慚黎庶，彷徨戰慄不得已，籲懇鴻慈賞准開缺調理。（《劉文莊公奏議》卷七，三十二頁）

光緒十八年七月十四日，李鴻章致劉秉璋函：再接閏月朔日手書，足見肝氣之旺，既明知閑是閑非無關損益，何必輕動肝陽。涵養未熟，深恐於德量有礙耳。浮言固未可盡信。微聞親交如瞿子玖（瞿鴻禨）亦有規諷，曷不平心靜氣體察之去官之志，與此無涉，亦無決計拂衣之理。囑勿勸阻，更未便苦口勸諫，風皺一池春水，干卿何事耶？順頌痊祺，七月十四日。（劉聲木手稿《李文忠公尺牘》）

◎圍生按：原稿無紀年，據劉聲木手稿，應以光緒十八年為序。又此函選入《李鴻章全集》，有注："因劉秉璋屢疏乞退事在光緒二十年，且光緒二十年有閏，姑置於此。"

光緒十八年八月十三日，翁同龢致劉秉璋函：手教至，伏審起居綏和，舊恙已減，極慰。弟右臂或麻或痛，諸事疏懶，惟峨嵋汶嶺，耿耿胸臆，此生殆難到矣。孫兄（孫家鼐）朝夕，頌（徐郙）則隔日相尋耳。人行急，草草謹復，即請勛安，諸惟保衛不次，弟同龢頓首。程墨高簡，出儲作之右，佩服。尊謙勿再施，切禱，切禱。（《翁同龢集》439頁）

光緒十八年八月廿八日，劉秉璋致劉秉鈞家書：八月初二川七十五號計猶未到，遙維起居暢適，諸宅平康為祝。二次請開缺摺，須重陽前乃能奉旨，如得喻允，則眷屬全行回里，分坐兩船，石甥與趙發各照應一船，我自己一身候代，蓋此時水信最平，是下峽極好時光也。若再給假，亦遣七官、慰官暨孫男孫女坐一船，趙發護送，約準於九月十九開船。七官到家住七進上房，慰官攜室住新五間上房，我若到家仍住第六進，若大姨奶奶先回，可與小姐同住第六進，但願告得准。我到家數月，吾弟可喬遷新宅，此人之至情也。三樂堂照尊意推出不管,咨皖撫稿附上一閱。手泐敬問台安,兄頓首。八月廿八日,川七十六號。堆山好否我頗念之。(劉聲木手稿《劉文莊公家書》)

　　光緒十八年九月初六日,翁同龢致劉秉璋函:省手教,切至委曲,前書所陳蓋深念,蜀民之無賴繼此之難,其人非爲圖閣下一身計也。君子之立身,近不希榮,退不謀食,無疚於志,而審幾於微。弟等方敬之愛之慕之,而敢攬子之袪,以不入耳之言,極勸勉乎。大疏旦晚當至,如其諭允,則旗纛舒舒,浮江東邁。若再慰留,則朋友之義,當援古訓相責,盡瘁事國,出入軼掌,豈曰無將大車耶!弟頹然翁,無復遠慮,志正當爾歸,所以濡滯者,義固有在。直廬燈右草草不宣,敬候起居萬福。弟同龢頓首,九月初六日卯正。(《翁同龢集》440 頁)

　　光緒十八年九月初八日,劉秉璋致劉秉鈞家書:接州百十五號,知川七十五六號猶未到就諗,諸宅平善爲慰。二次請開缺,今早接變臣(孫家鼐)親家電云,賞假兩月,須扣至十一月初,再申前請。(劉聲木手稿《劉文莊公家書》)

　　光緒十八年九月十二日,李鴻章致劉秉璋函:八月初奉七月初九日手書,知決意乞退,無可勸阻,遂姑置之。廿五又得初六手示,並鈔疏稿,謂當斷送一官飄然遠去,更置之不論不議矣。中朝移動疆吏,從無偶降密諮之事,不知何處得此傳言耶。但於公之乞身,不阻亦不勸而已,連日於邸報中得見硃批。又有人函告,樞廷既搜索枯腸,無人能代。而老佛(慈禧太后)於二三老臣,知之已深,不欲竟罷,此豈尊疏捏報病狀,痛切呼籲,奚能動聽。蜀非易治,試問見在督撫中,文武才略,歷練精能,有勝於仲良!抑有略可幾及者則轉移,固在意中。政府平日贊揚擁戴大半,委靡闒茸之儔,一旦臨事易人,宜其不敢推擇。吾知求調求升此席,實不乏人,然必其不勝任也。今仍堅留執事,尚有一息之明,何必執拗呶呶不休也。至七月初九函內,自矢各節。以琴軒(潘鼎新)、振軒(張樹聲)爲戒,琴軒等皆蹶於海疆洋務。川非其地,土匪、毛賊易治,何至有此下場。

令郎詩文,重價聘一名師可無曠誤,取科名真如土芥。不應以此齷齪,敗乃公事,此正文可駁也。清濁貪廉久而自明,年例酬應即甚豐,未必即得佳處。當路或因此牢籠鼠輩,豈爲我等設耶!患難諸君年命多促,鄙人尚老健苟活。德靜山(德壽)謂執事起居無恙,或天不欲遽斬淮部命脉,一日尚存,此志不容少懈。身後榮名與否,只宜聽其自然,更不必打穿後壁,此閏文之可駁也。兩告不准斯亦已矣,願仍抖擻精神支持末路。徐道果假歸否,避嫌疑即是避謗之道,然於執事無損也。書至此方兒(李經方)遵俌歸。匆匆復頌勛祺,餘不一不一,九月十二日夜。(劉聲木手稿《李文忠公尺牘》)

◎園生按:令郎,指常住京華之劉秉璋長子劉體乾、四子劉體智。

光緒十八年十月廿三日,李鴻章致劉秉璋函:令郎聞已回里。有令三弟(劉秉鈞)及獻夫(劉汝翼)照料,再請名師督課,當可放心,幸勿爲此仍作歸計。卞頌臣(卞寶第)在家作古,其子赴京游說,求爲表揚,而所奉諭旨簡淡如此。同一死而在家在官,判若霄壤。人臣致身之義,自昔已然,無怪朝廷勢利。執事於身後微名固早看破,但既不准退,亦只可混到蓋棺時。假滿,務即銷假,以力疾視事作歸宿最妙。(劉聲木手稿《李文忠公尺牘》)

光緒十八年十一月廿七日,李鴻章致劉秉璋函:頃奉冬月初三手書,前兩緘均尚未到。然前函退志決絕,固不便阻,阻亦無益。昨楊西園(楊岐珍)入覲過津,諄求勸駕,閱來書爲之憮然。戀棧思禍,固不可不存心,但處今日混沌世界,福既烏有,禍亦子虛。吳(吳棠)、丁(丁寶楨)查辦,一則鄰疆多事,一則川政多霸,有以致之。今執事勵精圖治,四境晏然。即日邊遠變故,孔多勁旅如林,訓練不懈,小有蠢動,立張撻伐,斷不致意外之虞,何必小心過慮。

至謂眷屬回里,心隨俱往,身豈願留此,則實情實景。自詡時文真傳,渺乎小矣,科第在今日爛賤極矣,取科名不必真傳,即真傳豈足命世,因此願作老教書匠可謂大材小用。明知欲爲川督者多人,彼我兩願,誠爲快論,然何勿長作攫人碑耶!戲曲陶情直可追。(劉聲木手稿《李文忠公尺牘》)

光緒十八年十二月,劉秉璋三次奏請開缺疏:臣於本年五月因病體難支,恭摺請假一月,屆滿後因病情加重,摺請開缺,蒙恩賞假兩月,嗣假滿病勢增劇,複請開缺,於七月初八日奉硃批著再賞假兩個月,毋庸開缺。跪讀之餘益深惶悚。臣質雖駑鈍,豈忘犬馬圖報之私。既未稍盡涓埃,何敢屢萌退志。乃兩月以來百方醫調,迄無稍效,蓋以年力就衰,決非藥餌所能補救。屈指假期又已早逾,諸病有增無減,且又百病叢生,不堪名狀。自維蒲柳之姿,已同殘廢。此時幸尚有一綫自知之明,是以再三乞恩,籲懇開缺。所有四川總督一缺,早簡賢員來川接辦。臣病已經年,精力近益不支,日行事件現已檄委藩司代拆代行,遇有緊要軍務、洋務、夷務及題奏事件,仍應勉强由臣暫行力疾辦理。微臣病軀益憊,乞無轉機,三懇開缺,回籍調理。(《劉文莊公奏議》卷八,五頁)

光緒十八年十二月十八日,劉秉璋致劉秉鈞家書:自十月上旬至嘉平上旬便血重極,本月初九起糞中無血,紙上有血迹而已,雖覺稍衰而精神不減(原注:耳目照舊,牙齒一個未脱,每夜能睡八點鍾,面容不瘦,鬚髮花白,飯量酒興近日稍減,辦事精力足抵壯年,意中惟厭此一官身),開缺歸田或當多活幾年,八十尚是意中事,九十亦未可料也,一笑。此信繕後未發,趙發於昨申到署,接州百廿一號並糟蟬名物,詢悉家中情景,歸思勃發。(劉聲木手稿《劉文莊公家書》)

劉秉璋設卡征收土税,並派營勇常駐護卡。

光緒十八年十月,劉秉璋奏開辦土税設卡稽查派營勇常川駐紮疏:竊查前准部咨行令川土出口,每百觔抽收土税銀二十兩,設卡稽征等。臣當即檄司選派保寧府知府唐翼祖督辦土稅,前往川東一帶,清查要隘,凡川土行銷湘、鄂、陝、黔等省道路分歧,扼要設卡。唐翼祖稟稱,各將所部營勇,隨同委員稽查巡緝極稱得力,但該各營本係地方防軍,一有事端即須調動。斯時各稅卡巡緝一鬆,該局收稅頓形減色。蓋川省土藥銷行道途數千餘里,局卡三十餘處,大半孤立邊荒,且土販人等結伴同行,向多獷悍,一見營勇他調,或恃衆而肆意闖關,或伺隙而潛行偷漏,種種情弊,防不勝防。非有常川駐紮之勇營,壯其聲威,嚴其堵截,斷不足以收成效。擬請即將現派之長勝一營、壽字兩營,永遠駐紮分護局卡,不再抽調他處,以專堵截巡緝之責。該三營應支月餉及製備軍裝器械銀兩,請援鄂省土卡招勇及本省先年創辦官鹽局招募安定五營之例,於所收土稅項下開支。

臣伏查川土收稅事屬創辦,非派營勇護卡,不足以資彈壓,該府請將三營常川駐紮,免其更調,以重稅款,自係正辦。(《劉文莊公奏議》卷七,三十六頁)

劉秉璋曾以告病,婉謝候選郎中周維綸雅寧採礦條呈。

光緒十八年十月廿三日,李鴻章致劉秉璋函:前電雅(雅州府)、寧(寧遠府)開礦,現仍照章開採,似專指銅礦。頃資州人候選郎中周維綸,挾策赴都遍干當路,遂有函致敝處,囑請委派閱其所呈,籌辦雅寧金銀礦務,確有所見詢。已集有股本蓋不札令試辦,而以建昌道張藹卿(張華奎)就近督率。藹卿近日識見當已開擴,如就地興利,極是應盡之職。周郎中條呈一本附呈(原注:據云在蜀呈過,以將告病婉謝之)望詳細繙閱酌辦爲要。手此復頌勛祺,不一不一,十月廿三日。(劉聲木手稿《李文忠公尺牘》)

劉秉璋開辦重慶火柴廠,"既杜川害,兼興黔利",兩省裨益。

光緒十八年十一月,劉秉璋奏重慶開設自來火廠准用土磺疏:據川東道黎庶昌稱,日本自來火廠本係川商盧幹臣等在彼開設,嗣因日本專利不容華人貿易。經該商稟准在重慶開設,仍用洋磺製造,先後分設兩廠,年來製造漸精。每廠用磺約六七十萬觔,今春洋磺用竣,稟經該縣准其就近採買。川、黔土磺和藥試用實與洋磺無異。該商洋磺道遠價昂,擬請專用土磺,以便近取,而輓利源。重慶自來火廠歲需磺觔甚鉅,黔磺有此暢銷之處,自不致藉口磺無銷路,釀成私售濟匪之禍。臣係爲兩省兼籌起見,既杜川害,兼興黔利,似屬兩省裨益。(《劉文莊公奏議》卷七,三十七頁)

光緒十八年十二月初九日,重慶開辦火柴廠。(《光緒事典》234頁)

劉秉璋建立籌邊經費。於土稅項下支撥三營勇餉,全存司庫,暫不募勇,專備邊疆有事之急需。

光緒十八年十二月,劉秉璋奏籌邊經費疏:奏爲土稅項下支撥三營勇餉,請將原支厘金留存司庫,作爲籌邊經費,暫不募勇,以期節省而備緩急。

伏查川省伏莽甚多,稍縱即逝,自應立時添募防勇,俾資調派,惟川餉異常竭蹶,但能勉力支持,緩募一日即省一日之餉。然邊疆遼闊,縱橫數千里,時有反側之虞。尤慮西連藏衛,番衆倔強,與印度接壤,易生釁隙,一有軍務,動需萬衆,絕非三五營所能支撐,倉猝籌餉勢必無米爲炊,貽誤軍事。臣再四籌思,於斟盈酌虛之中作緩急足恃之計。因飭司局每年開支三營勇餉,其原支厘金全存司庫,暫不募勇,名曰籌邊經費,專備邊疆有事之急需。遇有必須添募之事,一面奏報,一面招募,無論何項不准挪用。(《劉文莊公奏議》卷八,一頁)

劉秉璋請留川東土稅,買穀還倉。四川通省一百數十廳州縣,積儲常平倉與監倉二百九十數萬石穀,川民恃以備荒。道、咸之後奉文開糶,借軍餉、濟京倉、逆匪焚掠,現已存穀無幾。川省幅員遼闊,人數衆多,民情獷悍,人心浮動,積儲如此空虛,設遇大災大祲,若無三月之糧,必群起爲盜,實抱隱憂。土藥(鴉片)乃川省土產,所收土稅除照章開銷外,儘數由川截留,分年挨次買還被提用之常

平監倉穀,以期恢復原額。

光緒十八年十二月,劉秉璋請留川東土稅銀兩買還倉穀疏:據布政使龔照瑗、按察使文光等會詳,竊查川省額征地丁課稅等項,爲數無幾,不敷本省年例之用,向賴指撥他省。從前通省一百數十廳州縣,積儲常平倉與監倉穀二百九十數萬石,川民恃以備荒,軍興以後,不特他省不能協川,且京協各餉皆須取給於川,厘金歲入之數較道光以前不啻倍蓰。

常平監倉穀二百九十數萬石,道光年間奉文動糶六十四萬四千餘石。咸豐年間三次奉文碾運廣西軍米,並糶借軍餉暨糶濟京倉,共動用穀一百六十三萬一千餘石。川省軍興又被逆匪焚掠數萬石,現在通省存穀無幾。以川省幅員遼闊,人數衆多,民情獷悍,人心浮動,乃積儲如此空虛,設遇大災大祲,既無三月之糧,必至群起爲盜,每一念及,實抱隱憂。伏思常平監倉乃國本所繫,民命攸關。無論如何爲難,總宜籌還原額,裨得稍有所恃。而川庫空虛,無款可撥,缺額至今束手無策。

伏查川省土藥出口,奉文每百觔抽收稅銀二十兩。因思土藥乃川省土產,所收土稅除照章開銷一成公費,並支銷三營勇餉外,儘數由川截留。通飭各屬,分年挨次買還提用之常平監倉穀石,期復原額。國家買還借用之倉穀,爲川民作耕九餘三之謀,上可紓九重西顧之憂,下可爲百姓足食之望。一俟倉穀買填足額,仍將土稅專款存儲,聽候指撥,實於國計民生均有裨益。(《劉文莊公奏議》卷八,二頁)

◎圍生按:常平監倉穀"二百九十數萬石",合二億九千萬斤,可供六百萬災民"三月之糧"。

光緒十八年十二月,劉秉璋再請截留土稅買還倉穀片:再查咸豐年間用兵以來,江浙減漕而四川加賦,地丁之外加以津貼,津貼之外繼以捐輸,通計於正額外已加三倍。歷任督臣因餉無所出,年年援案,勸辦津貼捐輸,四十年來多取於川民者五六千萬。地方生財，祇有此數，入少出多，窮民日衆。省城有施材局，掩埋附郭餓殍，歲必數千。外府州縣倒斃之多，已可概見。良懦者忍餓而斃，梟桀者群起而盜。前督丁寶楨任內，大邑、蒲江兩年之間，土匪三次入城劫獄，盜案之多甲於天下。臣到任後，教養乏術，惟有整頓勇營，講求緝捕，盜案約減其半。然萬縣暨川北土匪先後竊發謀逆之案，層見迭出，雖均立時撲滅，而匪風之熾，實由民窮。

查土厘每百觔向係收銀四兩八錢，總理衙門及戶部徇赫德之議加抽土稅。臣知川民早已力竭，再三疏懇，不獲所請，不得已遵照部議，設卡徵收，約計除開支勇餉、局用外，歲可收銀二十萬兩。商人各顧成本，所收厘稅無非朘削於種地之窮民。民益窮，盜益多，川省遍處岡皁，一遇旱荒，赤地數千里。雖奏懇恩施，立蒙頒帑，而緩不濟急，可爲寒心。

昔年常平監倉，原皆出於民捐，乃因軍需提用，至今未能籌款買補。擬請飭下戶部，如該司道等所議，土稅所收一款全數截留，悉以買還常平監倉原額。否則以一半解部，以一半留川買穀。竊計所留一半之數，歲僅十萬之譜，戶部統籌全局，多此分外之十萬不見有餘，川省得留此十萬，積至十餘年漸次填足常平監穀後，所有土稅，仍令全數解部。似有益於川民，不至有損于部庫。

臣雖老病乞身，疏已三上，事關民生國計，萬不敢恝然無言，是以披瀝籲懇天恩俯准所請。(《劉文莊公奏議》卷八，四頁)

光緒十九年癸巳（1893） 六十八歲

劉秉璋請假、請開缺。

光緒十九年正月初八日，劉秉璋致劉秉鈞家書：兄三疏乞身於正初拜發，大約開缺諭旨當在二月初矣，疏稿附陳。釀蟹沃美且多，遍送同室無不稱賞。新年因人少，頗冷漠，惟以午前看書，午後讀曲爲消遣之計。便血舊症自去臘輕減却未斷根，似無大礙。手泐敬請升安，兄頓首。正月初八日，川八十二號。（劉聲木手稿《劉文莊公家書》）

光緒十九年正月十三日，劉秉璋致劉秉鈞家書：初八作川八十二號，後項接州百廿三號，慰悉一一。家鄉得雨雪可喜，八少奶奶懷身過月則胎氣是得雄，望即告我。便血之症去臘大減，却未净盡。俟得開缺諭旨再定眷屬分起東歸之計。手泐敬問升安，兄頓首。正月十三日，川八十三號。（劉聲木手稿《劉文莊公家書》）

光緒十九年二月十一日，李鴻章致劉秉璋函：燈節前奉去臘十六日手書，知乞身之疏又上，得電告又給假兩月。固出執事意料之外，亦鄙人所愿望而不敢遽必者也。近世達官率以將順逢迎爲無上妙義，公獨以强項固執爲能，真不合時宜者。然揆諸宣聖用之則行，舍之則藏之訓，毋乃大相刺謬耶。前有友人致書，私議閣下再請開缺爲不然，况於三請，今既不得告，亦可以終止矣。兄老拙無能，火氣退盡，每誦來書，火氣滿紙，不覺失笑。昨家兄函告，前函勸留，復書可發一笑，殆以不入耳之言來相勸勉，不妨恣肆答之云云。笑者固不可測，然愚兄弟之笑，皆火氣退盡之明徵，非作僞也。（劉聲木手稿《李文忠公尺牘》）

◎園生按：本函無紀年。《李鴻章全集》排入光緒二十一年，有誤。劉聲木手稿《李文忠公尺牘》不標明紀年。據劉秉

璋三次奏請開缺疏"光緒十九年二月二十八日奉到硃批著再
賞假兩個月,毋庸開缺"記,本函應在光緒十九年。光緒廿一
年,劉秉璋已獲准交卸督篆回籍就醫。

光緒十九年二月二十日,劉秉璋致劉秉鈞家書:我心煩悶,思
歸乃歎,求官難,去官妥當亦非容易。吾弟俟七官輩鄉試到家,儘
可擇九月吉日喬遷,不拘十月也。手泐敬問升安,兄頓首。二月二
十日,川八十七號。(劉聲木手稿《劉文莊公家書》)

光緒十九年二月廿八日,奉到硃批著再賞假兩個月,毋庸開
缺。(《劉文莊公奏議》卷八,六頁)

光緒十九年三月初三日,劉秉璋致劉秉鈞家書:缺不能開,只
得忍至明冬,心急如焚,可笑可憐。(劉聲木手稿《劉文莊公家書》)

光緒十九年三月,劉秉璋奏四次假期又滿力疾銷假疏:臣去
年五月因病未痊,請假一月,嗣後兩次摺請開缺,均蒙賞假兩月,屆
滿病仍未愈。本年正月,三次乞恩開缺,二月初六奉硃批著再賞假
兩個月,毋庸開缺,屆計假期,現又屆滿。諸證均未減退,惟渥荷天
恩賞假,業經四次休養幾及一年。近來跛履稍覺生動,漸可放仗徐
行,此亦春來天氣融和所致,並非藥餌之靈。伏思本年恩榜宏開,
臣職兼巡撫,例充監臨文武兩闈,分當躬親料理。臣已於四月初三
日照常視事,所有四次假期又滿,不敢再事瀆求,力疾銷假。(《劉
文莊公奏議》卷八,八頁)

光緒十九年四月初二日,李鴻章致劉秉璋函:連奉二月十五,
三月初六、十一手書,知四月初旬銷假極慰衆望。三疏給假,近日
臣僚罕見之事,在公自疑,知止不殆,而人皆謂渥眷殊常,不必深問
由來,廷推輿論概可知已。此後直須實做鞠躬盡瘁四字,與鄙人白
首相望而已。(劉聲木手稿《李文忠公尺牘》)

光緒十九年六月朔,李鴻章致劉秉璋函:鞠躬盡瘁,即非武
侯,義所當然,況執事實居武侯之地。內顧諸郎應於試後回川,歸
田之想便應割斷。(劉聲木手稿《李文忠公尺牘》)

光緒十九年七月十七日，李鴻章致劉秉璋函：慶典扣廉作景亭已見明文，近臣謂督撫宜屆期呈獻，可備土物十六色，內須略有壽意者。楊令久未報丁，可怪渠家習氣如是。歸田之計應早斷，黃澤臣述楊蓉浦言，川人謂今冬當再申前請，尊意豈已外洩，但亦徒費詞。賑捐尚有可設法否。復頌秋祺，不一不一。七月十七日。（劉聲木手稿《李文忠公尺牘》）

◎園生按：原稿無紀年，但有"慶典扣廉作景亭已見明文"句，指光緒十九年慈禧六十壽辰事。

劉秉璋朋僚、子弟之進退。

光緒十九年正月，劉秉璋奏保夏旹片：前准戶部咨議覆陝甘督臣楊昌濬奏請，將解清甘餉各員分別獎敍一摺。清單內開四川試用道夏旹，原奏請遇有本班缺出，儘先題奏補用。臣查該道夏旹，自光緒八年接辦官運鹽務，至今十有二年，歷經前山東撫臣陳士杰奏保，膽識兼優，爲當今傑出。前雲貴督臣岑毓英奏保，才長識裕，器局宏通。前四川督臣丁寶楨奏保，理財得法，用人得當。臣到任後，隨時考察，深知該道辦事認真，始終一轍。該道人才可用，究應如何擢用之處，恭候特簡。（《劉文莊公奏議》卷八，七頁）

光緒十九年正月十三日，翁同龢致劉秉璋函：歲首復得惠函，并蒙厚饋，正如隨陽之雁，年年飽稻粱而不知所報也，愧極，感極。弟耳聾臂木，衰狀日增，百無一補，此意惟孫兄（孫家鼐）知之。歲朝得雪，遺蝗可免，种麥則難。瀯陽伏莽已盡，而善後甚不易治。所幸萬縣已平，東鄉石泉想已綏靖，"民寒傷國"一語，真至言哉。冗中希謝，草草不盡百一，敬賀春喜。弟同龢頓首，正月十三日。（《翁同龢集》443頁）

光緒十九年二月十一日，李鴻章致劉秉璋函：徐季和（徐致祥，字季和，咸豐進士）劾香濤（張之洞），率多空話，分交兩江及粵督查覆，不過一帖肆物湯。彼正欲退不能，豈若公之進退綽然，而亦不能退哉。吾守不聞不見要訣，來函亦謂此爲上乘禪，當永爲撞鐘之和尚,不復作還俗退院想耳。梓芳(趙繼元,字梓芳)擬三月間赴引,可謂畫蛇添足,華宗力豈足致青雲,梓亦非任重道遠時矣。承道非素識,有人謂係明將軍子,忠節之後,故樂道之。復頌春祺,不一不一。儀叟其別號也,附幼樵(張佩綸)復書,箴規頗切。二月十一日。(劉聲木手稿《李文忠公尺牘》)

◎圃生按:原稿無紀年,《李鴻章全集》按光緒二十一年選入,有誤。劉秉璋"奏已革前江蘇候補道趙繼元才力堪用疏:……趙繼元著交吏部帶領引見"發生在光緒十八年。而"擬三月間赴引謝恩,竟蒙召對",發生在光緒十九年。故本函應在光緒十九年。

光緒十九年四月初二日,李鴻章致劉秉璋函:梓芳(趙繼元)擬於三月起程,至今杳然懶散迷遁。宗公即有意援引,恐亦爲難,況並無意江南。特旨班道員已四人,又多密保關道者,又有鄉誼關切者,無怪推諉,然逢人輒語,此舉由伊轉囑執事周旋,故舊一片婆心,則感佩無已時也。(劉聲木手稿《李文忠公尺牘》)

光緒十九年六月初一日,李鴻章致劉秉璋函:就譖履候,增嘉爲慰。英、法本擬胡芸楣(胡燏棻)出使,臨時易以龔仰蘧(龔照瑗),出人意表。果於何時交卸啓程,計沿途趑趄,到京須在秋末乃見明文。遺缺當調鄰省,尊處暫失臂助,或更來一好手耶。梓芳(趙繼元)謝恩竟蒙召對,寄來恭紀一紙,附呈詧覽。似有荐主揄揚之力,或因鄙人諄託,青相(張之萬)連類及之,略伸彭郎(彭玉麟)冤氣,至於補署恐其年力不逮(原注:已六十六,衰弱甚)。

南皮(張之洞)參案聞慈諭,其人其事不可廢,姑藉一查,以儆戒之。然季和(徐致祥,字季和,江蘇嘉定人,咸豐十年,劉秉璋同科進士)一疏已淋漓盡致矣。明歲慶典聞須令各省報効經費,屆時如何辦法希籌示,物力之艱,容有知者。手泐復頌暑祺,不一不一。六月朔。(劉聲木手稿《李文忠公尺牘》)

◎圃生按:原稿無紀年,但"明歲慶典"句,指光緒二十年慈禧六十壽辰事,故此函應在光緒十九年。

光緒十九年八月廿七日,李鴻章致劉秉璋函:七月十七復緘後,連奉七月初八、八月初二日手書,敬諳瑣院秋清,想更有程墨擬作,老子興復不淺,不必誦枯樹何堪之句矣。直賑(直隸賑災)得鹽道、夔府、保寧等各捐巨款,可彌補濟順之一半,佩慰莫名,但求咨明(原注:竟作順賑可也),以便行局備案,並請將捐萬金及五千者,咨商京兆奏獎,或可略得實在好處也。仰遽(龔照瑗)電稱九月初由滬來津,途次暑疾體弱,聞欲請假。品蓮(沈保靖)舊案無能援照,王魯薌(王毓藻,字采其,號魯薌)方伯知川藩出缺,先期起復,進京替人,必屬此君老練,廉幹可倚臂助。藹卿(張華奎)便須回任道員升臬。古諺鯉魚跳龍門,談何容易,況思爲仰遽替人耶。夑臣(孫家鼐)函告王公,合進祝嘏萬金,已蒙賞收。部院九卿亦仿照公進萬金。詢外省若何辦法,攤扣二成五,養廉爲綵亭之費,已內外同之。此項萬金,京僚則可,外吏似不成樣,仍擬屆期各備進土物以獻祝,未知當否。都人注意慶典,水災籌賑亦置度外矣。建昌夷務,六如(劉士奇)當能妥辦。復頌秋祺,不一不一。八月廿七日。(劉聲木手稿《李文忠公尺牘》)

　　◎圍生按:原稿無紀年,據"屆期各備進土物以獻祝"應發生在光緒十九年。

光緒十九年十月十六日,李鴻章致劉秉璋函:連奉八月十三、九月廿三日(原注:均不過廿餘日)手書,敬審試院煎茶,不擬墨而和,詩興復不淺。徐君乃吾之年孫,與黃口乳臭爭工拙抑何可笑,舐犢而失之意外。

四弟三子經鈺(李經鈺)竟汗顏登科,微名得失,無足介意也。仰遽(龔照瑗)過津詢悉近狀,入覲遂得侍郎銜出使。天心嚮用,執事猶妄作猜疑。王魯香(王毓藻,字采其,號魯薌),心地操守尚好,但議論風生不似黃澤臣之循謹,尚可駕馭用之。已令仰遽將蜀事詳告,想出京必速。祝嘏備土儀是臨朝之事,中外臣工扣二成五養廉外,王公與閣部九卿又各報効萬餘金。燮臣(孫家鼎)函稱,疆吏亦當踴行,峴莊(劉坤一)則緘請鄙人會列各督撫銜,奏請內外交偪,而來勢不能以扣廉了事,頃擬仿照乾隆廿六年成案,各省督撫各交銀三萬兩,專疏請自隗,始俟奉旨允通咨各省。若各願照案辦理甚善,倘以多金獻媚亦聽其便,未便由直會銜,直(直隸)雖大邦,貧瘠實甚,未敢越成規以貽笑柄耳。蜀鹽務另有報効否,官捐似亦以三萬爲妥。不日鈔摺馳咨,祈早籌辦。復頌勛祺,不一不一。十月十六夜。(劉聲木手稿《李文忠公尺牘》)

劉秉璋不"善"洋務,常被李鴻章譏爲"腐儒"。

光緒十九年六月初一日,李鴻章致劉秉璋函:頃奉四月廿九日手書,遲至一月始到,驛遞愈遲,設有軍務如何赴機,無怪西人專尚電綫矣。(劉聲木手稿《李文忠公尺牘》)

光緒十九年七月十七日,李鴻章致劉秉璋函:六月初三接五月初十來書,七月十四又奉六月廿日來書,均在兩旬以外。近來驛站疲玩,不關直、川兩督。然記丁文誠(丁寶楨)作督時,來書半月必到。即此一端,世變日降可知焉。得廢棄驛站而全用電報之爲快,腐儒必又怪用夷變夏。要知中夏竟成積弊,無一事愜心貴當也。(劉聲木手稿《李文忠公尺牘》)

劉秉璋堅持藏、印邊境"抵關貿易,不得擅入關內"。

光緒十九年二月初一日,劉秉璋致電總署:惟"抵關貿易,不得擅入關內"一層,仍請奏准注約方可結遵。(《李鴻章全集》〔23〕340頁)

光緒十九年二月十二日,總署致電劉秉璋:"抵關貿易,不得擅入關內"一節曾與赫德再三籌議,擬稱"不得擅入關內"語太嚴厲,印督決不允載約內。惟英文言"抵關貿易"卻含有"而止"二字意在內,若譯作"貿易抵關而止",華、洋文義尚不差池。(《李鴻章全集》〔23〕343頁)

◎圍生按:光緒十七年定亞東爲藏印邊界通商地。

劉秉璋查扣怡和洋行私運火柴。其有損中國主權，意在破壞我渝城聚昌自來火公司。

光緒十九年二月十四日，劉秉璋致電總署：接川東黎道(黎庶昌)電稱，渝城聚昌自來火公司整理有緒，不料怡和洋行近從上海販到洋火數十箱，經聚昌查獲扣留，一箱不准發賣。查此項自來火本非英國販來之貨，實係二三壞人意在破我公司。擬託人調停，買回交聚昌出售。查洋火事小，該洋商等聽人簸弄，逐事把持，有損中國自主之權甚大，勢難允准。(《李鴻章全集》〔23〕344頁)

◎圜生按：光緒十七年，李鴻章曾致函總署，自來火應由華商局自制，以敵洋產而保利源。

劉秉璋家事。

光緒十九年二月二十日，劉秉璋致劉秉鈞家書：二月望日作川八十六號復州百廿六號諒猶未到。頃接張府(張樹聲府)自蕪湖來電，四月廿四乃是月破，請改吉期。查曆書果然不錯，愧怍之甚，當即電復，改定四月十八日卯時，並電致吾弟矣。茲將擇單寄來，請專差送至張府，其安床日期張府暨我家之床均於是日安好，至自張府動身及到我家進門日時均照原單。此次錯誤由於新曆未到，杏林誤作四月，不知乃是五月。此君年來運氣不佳，又因甚順，不小心冤受如許誹謗，現已請假，三月初動身，其營暫交榮山(錢玉興，字榮山)代統，(原注：榮山陛見，渠為代統亦是如此)。(劉聲木手稿《劉文莊公家書》)

光緒十九年二月廿六日，劉秉璋致劉秉鈞家書：廿日作八十七號信未發，接州百廿七號，催孫府派人管租，語甚迫切，不知能早派否。好人難做，只可努力做之，做好人終有好處，但眼前吃虧耳。我兄弟皆老年得子，此是極好事。侄媳溘逝，固屬悲傷，早續鸞膠，孫枝或更繁衍。寄回乾、慰兒(乾：劉秉璋長子劉體乾，字健之；慰：次子劉體仁，字慰之)文詩各三，祈擲交。昨晚接得，今日除判牘外已於未正改完，添八官一篇真不吃力。此間近好，兄手泐，二月廿六日,川八十七號。

咨文已發,馴稿已寄。慰官(劉體仁)入贅囑莆堂送去,仍帶其夫妻回州。(劉聲木手稿《劉文莊公家書》)

◎圜生按:二月二十日與廿六日信同時發出,故川八十七號有兩封。

光緒十九年三月初三日,劉秉璋致劉秉鈞家書:廿六日纔發川八十七號復州百廿七號,寄去乾、仁(劉體乾、劉體仁)兩兒詩文。今早接州百廿八號,並蕃侄(劉體蕃)暨更森課藝八篇,立即批改,每旬各寄二篇,亦不過八篇,毫不吃力。蕃侄文儘可求子暄,講究前不許客氣,兒輩禮宜稱乾、仁侄,不可稱少爺,此名分所關。蕃文若非改本,定可由科名出身。森文若改本,長進亦甚容易。此頌升安,兄手泐。三月初三日,川八十八號。(劉聲木手稿《劉文莊公家書》)

光緒十九年三月廿八日,劉秉璋致劉秉鈞家書:接乾兒(劉體乾)文十號,知家中無事,慰甚。蕃侄(劉體蕃)續姻已定,明春合巹藉慰,老恒兄亦甚慰。體仁(劉體仁)入贅,惟有勞莆甥一行,我若在家亦恐不能自送也。只於骨肉至親,向不客氣。我非好思索,見事太明,一觸於白,目即擬得其八九,徒添煩悶,乃知古人所貴乎大智若愚也。手泐敬問午安,兄頓首。吾弟寫信吃力,若無話說,不必隨兒輩十日之例。三月廿八日,川九十號。(劉聲木手稿《劉文莊公家書》)

光緒十九年五月十三日,劉秉璋致劉秉鈞家書:本日接州百廿四號,知川八十七八號已到,去年賬單照入。回憶咸豐末年,先是我家現在境地與當年夢想所不到,亦同治七年卸勇時所不敢妄想。但望兒侄輩堅者上進,愚者安分,亦復更何所求。須將此心略放寬些,旱荒爲患甚重天灾,非我思慮所能料耳,不過不收租,再不過明春幫禧子而已。甚而言之,即有寫捐事,我現在任,可推於我,我即捐幾文多捐幾文亦所甘心,與門戶事仍不相干。

四月廿二芒種,芒種前得雨仍可栽秧。我前因七官要(住)後園頗煩悶,今仍住樓下,吾弟早晚時時看見動靜,可諄切教督,正所以愛之。菲堂兩次往返,我心不安,蓋非此別無他法,所以告歸之志,無日忘之也。手泐敬頌升安,兄頓首,獻夫(劉汝翼)、菲堂均此不另。五月十三日,川九十六號。(劉聲木手稿《劉文莊公家書》)

◎圍生按:"回憶咸豐末年","闔家老幼數十人,顛沛流离,無可得食。吾當時以舉人,恃筆墨謀生,以免凍餒"。(《萇楚齋》703頁)

又:同治七年,公於東捻平息後卸勇還鄉,因三河鎮舊居毀於兵亂而落戶無爲州。

劉秉璋認爲開採川礦,弊多利少,有擾於民,無濟於公。必欲試辦,亦須預籌防範,以免害民病國之弊。

光緒十九年四月初二日,李鴻章致劉秉璋函:川中五金礦產甚饒,但患人不善取。即徇其請,紳富或至毀家傾產於庫款何涉。萬一得利,未必非救時切務。六郎(張之洞)全資庫款,鋪張門面致無成功。似未便一切比擬,因噎廢食,姑准其試辦,嚴防流弊,乃執中之道。必先頂駁於屢詔諮詢之意,過相刺謬矣。秣陵(兩江)覆奏虛與委蛇,羊城(兩廣)肆物湯亦對症之藥。鐵廠已成不了之局,試問誰敢接手耶?(劉聲木手稿《李文忠公尺牘》)(劉聲木手稿《李文忠公尺牘》)

光緒十九年六月初一日,李鴻章致劉秉璋函:聞藹青(張華奎)甚以建昌礦務爲可辦,見調署臬,正宜商榷,主持紳捐紳辦,禁其藉端滋擾,似亦無甚流弊。(劉聲木手稿《李文忠公尺牘》。建昌:四川南部寧遠府城舊稱,今西昌市)

光緒十九年六月,劉秉璋奏川礦開採害累殊多疏:奉上諭,御史吳光奎奏四川雅州府屬之大穴頭山,寧遠府屬之麻哈母雞溝等處,五金並產,砂質呈露。即著李鴻章咨商劉秉璋遴擇熟習礦務之人,前往該處勘驗,如何集資開採,有無流弊,據實具奏。

臣先後檄司委員轉行雅州、寧遠兩府會同查勘。伏查川省礦山固多，然其砂甚淺，僅浮露於山面而根柢不深，先年開採皆因礦薄利微，不敷工用，旋即停止。近年開礦之說者，藉口西洋公司之法，湊股開挖。大抵一二奸商爲首，哄誘衆人入股，卒之虧折倒閉。入股之人股本無著，而爲首之奸商大飽其私囊，各處礦場，無不落此故套，此鯨吞之術，乃騙局之大者也。又有一種志在攫取，知礦浮山面，易於薄採，稍集微貲，朦請官示，一經批准，即採其浮面之礦，稍得微利，各自瓜分，旋即歇業，有擾於民，無濟於公。此鼠竊之術，乃騙局之小者也。騙局不同，同歸於騙。

倘必欲試辦，以觀其效，亦須預籌防範，以免害民病國之弊。其說有三：

一、山之有礦猶山之有木，彼疆此界各管各業。不准越界而挖他山之礦，亦如不准越界而斫他山之木。凡有呈懇開礦者，令其呈繳所買該山之印契，按契以立界限，不得越界強挖別姓之山，亦不得抑勒價值，強買他人之山，此弭釁之說一也。

二、如呈請開採之人，自稱湊成百萬或數十萬，應仿鹽商驗資之法，令其全數呈驗，暫存藩庫或存建昌道庫，俟開礦時聽其取用。庶免空言欺哄，攫取微利，結怨於民，此杜騙之說二也。

三、爲首之人以十名爲定，須各先報明家資，確指出田房典當產業處所，飭地方官查實，以爲真正股實之據，將來虧折倒閉即以其產賠償，不致商股無著，此防騙之說三也。

兼此三層則開採礦山，庶免貽害。

開礦必須聚衆，礦枯則衆散爲匪，且彝地開挖易啓邊釁。此等陳言，衆所共知，無庸復瀆。臣賦性愚戇，惟知實事求是。到川七載於礦務隨時留心考核，大抵來言礦利者，盡是貪人，若輩知臣不受其欺，乃復騰播都門，聳動言路。聞者不察信爲實，遂致上陳聖聽。

臣受恩深重，實不敢瞻徇浮議，貽累地方。現據委員會同雅州、寧遠兩府陸續將查勘情由稟覆，又檄行藩司會同建昌道確實核議，與臣所查考者大致略同，詳文諮送軍機處、戶部備查。（《劉文莊公奏議》卷八，九頁）

光緒十九年七月十七日，李鴻章致劉秉璋函：昨閱覆礦務疏，淋漓痛快，同光之交辦礦者，誠不免此病。近只開平煤礦、黑龍江漠河金礦皆有成效，利民即以利國，未便一概抹煞。川礦非不可辦，但難其人，如周某（周維論，四川富紳，請開川礦）鑽營要路，鋪張門面，必無實際，固宜痛駁耳。藹卿（張華奎）濡染洋務，陳言未敢力闢礦說，尚係略識時務者，必謂其求速化亦過矣。仰遽（龔照瑗）庸爛好人，心術正派，執事相需如此之殷，使事已如鐵鑄，乃猶欲解鈴，猶望旋轉，可云癡人說夢。替任如得胡芸楣（胡燏棻）即是好幫手，但嫌圓通，尚不奸險，此外則不可知。（劉聲木手稿《李文忠公尺牘》）

劉秉璋剿撫建昌夷匪。建昌地方綿亙二千餘里，向資洋芋、蕎麥爲生，一歲不收，立形饑饉。去春至夏先旱後潦，饑困迫切，河西夷民，時出騷擾。經建昌鎮總兵劉士奇、寧遠府知府唐承烈會派兵役，彈壓撫綏，隨即歸巢安靜。

光緒十九年七月，劉秉璋奏建昌鎮屬夷匪出巢焚掠現在剿辦情形疏：查建昌地方綿亙二千餘里，猓夷環繞，種類繁多。夷地向資洋芋、蕎麥爲生，一歲不收，立形饑饉。去春至夏先旱後潦，洋芋、蕎麥全壞。饑困迫切，河西夷民，時出騷擾。經建昌鎮總兵劉士奇、寧遠府知府唐承烈會派兵役，彈壓撫綏，隨即歸巢安靜。

臣伏查川省邊疆夷民支類紛繁，一支猖獗，衆支起應。一逢荒歉，往往糾衆出巢，苟不大加懲創，決不遽肯就撫，向來辦理夷務，所由必先剿而後撫也。（《劉文莊公奏議》卷八，十一頁。建昌：四川南部，屬寧遠府，今四川省西昌市。清設建昌道，駐雅安，設建昌鎮總兵駐西昌）

劉秉璋奏，西藏番僧輕言用武，而實非英敵。僅守約章，仰賴朝廷德威，猶可相安無事。若徵兵購械，不足懾敵，却更易啓釁。

光緒十九年七月，劉秉璋奏西藏番僧輕言用武不可信片：西藏番僧輕言用武，而兵力實非英敵。僅守約章，仰賴朝廷德威猶可相安無事。開關通商本是言歸於好，若徵兵購械，徒靡費不足懾敵，更易啓釁。川藏唇齒，臣既略有所見，不敢緘默，僅附片密陳。(《劉文莊公奏議》卷八，十二頁)

光緒十九年十月廿八日，《中英藏印條款》(續議藏印條約)訂立。(《光緒事典》238頁)

中朝與英人訂《續議藏印條約》，開放藏地亞東爲商埠，許英人自由貿易居住諸事。達賴意頗不欲，時俄國勢方盛，亦覬覦西藏，交歡達賴，達賴因排英轉而親俄，曾派代表赴俄，上俄皇以護法皇帝之尊號，並貢方物，英人益疑忌。(《清代年表》921頁)

劉秉璋被參，著譚繼洵往四川查辦。

光緒十九年十月，上諭，有人奏四川吏治蠹蝕汙濁，請飭查辦。據稱四川總督劉秉璋信用候選道徐春榮、署提督錢玉興二人，招搖納賄。又所屬州縣設立私卡，痍斃民人。防營弁勇，暗通會匪，劫案疊出，列款糾參等語。著譚繼洵(時任湖北巡撫，譚嗣同之父)馳驛前往四川，確切查辦，據實具奏。(《清實錄》[56]225頁)

光緒十九年十月廿一日，翁同龢致劉秉璋函：癸巳秋闈，戲效諸舉子作賦，得秋鷹整翮當雲霄：試整凌霄翮，秋鷹亦壯哉。欣携顏氏子，同上景昇臺。豪氣霞千尺，寒聲酒一杯。霜毛呀鶻老，風翼大鵬培。江漢羈棲客，乾坤幹濟材。楚公圖骨相，魯國字胚胎。尚有雄心在，相期倦眼開。朝班多駿品，達爾杜陵才。

撿篋得此稿，即以奉寄，其中江漢數語與先生情事恰合，以博一笑何如，弟同龢頓首。(《翁同龢集》448頁)

光緒二十年甲午(1894) 六十九歲

　　劉秉璋就譚繼洵奉旨來川查辦而自辯。上諭,既經被人參奏,自應靜候查覆,何得於未經覆奏之先,率行具摺剖辯,殊屬非是。經部照溺職例,議以革職,著加恩改爲革職留任。

　　光緒二十年二月,前因御史鍾德祥奏四川吏治蠹蝕汗濁,列款糾參。四川總督劉秉璋措施失當,任用非人致遭物議,著交部議。

　　光緒二十年二月初四日,劉秉璋奏瀝陳川省近事,微臣苦衷疏:自臣奉命督川以來,本地好事劣紳時有以開礦之説相聳動。臣既察近時各省所辦礦務成效卒鮮,又見川省衆所指稱礦産多在藏、夷境內。且自兵燹後,腹地伏莽未净,會匪嘓匪時虞竊發。前督臣丁寶楨於光緒九、十兩年間試辦礦務,不獨無利可取,且幾乎外釀邊釁,内熾匪氛,旋即停止。臣署均歷歷有案可稽。故有來陳礦務者,臣均力爲斥駁,該紳等以臣不遂所願,將謀煽惑言路,請旨飭辦,迫臣以必行。

　　未幾果有御史吳光奎奏請開礦,奉諭旨飭臣切實查覆。臣身膺疆寄,受恩深重,不敢稍存瞻顧,仍據實剴切上陳,已蒙宸衷獨斷,作爲罷論。臣感激涕零,爲全川士民慶幸。乃若輩竟敢入都造言騰謗,顛倒黑白,近果復有湖北巡撫譚繼洵奉旨來川查辦,已於本年正月初四日到省,臣不知原摺所參何事,惟就譚繼洵來牘咨查各款得其大概。

　　一、官運鹽局款目:查該局創辦已十餘年,一切規模章程皆前督丁寶楨所訂,均經奏明在案。臣到任後稔知前任創辦艱難,率由舊章,從無一絲更改。迄今所積之數,不獨較丁寶楨任内絲毫無減,且更加多數十萬兩,惟因丁寶楨原議,俟此項積至百萬後,併作正本再行具奏。今尚未至百數,故臣亦相因未即具奏,此官運鹽局之實在情形也。

二、川省近年盜案邊防：查川省盜劫之風由來已久，自國初中葉以迄於今，均如一轍，實爲風氣使然。前督臣任內，光緒九、十兩年間大邑、蒲江三次入城焚署劫獄，盜風尤盛。臣蒞任後，察知其情，思欲力加整頓，一輓積習，嚴定州縣。近年來所出劫案較之臣初履任時已年減一年，較之前督臣任內所減不啻過半。不知言路如何誣捏，致煩查辦。此川省近年盜案邊防之實在情形也。

三、官員補署班次：查川省負地大物博之名，實有民窮財匱之苦。各省人員徒羨其名，紛紛輻輳需次，每出一缺一差，能得者不過一人。欲得者不啻數十百輩。其應得而得者，尚未必稱心。其願得未得者，更妄生謗議。雖一秉至公，亦何能盡如人意。臣歷任藩撫至今已二十年，凡到一省補缺，則恪守定例，祇與藩司密商定議，立即懸牌，從不謀及局外人，更何至使局外人妄參末議，此微臣委補官員之實在情形也。

臣稟性愚戇不能俯仰隨時，到川七載，驅逐誤公之藩幕，參劾不職之道、府、同、通、州、縣數十人，加以礦務一案取怨劣紳，致生謗議。本不敢急於自辯，惟念宋臣蘇軾有云："與其求解於他人，何如自投於君父。"所有委屈不得不據實直陳於聖主之前。微臣舊病增劇，心跳手顫，握管維艱，不得已披瀝縷縷。（《劉文莊公奏議》卷八，十四頁）

光緒二十年二月，上諭：劉秉璋奏川省近事瀝陳苦衷一摺。封疆大吏於地方應辦事件，果能公正無私，何慮言官彈劾？既經被人參奏，特派大員前往查辦，自應靜候查覆，其曲直是非，難逃朝廷洞鑒。何得於未經覆奏之先，率行具摺剖辯，殊屬非是。劉秉璋著傳旨申飭，摺單發還。（《清實錄》[56]299頁）

光緒二十年二月，上諭，內閣前因御史鍾德祥奏四川吏治蠹蝕汙濁，列款糾參。當諭令譚繼洵前往查辦。茲據查明覆奏。候選道徐春榮，經劉秉璋調赴四川，久居權要，頗事招搖，貪庸卑鄙，不恤人言，著革職永不敘用。署四川提督，重慶鎮總兵錢玉興，雖無通賄確據,惟統軍最多,毫無整頓,兵驕盜肆,貽誤地方。直隸試用道葉毓榮,迹近贪緣,不知自重,均著交部嚴加議處。富順縣知縣陳錫鬯,習氣太深,鑽營最巧。遂寧縣知縣黃允欽,年老聾瞶,信任親丁。閬中縣知縣費秉寅苛虐病民,聲名最劣,均著行革職。四川總督劉秉璋措施失當,任用非人,致招物議,著交部議處。該省設立非刑名目繁多,該督當通飭各屬,嚴行禁止。如查有私刑斃命等事,即行據實參辦。其官鹽局護本銀兩,尤當覈實支銷,不得僅憑委員含糊報銷致滋流弊。其餘地方事宜,均著隨時認真整頓,以免積習。(《清實錄》〔56〕301頁)

劉秉璋奏調試用道葉毓榮、總兵錢玉興等至蜀,頗見信任,爲御史鍾德祥所劾。詔湖北巡撫譚繼洵馳往按驗。頗有狀,覆奏入部議,照濫舉非人例,議以革職留任。(《文莊公國史館列傳》)

光緒二十年三月初三日,上諭:四川總督劉秉璋經部照溺職例,議以革職,著加恩改爲革職留任。朕念該督宣力有年,平日辦事尚屬認真,是以特從寬宥。嗣後務當振刷精神,於川省吏治、營伍實力整頓,不得稍涉懈弛,以副委任。(《清實錄》〔56〕311頁)

光緒二十年三月廿三日,劉秉璋謝恩革職留任疏:跪聆之下,戰慄莫名。臣賦性迂愚,愆尤叢集,曲蒙寬恕,感激涕零。理合專摺,叩謝天恩。(《劉文莊公奏議》卷八,十七頁)

光緒二十年三月十一日,翁同龢致劉秉璋函:手教至,大慰饑渴,尊體安穩,下血是舊証耶。前䟫箋數四,大抵爲邊鎖爲輿論爲朝綱,非區區朋輩之私,嗶囁兒女之語也。進退有禮,相對可也,向聞峨眉聖燈,今我佛西顧,斷不使蠛蠓撼動,祇椅園此意當知之。扶病草草奉復,字迹丑劣,恐在不列等矣,笑笑。敬頌日安,惟鑒不次。弟龢頓首,三月十一日。(《翁同龢集》451頁)

劉秉璋辦結玉樹、德格積案並開單請獎。

光緒二十年三月十九日,劉秉璋與成都將軍恭壽合奏辦結玉樹、德格積案開單請獎疏:臣等查玉樹、德格番案,時逾多載未結,經副將徐聯魁同甘省委員馳往適中之地,集齊兩造,剴切開導,持平核斷,革除積弊,議立章程,俾各遵守,從此安分住牧,兩無猜嫌,以和番情而弭後患。在事各員弁等衝風冒雪,累月經年,悉已遵斷結案。(《劉文莊公奏議》卷八,十八頁)

著劉秉璋、恭壽督飭防軍,不分畛域,合力剿匪。整頓緝捕,以靖地方。

光緒二十年三月,諭軍機大臣等,前據劉秉璋奏雲南永北廳屬匪首丁洪潰等,勾串番夷,意圖狡逞。負嵎自固,出沒無常。屢經抗拒官兵,勢甚猖獗。若不乘其初起之時,迅圖撲滅,必至蔓延爲患。川滇接壤之區,著恭壽、劉秉璋督飭防軍,嚴守要隘。如有匪蹤竄近,務須不分畛域,合力兜剿。嚴飭沿邊各土司,約束夷人,務將匪首祿汶義等設法嚴拿,以絕根株。(《清實錄》〔56〕326頁。永北廳:雲南北部,與四川接壤,今雲南省永勝縣)

光緒二十年九月,上諭:據劉秉璋咨稱,本年七月匪目王慶雲、牟花臉先後拿獲正法。該匪僅係逸盜,並無二十四股、十八股之說等語。劉秉璋陳奏與裕德等查覆情形大略相同。惟該匪等呼朋引類,搶劫頻仍,迴非尋常劫盜可比。著劉秉璋嚴飭所屬文武,整頓緝捕,以靖地方。(《清實錄》〔56〕506頁)

著劉秉璋就近傳問四川雅州府知府嵇志文案(後亦稱藏案)。

光緒二十年三月,上諭,前據奎煥奏參四川雅州府知府嵇志文於派辦事件任意延誤,諭令奎煥將嵇志文派員押令回川。

本月廿七日復據奎煥奏,番官邊覺奪吉被嵇志文捏詞妄稟,懇請代奏調藏質對。已經降旨將嵇志文革職,回川聽候查辦。該革員到川後,即著劉秉璋就近傳問。

光緒二十年三月,四川總督劉秉璋奏,因病懇請開缺。得旨:該督現有交查事件,俟查辦完竣,再行請旨。(《清實錄》〔56〕330頁)

劉秉璋爲中日甲午之戰籌餉。

光緒二十年四月,朝鮮東學黨作亂,朝鮮都城戒嚴。李鴻章奏

奉諭旨遣兵往朝鮮靖亂。(《清代年表》925頁)

光緒二十年五月初七日,日軍强行進入漢城。(《光緒事典》244頁)

光緒二十年六月廿三日,日艦在豐島海面攻擊我"濟遠"等艦,擊沉我"高升"號運兵船。(《光緒事典》246頁)

光緒二十年七月初一日,以日本不遵條約,不守公法,下詔宣戰。(《清代年表》927頁)

光緒二十年八月十七日,北洋海軍"定遠"號等十二艘軍艦、四艘魚雷艇護送兵船增援平壤。八月十八日返航,突遭日本海軍襲擊,"致遠""經遠""超勇"被擊沉,"揚威""廣甲"自毀,另有六艘受創。史稱甲午海戰。九月廿六日,日軍在花園口登陸,侵入遼東半島。十月廿四日,旅順失陷。(《光緒事典》248—252頁)

光緒二十年十月,四川總督劉秉璋奏:海氛不靖,遵籌的餉於鹽局副本項下提銀六十萬兩,土厘項下撥銀二十萬兩,鹽茶道庫撥銀二十萬兩。陸續湊集,聽候提撥。(《清實錄》〔56〕520頁)

又諭:據劉秉璋電稱,遵撥洋炮十尊,洋槍二千四百桿,運送江西,接運至京。著劉秉璋電知張之洞,俟此項槍炮到時,即行派員接解來京應用,毋稍延緩。(《清實錄》〔56〕558頁)

光緒二十年十月,劉秉璋奏遵飭辦理鹽觔加價疏:遵飭辦理鹽觔加價,以佐軍需。准戶部咨議,開有鹽務各省,每觔加錢二文,約可加錢八十萬釧。以錢易銀,約可征銀五十萬兩。(《劉文莊公奏議》卷八,廿三頁)

四川總督劉秉璋奏,遵辦鹽斤加價,以佐軍需並請免豫繳鹽厘,以恤商力。(《清實錄》〔56〕577頁)

劉秉璋爲不使有用之才閑散,檄飭參將吳杰離浙後來川,管帶泰安左營,駐紮峨邊。甲午戰起,奉上諭,吳杰前往浙江聽候差遣,其後守鎮海炮臺終身。

光緒二十年六月,上諭,電寄劉秉璋,參將吳杰著劉秉璋飭令

迅速前往浙江聽候差遣,毋稍延誤。(《清實錄》[56]393頁)

光緒二十年七月,劉秉璋奏參將吳杰前赴浙江片:臣前在浙江巡撫任內,吳杰管理招寶山炮臺,其時僅有克虜伯炮一尊。擊中法船事平之後,添築三臺,又添購克虜伯跑多尊,其大者能送四百磅長彈,皆吳杰所經理。該參將離浙後,臣知其爲有用之才,不便令其閑散,檄飭來川,管帶泰安左營。今奉諭旨當即檄委升用游擊,交卸營務。已於七月初四日由省起程,前赴浙江,聽候差遣。(《劉文莊公奏議》卷八,二十頁)

◎圍生按:吳杰生性亢直,光緒十五年在浙被議,奉調至川。劉秉璋用爲管帶,駐峨邊防禦,其後守鎮海炮臺終身。光緒末年,浙紳欲爲劉秉璋建祠於省城,吳杰謂宜在鎮海,將自募貲爲之。

光緒二十年九月初九日,翁同龢致劉秉璋函:久未奉書,伏想尊體安和,政教所敷,風行草偃,蜀人士有大手筆者當作畫像記也。傷逝之賦,當已漸平。曩聞峽舟已發,遂不及事,中懷歉悚,賢郎亦南歸否,極馳系也。齰厘偉論,而有司斷斷,所謂知而故蹈者此類事矣。草草布臆,敬頌勛安不一。世愚弟翁同龢頓首。(《翁同龢集》462頁)

劉秉璋第五次籲請開缺。獲准開缺來京,另候簡用。

光緒二十年十月十二日,劉秉璋五次籲請開缺疏:臣於三月間因病奏請開缺,不意此摺到京之前二日已有諭旨飭查藏案。奉硃批,該督現有交查事件,著俟查辦完竣再行請旨。

及臣將藏案查明覆奏,又有欽差來川查辦事件,不得不力疾銷假,聽候查辦。滿擬查辦完竣得申前請,適值成都將軍恭壽進京祝嘏遺缺,蒙恩飭臣暫行護理,慶典攸關,責無旁貸,勉策孱軀,支撐數月。近因辦理文闈監臨,接充武闈主考,積勞稍久,一切舊症並皆增劇,而怔忡爲尤甚,夜則臥不成眠,晝則精神恍惚。據醫家云:水不潤木,血不養心,虧損太深,非靜養數年斷難獲效。況左腿漸成偏廢,跪起必待人扶,緩步仍須拄杖,龍鍾醜態不獨羞顏於僚吏,亦且負愧於影衿。再四思維萬不得已,籲懇賞准開缺回籍調理,所有四川總督一缺,乞即特簡賢員來川接辦。(《劉文莊公奏議》卷八,廿二頁)

光緒二十年十月廿二日,命四川總督劉秉璋開缺來京,另候簡用。調閩浙總督譚鍾麟爲四川總督。(《清實錄》〔56〕553頁)

光緒二十年十一月,四川總督劉秉璋奏,病勢增劇懇請開缺回籍調理。已有旨令,汝來京另候簡用矣。(《清實錄》〔56〕581頁)

光緒二十年十一月,劉秉璋奏請以藩司護理督篆疏:奉諭旨,著開缺來京另候簡用,譚鍾麟著調補四川總督。跪聆之下悚感交并,竊臣衰病侵尋,實已不堪應務。年來四請開缺,未蒙諭允,愆尤叢集,寢饋難安。蒙聖恩高厚,曲賜矜全,免誤嚴疆,感激不覺涕零。惟川閩相去幾及萬里,譚鍾麟到川尚需時日,而臣屢驅衰憊,一切病狀前已縷陳,不敢復瀆,近因怔忡既久變成驚悸,偶一合目忽然驚醒,耳鳴心跳,不復成眠,次日早起精神恍惚。竊恐曠日遷延,必更貽誤公事。屈計慶典禮成,成都將軍恭壽早已出都,擬俟其到川回任,臣交卸兼護軍篆後,所有四川總督篆務亦擬請以王毓藻暫行護理,臣俾得早卸仔肩,免增罪戾。十二月廿四日,硃批著劉秉璋俟譚鍾麟到任後再行交卸。(《劉文莊公奏議》卷八,廿七頁)

劉秉璋密陳藏官結俄抗英,建議清廷密飭駐藏大臣暗中防閑。

光緒二十年六月,劉秉璋奏請密飭駐藏大臣防閑藏僧片:奎煥性情舉動稍近輕率,易爲藏番所藐玩,久駐邊疆恐非所宜。至藏僧勢屈於印度,意欲結俄抗印,而俄人復從而誘之。據稟,通俄之說頗有端倪,惟藏人堅不承認,是尚有忌憚隱匿之心,似亦不必指明,授印度以口實。應請旨密飭接任之駐藏大臣,不動聲色,暗中防閑,以弭邊釁。藏衛又爲川西屏障,事關切要,愚慮所及,不敢不據實密陳。(《劉文莊公奏議》卷八,十九頁)

劉秉璋担心藏官勾結俄國對付英國,引狼逐虎不成反受其害,建議清廷密飭駐藏大臣暗中防閑。(《淮系軍閥劉秉璋》,《東北師大學報》1983·2,86頁)

御史劉桂文參奏,川省匪徒滋擾,大為地方之患。劉秉璋多諱匿不報。命劉秉璋通飭各屬,從嚴捕拿,不准稍涉疏縱。

光緒二十年七月,御史劉桂文奏,川省盜風益熾,請認真整頓。據稱近年四川匪徒滋擾,往往百十為群,公行街市,虜搶婦孺勒贖,撞門入室,搜括財貨。始猶散布各州縣,近則省垣亦公然劫奪。劉秉璋惡聞盜賊,案多諱匿不報。匪徒騷擾閭閻,大為地方之患,亟應嚴行拿辦。即著劉秉璋通飭各屬,從嚴捕拿,不准稍涉疏縱。(《清實錄》〔56〕421頁)

慈禧太后六旬萬壽,劉秉璋著賞加太子少保銜。

光緒二十年正月初一日,劉秉璋謝賞加宮銜疏:奉慈禧皇太后懿旨,於六旬慶辰,因念各省文武大臣有久膺重寄,卓著勤勞,允宜同膺懋賞,四川總督劉秉璋著賞加太子少保銜。臣稍讀儒書,叨陪詞館,戎行效命,疆寄洊膺,曾歷兩省之封,圻忝擁三巴之節鉞,渥被殊榮。感激下忱,理合恭摺,叩謝天恩。(《劉文莊公奏議》卷八,十三頁)

公(劉秉璋)督蜀八年,歷平萬縣、茂州、川北、秀山土寇,其大小涼山、拉布浪、瞻對各夷畔服靡恆,則用趙營平屯田法,數月間皆慴伏。加太子少保。(《清史稿》447卷《劉秉璋列傳》)

恭逢孝欽顯皇后六旬萬壽,正月奉懿旨:賞加太子少保銜,並御書長壽字,福壽字、如意、蟒袍等件。(《文莊公國史館列傳》)

光緒二十年七月,劉秉璋奏兼護成都將軍印務一切得項概歸前任片:蒙恩兼護成都將軍印務,恭壽於初八日奉到硃批,即於十一日送印,定於十三日啓程北上,匆遽之間,責無傍貸。臣自知衰頹已甚,殘喘苟延,萬不得已,勉策孱軀,支撐數月,事關慶典,理合從宜。(《劉文莊公奏議》八卷,十九頁)

◎圜生按：劉秉璋因病籲懇開缺。奉硃批：現有交查事件，著俟查辦完竣，再行請旨。劉秉璋正擬屆時籲申前請，成都將軍恭壽啓程北上，參加慈禧太后六十生辰慶典，著劉秉璋兼護成都將軍印務。

光緒二十年十月，各國使臣呈遞國書，賀皇太后六旬萬壽。（《清代年表》933頁）

光緒二十年十二月，劉秉璋謝領慶典恩賞疏：微臣祇領慶典恩賞，叩謝天恩。臣恭閲邸鈔，光緒二十年九月二十六日，奉慈禧皇太后懿旨，本年予六旬慶辰，皇帝率天下臣民臚歡祝嘏。著加恩賞收所有此次進呈貢物之王大臣等，著各賞給“福”字一方、“壽”字一方、如意一柄、蟒袍一件、尺頭二疋。用示行慶示惠至意，欽此。光緒二十年十月初一日奉上諭，朕欽奉慈禧皇太后懿旨，本年六旬慶辰，皇帝率天下臣民臚歡祝嘏。著加恩賞賚所有近支王公及王公，蒙古王公，御前行走，乾清門行走，御前侍衛，大學士，各部院尚書，左都御史，各省將軍、都統、總督、巡撫、提督，著各賞大“壽”字一張、大緞二疋、帽緯一匣等。微臣祇領感激下忱，理合躬摺叩謝天恩。（《劉文莊公奏議》卷八，廿八頁）

劉秉璋奏請張飛廟列入夔州府雲陽縣地方祀典。

光緒二十年十一月，劉秉璋奏請張桓侯（飛）廟列入祀典疏：據夔州府雲陽縣知縣戴錫麟稱，該縣樂溫山舊有張桓侯廟，夙著靈應。按史册桓侯與關聖帝君同爲蜀漢功臣，其精忠報國義勇行軍事迹類多相若。桓侯入川後鎮守閬中，從征荊州，盡義捐軀，迄今千有餘載，英靈之氣凜然如生。仰懇天恩敕部列張桓侯廟入該縣祀典，每歲春秋由地方官致祭，以答神庥。（《劉文莊公奏議》卷八，廿五頁）

光緒二十一年乙未(1895) 七十歲

北洋海軍全軍覆滅,李鴻章與伊藤博文簽訂《中日馬關條約》。

光緒廿一年正月初五日,威海衛之戰。正月十八日丁汝昌自殺,北洋海軍全軍覆滅。(《光緒事典》256頁)

光緒廿一年三月廿三日,李鴻章與伊藤博文簽訂《中日馬關條約》十一款,其要目爲:承認朝鮮獨立,割讓臺灣島、澎湖列島,賠款銀二萬萬兩等。(《光緒事典》259頁)

俄、德、法三國干涉,日人懼,惟取臺灣而歸我遼東。(《異辭錄》137頁)

劉秉璋朋僚、子弟之進退。

光緒廿一年正月,上諭,有人奏,新授江西督糧道劉汝翼(劉秉璋之侄),平日以鑽營貪贖爲事,在津辦理北洋機器東局,鉛丸子藥皆其製造。藥則雜以黃蠟,子則雜以泥丸。以致大軍火器不利,爲賊所乘。前敵將士,人人切齒。著王文韶,按照原參各節,確切查明,據實具奏,毋稍徇隱。

尋奏,劉汝翼平日辦事覈實,取與謹嚴。到省十八年,始補實缺,資勞最深。尚無鑽營貪贖之事。火器不利,半由存儲年久,潮溼所致,半由新軍用不得法。不能盡咎該員辦理不善,應請毋庸置議。(《清實録》〔56〕684頁)

光緒廿一年十月廿二日,派袁世凱天津督練新軍。(《光緒事典》268頁)

光緒廿一年十一月廿七日,劉銘傳卒,諡壯肅,贈太子少保銜。(《光緒事典》269頁)

劉秉璋七十壽辰。

光緒廿一年四月十四日,劉秉璋七十壽辰,李鴻章文《劉仲良

宮保七十生日序》云："余念吾二人者,少相師友,長托肺腑,戮力行間,同甘苦者有年。"(《淮軍志》189頁)

劉秉璋交卸督篆,由水程東下,順道回籍就醫途中,兩奉電旨,飭令回川會辦教案,俟此案議結後再行啓程。

光緒廿一年正月十六日,劉秉璋奏成都將軍已回川交卸護篆疏:成都將軍恭壽已於正月十六日進省,臣即於是日檄飭協領塔斯杭阿、中軍鄧全勝僅將成都將軍印信並敕書及鑰匙等件,賫送恭壽接收。(《劉文莊公奏議》卷八,三十二頁)

光緒廿一年三月廿二日,調四川總督譚鍾麟爲兩廣總督。以陝西巡撫鹿傳霖爲四川總督。(《清實錄》[56]758頁)

光緒廿一年五月,上諭,電寄劉秉璋:兩電俱悉,四川省城被毀教堂醫館甚多,案情較重,教士藉此要挾,固所不免。而各國使臣在京催辦,難以延宕。總署於教堂被毀輕重情形無從懸揣,勢難在京商議,仍著劉秉璋派員,迅速妥商辦理,不得存五日京兆之見,稍涉諉卸。(《清實錄》[56]812頁)

光緒廿一年閏五月十四日,劉秉璋奏交卸督篆回籍就醫疏:新簡四川總督鹿傳霖業已自陝來川,臣當將關防等件委員賫送,即於閏五月十四日交卸督篆。而一切病情增劇,未見痊可,因即束裝,由水程東下,順道回籍就醫。倘得諸病稍痊,即當泥首宮門,求賞差使,決不敢稍耽安逸。(《劉文莊公奏議》卷八,三十四頁)

劉秉璋登舟順水,四日至瀘州。兩奉電旨,飭令回川會辦教案。寓皇華館有感:"華堂精室水雲居,四面輕風透綺疏;閭巷驚傳市有虎,賓朋未賦食無魚。閑敲手版歌元曲,醉倚胡床讀漢書;偶向北窗成午夢,卻從煩惱得清虛。"(劉聲木手稿《劉文莊公佚詩》)

◎園生按:光緒二十年十一月有旨:"汝來京另候簡用。"劉秉璋無意進京候簡,藉口"由水程東下,回籍就醫。倘得諸病稍痊,即當泥首宮門,求賞差使",婉拒"另候簡用"。

光緒廿一年閏五月,軍機大臣等電寄劉秉璋:電奏已悉。鹿傳霖甫經到任，於歷辦此案情形尚未深悉，仍著劉秉璋會同辦理，切實踏勘，和衷議結，持平妥辦。毋得偏徇一面，致生他釁。劉秉璋業經交卸，著俟此案議結後再行啓程。(《清實錄》〔56〕830頁)

諭軍機大臣等，電寄鹿傳霖：教案係劉秉璋任內之事，著鹿傳霖飛咨劉秉璋，仍遵前旨，迅速折回省城，俟此案議結後再行啓程。(《清實錄》〔56〕835頁)

英、法等國請罷免劉督(劉秉璋)，種種要挾，中國不肯議劉罪，英派兵船入長江。御史吳光奎劾劉秉璋不能彈壓教案，有負重任，著即革職永不敍用。上諭：劉秉璋督率無方，厥咎甚重，著即革職，永不敍用，著准其回籍。

光緒廿一年七月初七日，總署致電龔照瑗(字仰遽，時任駐英、法、意、比公使)，"英使請辦劉督(劉秉璋)，語於公法不合"，令其據理與外部(英國外交部)商辦。(《翁同龢集》1198頁)

光緒廿一年七月初十日，龔照瑗致電總署：新報云古田案派劉督(劉秉璋)查辦，西人嘩然，是否，乞示。(《翁同龢集》1200頁。古田：屬福建省福州府，今寧德市古田縣)

光緒廿一年七月十六日，龔照瑗致電總署：沙(英國外務部官員)將來函交閱，云，中國如不予劉督(劉秉璋)相當之罪明發，即派兵船到華海口報復。瑗(龔照瑗)云川案未結，即明與劉(秉璋)處分，我朝有大爲難，且與川案不利。

總署致電龔(照瑗)：川案與古田案相去數千里，豈能以古田而加劉督罪名，且此事何要以兵船來華恫喝？(《翁同龢集》1202頁)

◎圉生按：光緒廿六年六月上諭有"此次古田教匪傷殺洋人……"與"四川燒毀教堂多處……"連成一句，故有此誤。(《清實錄》〔56〕856頁)

光緒廿一年七月廿五日，吳光奎摺，劾劉秉璋不能彈壓教案。(《翁同龢集》1206頁)

吴光奎奏稱：省城滋事之始，劉秉璋堅置不理，並未派兵彈壓，無業游民，愈聚愈衆，以致省外教案層見疊出，該督任意廢弛，有負重任。著即革職永不敍用，以示懲儆。（《清實録》〔56〕896頁）

光緒廿一年七月廿六日，總署致電川督（鹿傳霖）：川案英、美兩公使種種要挾，英擬劉（劉秉璋）前督罪名，美欲派員入川。七月廿九日，鹿（傳霖）、劉（秉璋）致電總署：派臬司赴重慶，請總署告美使，無庸派人往川。（《翁同龢集》1206、1207頁）

光緒廿一年八月初九日，龔照瑗致電總署：中國不肯議劉罪，英派多輪進長江。（《翁同龢集》1210頁）

光緒廿一年八月十一日，據吳光奎參劉秉璋摺明發一道，將劉秉璋革職永不敍用等語。（《翁同龢集》1211頁）

奉上諭：各國設立教堂，迭經諭令各省督撫，嚴飭地方官加意保護，以期民教相安。本年五月間，四川省城匪徒滋事，打毀東校場教堂，省外各處旋又屢出教案，皆由地方官平日不知勸諭，百姓致釀事端，迨鬧事後又不趕緊懲辦。該督劉秉璋督率無方，厥咎甚重，據御史吳光奎奏參，省城滋事之始，劉秉璋堅置不理，並未派兵彈壓，無業游民愈聚愈多，以致省外教案層見疊出，該督任意廢弛，有負委任，著即革職，永不敍用。（《文莊公國史館列傳》）

川督（省）屢出教案，劉秉璋督率無方，厥咎甚重，劉秉璋着即革職，永不敍用。并通知駐英公使龔照瑗告知英國外交部。至此，劉秉璋封疆大吏的政治生涯結束了。（《淮系軍閥劉秉璋》，《東北師大學報》1983・2，87頁）

光緒廿一年八月十三日，鹿傳霖致電總署：四川教案議結，恭壽、鹿傳霖、劉秉璋三人連銜，劉（秉璋）自請議處。（《翁同龢集》1211頁）

光緒廿一年八月，上諭，電寄鹿傳霖，四川教案俟摺奏到時再降諭旨，劉秉璋著准其回籍。（《清實録》〔56〕900頁）

先文莊(劉秉璋)督川八載,遇教案兩次。未履任前,有重慶教案,教紳羅元義糾眾械鬥,致傷人命。文莊至,梟元義以徇,法使爭之,不許,而亂立止。大足教案,薄給以資,令移教堂以去,民教均服。甲午之冬,解任受代,新督兩易其人,未及至蜀而事發。是時民仇教甚,不數日中,蜀境教堂幾毀其半。適當中日戰役之後,公使、教士氣焰甚盛,朝旨罷川督職以謝。觀於《中東戰紀本末》所載路透電,言英法兩使,皆自言功而不知其故。其後聞於李文忠公曰:軍敗於外,禍發於中,是予之過也夫。惟英使日至總署,謀於恭、慶兩邸前,請鑿川督職。恭邸曰:"任如何,必不許。"是日,恭邸以他故先去,而慶邸諾焉。(《異辭錄》140頁)

教士忿,牒總署,指明奪秉璋職,朝廷不獲已,許之,秉璋遂歸。(《清史稿》447卷《劉秉璋列傳》)

公(劉秉璋)待外人意主嚴峻,不令外人干預內政。蒞蜀之年重慶先有教案,公至,捕教民羅元義及亂党石匯等立斬。之後大足教民爭訟,公當平,教士茲不悦。臨行時辦毀教堂案二十餘起,皆平斷,不長教民欺凌之漸。教士忿甚訌於京,朝廷不得已,褫公職。(《劉文莊公別傳》)

是歲省城民教啓釁,各屬繼起,旬日之間教堂被毀者二十餘處,川民譁然,有傷及教士之語,州縣據以錄供,教士大憤,頗有責言。先公(劉秉璋)以為,事雖虛妄,覆訊則可,改供則不可。保甲局道員周鎮瓊出示安民,又多觸教士之忌,以示先公,先公急令勿布,而教士已抄錄一通,執以為據,欲得先公而甘心焉。朝廷不得已,褫先公職,或勸先公諉罪於周,先公曰:"如國體何?"遂歸。(《宮保公行狀》)

清廷過去因教案從未處罰過總督一級的大員,現在下決心處罰劉秉璋,這是甲午戰爭以後,清政權進一步殖民地化的表現之一。(《淮系軍閥劉秉璋》,《東北師大學報》1983·2,87頁)

公返里,吟七律一首:"萬水千山喜到家,一門歡聚語喧嘩。經霜楓葉烘斜日,遇雨芙蓉襯晚霞。藥果茶鐺爲活計,棋枰曲譜是生涯。閑將净土栽蘭蕙,芽茁根彌待看花。"(劉聲木手稿《劉文莊公佚詩》)

光緒二十二年丙申（1896） 七十一歲

劉秉璋離任,去蜀踰年而瞻對亂。上諭：川督鹿傳霖於瞻對事,宜審詳,勿鹵莽,"毋失西藏親附之心"。

光緒廿二年八月,諭四川總督鹿傳霖於瞻對事宜審詳勿鹵莽生釁。前督劉秉璋撫番夷,恒戒部下宜務遠大,毋失西藏親附之心。劉秉璋去蜀踰年而瞻對亂,鹿傳霖主用兵,故有是諭。尋傳霖疏陳瞻民向化,藏番震懾,宜設漢官。上仍諭,以剴切勸導達賴,期於保藏、保川兩無窒礙。(《清代年表》944頁)

劉秉璋家事。

光緒廿二年九月廿三日,翁同龢"訪劉世兄於廬州(會)館,仲良之子也,皆恂恂,小者佳"。自注：一行大,一行四。(《翁同龢日記》卷六,2992頁)

◎圍生按：是年,四子劉體智與孫家鼐之女完婚,時年十七。長子劉體乾廿三。

是歲,中國鐵路總公司在上海成立。

是歲,盛宣懷創設南洋公學。

光緒二十三年丁酉(1897)　七十二歲

劉秉璋朋僚、子弟之進退。

　　光緒廿三年四月初五日,李鴻章致劉秉璋函:自倭事起後,心緒煩劣,遂闕音問。昨得三月十六日手書并四姪女來京詢悉起居康泰,潭第清娛爲慰。蜀中變態多端,實初料所不及,悔勸駕之,已非吾淮厄運,竟與國運相推移。此豈一人一家之關係耶?兄早應拂衣,徒戀慈聖覆庇之恩,適值時事艱虞,未忍言退。海外之游,譯署之任,皆不得已。惟內顧政事,外察疆吏,均無幹濟轉旋之望,只賫恨以待歿世而已。兩郎斐然有文,舉止端謹,足徵庭訓之善。俗情改變不足計較,獻夫(劉汝翼)素爲篤厚,想尚無逾初終。昨閱抄宜昌通判報丁憂,似品蓮(沈保靖)亦作古,不獨錢榮山(錢玉興)可痛也。變臣(孫家鼐)朝夕相見,鎮靜可愛,聞杜門不出,未免寂悶,何不駕言出游,一察時變而寄胸懷。手泐,復頌時祺,不一不一。丁酉四月五日。(劉聲木手稿《李文忠公尺牘》)

　　◎圍生按:倭事,指1894年中日甲午戰爭。

　　又:兩郎,指劉秉璋長子體乾、四子體智。據翁同龢廿二年九月日記,甲午之後,"兩郎"依然住北京廬州會館,受到李鴻章的關照。

　　又:沈保靖之子時任宜昌通判。

　　光緒廿三年八月,劉秉璋次子劉體仁於江南鄉試中舉。體仁,字慰之,娶淮軍將領張樹聲之女爲妻。有劉秉璋和三弟劉秉鈞《送仁兒入都會試詩》:"夜時菊綠更橙黃,寵餞開樽菊酒香。吉語璘瑜壯行色,祝他衣錦好還鄉。"(劉聲木手稿《劉文莊公佚詩》)

　　是歲,蘆漢鐵路(即京漢鐵路)開工,光緒三十二年三月八日全綫通車。

　　是歲,天津北洋學堂成立,是爲北洋大學前身。

　　是歲,杭州創辦求是書院,今浙江大學之前身。

光緒二十四年戊戌（1898） 七十三歲

光緒帝宣布變法，百日維新。

光緒廿四年四月廿三日，光緒帝下《明定國是詔》，宣布變法，百日維新開始。（《光緒事典》294 頁）

劉秉璋朋僚、子弟之進退。

光緒廿四年五月，劉秉章次子劉體仁（字慰之）入京會試不第。

慈禧太后發動戊戌政變，宣布垂簾聽政。

光緒廿四年八月初四日，慈禧太后幽德宗於瀛台，初六日發動戊戌政變，宣布垂簾聽政。（《光緒事典》300 頁）

光緒廿四年八月十三日，殺害譚嗣同、康廣仁等"戊戌六君子"，通緝康有爲、梁啓超。（《光緒事典》300 頁）

詔劉秉璋進京"上意向用甚殷，能以私詢勉一行否"。

光緒廿四年八月，戊戌秋，慈聖曾有電旨，召先臣入都，公（劉秉璋）以疾不能赴。未幾，宗室貽穀（字藹人，滿洲鑲黃旗人，綏遠將軍），以長白榮相國（榮祿）之命，來詢：上意向用甚殷，能以私詢勉一行否。余（劉秉璋四子劉體智）辭不敢言，既而悔之。以父執中李文忠（李鴻章）、孫文正（孫家鼐）、嘉定徐相國（徐郙），皆至戚也，未以情告而自專，可乎？次年拳亂作，遂不復出。（《異辭錄》175 頁）

文莊（劉秉璋）電奏未至之時，文忠曾力勸之來，且預爲計畫，將到京事宜，先至宮門請安。又爲訪樞臣，問請安召見後，如何待之。皆云："上意可知，或先賞還原銜翎枝，以待後命。"時文忠已老，猶爲此奔走不遑，可見舊誼之厚。（《異辭錄》175 頁）

公烽烟歷盡，壯志隨雲，有七絶二首："半畝園亭處士家，抖將衰朽伴烟霞。東皇付與春消息，冷淡人看富貴花。"又："凌雲高閣晚霞烘,震臂雲開雨石弓。戎馬書生今白首,也曾血染戰袍紅。"
(劉聲木手稿《劉文莊公佚詩》)

　　　◎園生按:"皆至戚也",劉秉璋長女適李鴻章之子李經
　方,次女適徐郙之子徐迪祥,四子劉體智娶孫家鼐之女。

義和團起義。

光緒廿四年十月,義和團以"扶清滅洋"爲口號,在山東冠縣起
義。(《光緒事典》301 頁)

是歲,中英德代表在倫敦達成協議,共同承築津鎮鐵路(即津
浦鐵路)。光緒三十四年七月北段在天津開工,民國元年全綫
通車。

是歲,盛宣懷與英商怡和洋行簽訂《滬杭甬鐵路草約》,光緒三
十二年(1906)開工,宣統元年(1909)杭州至嘉興段竣工。

是歲,京師大學堂開學。

光緒二十五年己亥(1899)　七十四歲

劉秉璋朋僚、子弟之進退。

光緒廿五年九月廿七日,李鴻章致劉秉璋函:健之(劉體乾,字健之,劉秉璋長子)回得九月朔手書,詢悉履候,康娛動定,多福爲慰。夏日長律足見胸懷灑落,勘透世情,欣佩曷已。校書不用花鏡,燈下能作細字,較之鄙人終日花鏡不去,目擊寠書,久不作相去殆已霄壤。然如家兄(李瀚章)腰脚之健,眠食之佳,八旬尚欠一歲,修短竟無定矣。昔之崎嶇兵間,文武從事,屈指已無幾人。頃沈彤來見,云其父雖手顫不書,而步行如飛,尚思納妾,興復不淺,又不如吾弟常演八段錦。鄙人常年獨宿,爲却老養心方也。前勸應詔北來,別有用意,迨閱電奏老當不支,內意亦戛然而止,可見嚮用不誠。近如李秉衡(字鑒堂,奉天海城人,曾任山東巡撫)者,獲咎原案較蜀事爲重,而自城北偽道學一流,群相推重,三徵九召而來,不敢復任疆寄,按其政積,遠不如公。悠悠毀譽,何足論哉。時事日艱,欲退不敢,金門大隱,俯仰因時,望公如天半朱霞,雲中白鶴耳。

健之昆仲,英英露角,篤行勤學,可爲後來之秀。惟值茲時勢迥非道咸年間風氣,更非同治初元光景,洵不易出一頭地也。《淡園瑣録》如係自著,宜早發刻,先睹爲快,即有傷時語,亦似無妨。昨見滬刻鄙人歷聘歐美記,附呈一部,可作閑書觀也。手泐,復頌起居,不一不一。九月廿七日。(劉聲木手稿《李文忠公尺牘》)

◎圍生按:原稿無紀年,但有李瀚章"八旬尚欠一歲"句,李瀚章生于1821年,故本函應在1899年,即光緒廿五年。該函是本年譜所能選輯到的李鴻章致劉秉璋的最後通信。兩年後,光緒廿七年九月李鴻章去世。

又：八段錦,中國古代民間健身操之一种。

又：《淡園瑣録》,即《澹園瑣録》,劉秉璋退休之后編纂的一部類書。計四十萬言,二十一卷,未付梓刊刻。

是歲,膠濟鐵路(青島至濟南)動工興建,光緒三十年竣工。

光緒二十六年庚子(1900) 七十五歲

義和拳扶清滅洋之名,漸入中朝權貴之耳,大禍以肇。英、俄、日、法、德、美、奧、意八國聯軍攻陷大沽炮臺。清廷向列強發布宣戰詔書。

義和拳者起始於嘉慶時,與八卦教等一律嚴禁,犯者處極刑,然北方風氣好勇鬥狠,流傳未絕。山東匪患以仇教爲宗旨。或謂李秉衡巡撫山東時所授意,毓賢繼之,匪勢漸張。毓賢信口誇其神術,於是義和拳扶清滅洋忠義之名,漸入於中朝權貴之耳,而大禍於是以肇。(《清代年表》965)

光緒廿六年五月十九日,義和團攻打西什庫教堂,并焚燒其他教堂。(《光緒事典》311頁)

光緒廿六年五月,拳匪殺日本使館書記杉山彬於永定門外。(《清代年表》967頁)

光緒廿六年五月,拳匪戕德使克林德(Klemens August Ketteler)於崇文門內。(《清代年表》968頁)

光緒廿六年五月廿一日,英、俄、日、法、德、美、奧、意八國聯軍攻陷大沽炮臺。(《光緒事典》312頁)

光緒廿六年五月,拳匪焚京城內教堂,殺教民,又焚正陽門市廛四千餘家,京師大擾,城門盡閉。正陽門街,京師官商所集也,至是被焚,數百年精華一朝而盡,延燒城樓,火光燭天三日不滅。(《清代年表》967頁)

光緒廿六年五月廿五日,清廷(向列強)發布正式宣戰詔書。(《光緒事典》312頁)

光緒廿六年六月十八日,八國聯軍陷天津。(《光緒事典》313頁)

光緒廿六年六月廿一日,李鴻章自廣州起程。六月廿五日抵達上海。七月十三日授李鴻章爲全權大臣,即日電商各國外部,先行停戰。(《李鴻章傳》263 頁)

光緒廿六年七月,八國聯軍陷京師。上奉皇太后駕出西華門。次太原御巡撫署爲行宮。(《清代年表》969、970 頁)

光緒廿六年閏八月十八日,李鴻章抵達北京。閏八月二十日李鴻章致電盛宣懷:都中蹂躪不堪,除宮殿外,無一免者。閏八月廿四日瓦德西抵達北京。九月初四日兩宮抵西安,駐蹕撫署。(《李鴻章傳》264 頁)

光緒廿六年十一月初三日,十一國公使提交議和大綱草案。十一月廿五日奕劻、李鴻章正式畫押。(《光緒事典》318、319 頁)

◎園生按:"十一國公使",清政府宣戰十一國,西、荷、比三國未派兵,故有八國聯軍之説。

光緒廿六年十二月初十日,詔議變法。十二月廿六日下詔自責,並誡中外諸臣。(《清代年表》971 頁)

淮軍的最後時日。

八國聯軍之役,首當其衝者,爲布防沿海的淮軍二十營,此二十營,於北洋門户,分爲左右兩翼。大沽之戰,右翼統將羅榮光及韓照琦敗潰。策援後路者,爲防守天津正面的武毅軍統領聶士成陣殁,天津不守,聯軍遂得長驅直入。此爲北洋淮軍所遭受的最後一次打擊,而淮軍精鋭,至此亦形同冰消瓦解。至於南洋淮軍雖尚有銘軍馬隊三營,北上勤王,班廣盛五營,防守吳淞海口,要已無足輕重。

李鴻章"命吕本元、梅東益收集殘餘,雖已無自立之望。回顧其一手創立淮軍,歷時四十載,竟在其垂暮之年,目睹此殘破的結局,心情的沉痛自可想見"。(《淮軍志》365 頁)

光緒二十七年辛丑(1901)　七十六歲

清政府與十一國公使簽訂《辛丑條約》。

光緒廿七年七月廿五日,全權大臣奕劻、李鴻章與十一國公使簽訂《辛丑條約》(亦稱"庚子和約")。要目:遣醇親王出使德國謝罪,使那桐前赴日本謝罪。懲辦禍首,立滌垢雪侮之碑(即克林德牌坊)。賠款白銀四億五千萬兩。允許各國留兵保衛使館,駐防京師至山海關各要站等等。(《清代年表》974頁)

光緒廿七年八月初五日,最後一批八國聯軍從北京撤退。(《光緒事典》325頁)

光緒廿七年八月廿四日,慈禧太后與德宗車駕發西安,詔以變法圖強示天下。(《清代年表》975頁)

李鴻章卒,袁世凱取代李鴻章。

光緒廿七年九月廿七日,李鴻章卒於北京,謚文忠,詔贈太傅,晉一等侯爵,特予建祠京師。(《清代年表》975頁)

梁啓超贈挽聯:太息斯人去,蕭條徐泗空,莽莽長淮,起陸龍蛇安在也;回首山河非,只有夕陽好,哀哀浩劫,歸遼神鶴竟何知。(《李鴻章傳》266頁)

光緒廿七年九月,命袁世凱署直隸總督兼北洋大臣。(《清代年表》975頁)

是歲,中東鐵路哈爾濱至綏芬河段完工,往東與俄國烏蘇里鐵路接軌。

是歲,中東鐵路哈爾濱至旅大之南滿支路全綫完工。

是歲,中東鐵路哈爾濱至滿洲里段完工,往西與俄國西伯利亞鐵路接軌。

　　是歲,東吳大學在蘇州成立。

　　是歲,袁世凱在山東創辦山東大學堂。

光緒二十八年壬寅(1902) 七十七歲

是歲,袁世凱奏設京師師範學堂。

光緒二十九年癸卯(1903) 七十八歲

是歲,袁世凱籌建北洋陸軍武備學堂。

是歲,張謇創辦南通師範學堂。

是歲,袁世凱重建天津中西學堂,改名北洋大學。

是歲,中東鐵路及南滿支路全綫通車。

光緒三十年甲辰(1904) 七十九歲

英軍入藏。

光緒三十年七月,英軍入藏境,達賴逃,褫其名號,命班禪額爾德尼攝之。(《清代年表》983 頁)

光緒三十年九月廿七日,清外交部宣布,英軍強迫西藏地方當局簽訂的《拉薩條約》,無效。(《光緒事典》351 頁)

是歲,正太鐵路(正定至太原)開工,光緒三十三年竣工。

是歲,汴洛鐵路(開封至洛陽,今隴海鐵路之中段)開工,光緒三十四年竣工。

是歲,滇越鐵路開工,宣統三年全綫通車。

是歲,協和醫學堂創辦,今中國協和醫科大學。

是歲,嚴修、張伯苓在天津創辦敬業中學堂,後改名南開中學。

光緒三十一年乙巳(1905) 八十歲

七月，劉秉璋終於家，春秋八十。方今内憂外患，天子聽鼓鼙而思將帥，舊臣宿將凋零殆盡。劉秉璋學問優長，老成練達，由翰林將兵佐曾公、李公而揚大烈者莫與比倫。剿平髮撚，戰功卓著。督撫數省，遺愛後世，百姓稱道。以榮壽終，非天挺人豪，曷克臻此。賞恤如例，功迹宣付史館立傳。

光緒三十一年四月十八日，公(劉秉璋)八十壽辰。

四月十八日爲公八十生辰，猶讌飲如常。俄患脾泄，變而成痢，醫藥罔效至不起，嗚呼！方今内憂外患，猶未敉平，天子方聽鼓鼙而思將帥，而舊臣宿將凋零殆盡，宜朝廷之眷念勛臣有加無已也。(《劉文莊公墓誌銘》)

光緒三十一年七月廿三日(1905年8月23日)，公終於家。

先公(劉秉璋)自攻張涇匯受傷後，幸體氣素壯，飲食如常。剿撚時馳驅數省異常勞苦，亦幸健飯，未致大虧。在浙辦海防一載，堅忍以挫法艦。在蜀勞心吏治、軍事，剿平番夷。自此心力交瘁，始有衰意。然歸里之後志氣猶復不頹，又善自調養，偶感疾輒去粥飯。既愈猶清齋數日。如是者十年不見老態。人以先公言論丰采咸謂壽算未可量也。至今年秋初忽患脾泄之症，後變爲痢疾。醫云，年高八旬，氣血兩虧，實爲危險，百藥無效，延至七月二十三日卯時而長逝矣。(《宮保公行狀》)

善化(瞿鴻禨)與公始終契合，每見親友，必問起居。且聳惠求教合肥相國(李鴻章)，昭雪川案。初以爲寒暄而已。及秉政，示意於江督建德周公(兩江總督周馥)，具述文莊(劉秉璋)清風亮節，内外共知，得重臣一言，宜可開復。往復通函中，而文莊即世。(《異辭錄》196頁)

秋七月，劉秉璋卒於家。江督（周馥）、皖撫（誠勛）以聞，詔復其官，予謚文莊，蓋自是中興將帥凋謝盡矣。（《清代年表》988頁）

建德（周馥）請恤疏云："功業與劉銘傳相等，而任事勇直，持躬廉介，則又過之。"（《異辭錄》196頁）

兩江總督周公馥、安徽巡撫誠公勛疏以上聞，奉上諭：周馥等奏勛臣在籍病故，臚陳功績，懇請賜恤。一摺前四川總督劉秉璋學問優長，老成練達，由翰林隨同前大學士曾國藩、李鴻章剿平髮撚各匪，迭克名城，戰功卓著，擢任兩司，薦陞封圻，任事勇直，持躬廉介。嗣因案革職。茲據周馥臚陳戰功事迹，宿將凋零，殊深惋惜。前四川總督劉秉璋著加恩開復革職處分，照總督例賜恤，任內一切處分悉予開復，應得恤典，該衙門察例具奏，並將生平功績宣付國史館立傳，以示篤念勛臣之至意。（《宮保公行狀》）

兩江總督周馥奏曰，故督臣劉秉璋結髮從戎，身先士卒。考其生平戰迹與程學啓、劉銘傳等相埒，而任事勇直，持躬廉介則尤過之。歷官江、浙、四川督撫，遺愛所留，紳民至今稱道。四十年來中興將帥凋零殆盡，僅存劉秉璋一人，今聞病歿，遠近軍民同聲感悼。（《文莊公國史館列傳》）

開復故前四川總督劉秉璋革職處分，賞恤如例，功迹宣付史館立傳，從署兩江總督周馥請也。（《清實錄》〔59〕282頁）

奉旨予謚"文莊"，合之前賢，共得七人。國朝之予謚"文莊"者，皆以文學端謹結主知。公以編修從軍，剿平粵撚各匪，與當時諸臣專以武功顯者，固不可同日而語，而飾終之上諭，一則曰"學問優長，老成練達"，再則曰"任事勇直，持躬廉介"，故得邀此易名之典。（《萇楚齋》566頁）

中興名臣由翰林將兵佐曾公、李公，而揚大烈者莫與比倫。忠孝兼著，既明且哲，以榮壽終，非天挺人豪，曷克臻此。（《劉文莊公別傳》）

其在軍中，不欲驅衆於危地，以千萬人之生命搏一己之功名，

故無赫赫之功。而乘機進取，常在諸將之先。(《宫保公行狀》)

其在軍，久益慎重，不驅衆於危地以爭功，而乘機進取，常在諸將之先。遇奇險敬慎不敗，孫子曰："善治兵者，無赫赫之功。"(《劉文莊公別傳》)

其治民也，以知人安民爲本，凡不便於民之事雖内違衆意，外攖敵怒在所不計。歷任三省素以綜覈見長。(《宫保公行狀》)

公居官以安民爲主，不便於民者雖内違廷議，外犯敵怒不爲也。(《劉文莊公墓誌銘》)

先公在川之德政，李公(李鴻章)比之於"奪伯氏駢邑三百也"。(《宫保公行狀》)

公平日以正直爲心，忠厚待人，遇事熱心，恒有視人事如己事，視人心如己心之概，然往往因此受人之愚，或且不見諒於人，直道之難行久矣。或有爲公抱不平者，公曉之曰："若論理學，我應盡其在我，不管他人之待遇。若論因果之説，自然是我前生欠他帳，故今生還他。若前生不欠他帳，他來生仍須還我，何必計及於此哉！"(《萇楚齋》951 頁)

奉節鮑武襄公超(鮑超)平日喜穿黄馬褂，見客喜言戰功。獨見文莊(劉秉璋)則否，私謂公爲讀書人，故優加敬禮。合肥劉銘傳論湘淮人材，謂文莊爲第一好人。(《萇楚齋》744 頁)

有李鴻章致劉秉璋函：崧錫侯(崧蕃)過談頗服海量之宏，從前芥蒂似已冰釋。(劉聲木手稿《李文忠公尺牘》)

公自蜀歸家居十年，幅巾蕭散，曳杖里門，世不知爲達官貴人。以壯年馳驅戎馬，困於簿書，至老手不釋卷，有衛武公耄年好學之風。家風儉約，待物必豐，倡爲義舉，所施與甚重，不獨治軍時有餘資以散將士，凡故舊賓僚莫不知其緩急而爲之謀，一言相許，歷久弗忘。故至今談公軼事者往往欷歔流涕。(《劉文莊公別傳》)

先公生平不治生業，無嗜好，惟喜讀書。尋常奏議、公牘悉自己出，不假手於人，暇則與二三交友從事吟咏，兼肆力於古文。好

讀桐城姚氏（姚鼐）及家海峰（劉海峰）、孟涂（劉開）二先生之書。（《宮保公行狀》）

　　先公每日讀書，凡有所見及所經之事，悉録于日記。書有一見再見而三見者，讀非一次録亦非一時也。記自從軍之歲起至捐館舍之前數日止，無一日之間斷，積數百巨册。曾命諸子各就所見編纂成帙，最初口受傳指成一類書，曰《澹園瑣録》。乞未竣事，不幸原稿失于金陵，惟向之所分輯者尚在篋中。既念佚者不可復存，若並此予遺而不令流傳于後，則不孝諸孤之責，亦百喙無以自解矣。兹以朽邁之年勉爲從事，每成一册，即先付印，不容稍緩。初名《强恕齋日記》，至蜀改爲《習静軒日記》，用署中地名也。歸田之後以園中有小屋署額曰"静坐常思己過"，家人皆呼曰"静軒"，今取以名書，以示不忘其本。（《静軒筆記》劉體智前言）

　　家居十餘年，自云少時研求舉業，未遑他顧。中年困于戎馬簿書之間，于古人之書，無所纂述，心竊愧焉。故年已八十，手不釋卷。（《宮保公行狀》）

　　公自少好學，老而不倦，撰有《奏稿》八卷、《静軒筆記》十九卷、《澹園瑣録》廿一卷、《强恕齋文集》二卷、《詩集》六卷、《方輿輯要》廿卷、《强恕齋日記》十六卷等廿四種，共一百九十餘卷，遺稿高至數尺，惟《奏議》選刊八卷。宣統、辛亥國事之變，更棄之惟恐不速，去之必欲其盡，以至生平遺稿隻字無存。（《萇楚齋》566頁）

　　性尤好士，培植學校教育人才，不遺餘力。軍中欠餉，悉數報效，廣本邑廬江學額若干名。又以廬江亂離之後，學務荒廢，與吴公長慶、王占魁創立三樂堂，以嘉士林。所在捐助書院膏火，如廬州府之廬陽書院、安慶省之敬敷書院、浙江省之崇文、敷文各書院，皆力助其推廣，以啓迪後進。（《宮保公行狀》）

　　先公（劉秉璋）形貌雄毅，精神過人，雖年至八十，目能視細字，耳能聽微聲，齒能嚼堅物，尤善論事，少壯經歷之故，纖悉不忘，述之竟日不倦，聲如洪鍾。（《宮保公行狀》）

嘗自言，一生從未食飯二盅，晚年所食更少，幾於食無兼味。偶感疾，輒去粥飯，既愈，仍清齋數日。然精神強固，步履如少年時人。雖年至八十，目猶能視細字，耳能聽微聲，齒能嚼堅物，且從未脫一齒，聲如洪鐘，數十年之事，述之纖悉不遺。（《萇楚齋》931頁）

有七律一首爲證："瓜牛廬小掩松關，磊塊消融俗慮删。庾信園中魚極樂，陶潛宅裏鳥飛還。豪情欲促天邊月，倦眼聊看江上山。人詫懸翁何瞿鑠，頗疑丹訣駐童顏。"（劉聲木手稿《劉文莊公佚詩》）

公生於道光六年四月十四日午時，距卒享年八十。先妣程夫人，側室先生姊黃夫人，庶妣尤宜人，皆前卒。子六：

嗣子，貽孫，同治癸丑科拔貢，撫弟（劉秉鈞）之子，前卒。婦，李鴻章四弟，候選道李蘊章之女，前卒。

長子，體乾，二品蔭生，二品銜江蘇補用道。婦，李鴻章六弟，記名鹽運使司、贈太常寺卿李昭慶之女。

次子，體仁，光緒丁酉科舉人，分省補用知府。婦，太子少保、兩廣總督張樹聲之女。

三子，體信，分省補用知府。婦，廣東水師提督吳長慶之女；繼娶山東巡撫、署理兩江總督周馥之女，前卒。

四子，體智，戶部郎中，湖廣司行走。婦，咸豐己未科狀元、文淵閣大學士孫家鼐之女。

五子，體道，分部行走郎中。先叔祖友家（劉友家，劉秉璋親生祖劉大綵之次子）無後，公命體道爲之後。婦，咸豐辛亥科舉人、閩浙總督卞寶第之女，前卒。

女二：

長，適贈太傅一等肅毅侯李文忠公鴻章之子，二品頂戴、候補四品京堂李經方。

次，適同治壬戌科狀元、協辦大學士禮部尚書徐郙之子，一品

蔭生、户部員外郎徐迪詳。(《宫保公行狀》)

　　是歲,詔廢除科擧,自丙午年(1906)爲始,停止鄉會試,一切士子皆由學堂出身。一千餘年之科擧制度,至此遂廢。(《光緒事典》358頁)

　　是歲,馬相伯創設復旦公學開學。

　　是歲,滬寧鐵路(上海至南京)開工,光緒三十四年(1908)通車。

　　是歲,京張鐵路(北京至張家口)開工。宣統元年(1909)竣工。

參 考 文 獻

《清實錄》，中華書局 1987 年版

《清史稿》，上海古籍出版社 1986 年版

翦伯贊主編《中外歷史年表》（校訂本），中華書局 2008 年版（簡稱
《中外年表》）

劉體智著《清代紀事年表》，文海出版社 1967 年版（簡稱《清代
年表》）

《七修劉氏宗譜》，元穌堂譜局宣統三年刻本

劉秉璋著《劉文莊公奏議》，民國初年石印本

李鴻章著《李鴻章全集》，安徽教育出版社 2008 年版

曾國藩著《曾文正公六種彙刊》，掃葉山房 1933 年石印本

翁同龢著《翁同龢集》，中華書局 2005 年版

翁同龢著《翁同龢日記》，中西書局 2012 年版

莊吉發編著《咸豐事典》，紫禁城出版社 2010 年版

劉耿生編著《同治事典》，紫禁城出版社 2010 年版

劉耿生編著《光緒事典》，紫禁城出版社 2010 年版

《李文忠公尺牘》，劉聲木稿本

《劉秉璋家書·佚詩》，劉聲木稿本

劉秉璋著《靜軒筆記》，民國初年石印本

王爾敏著《淮軍志》，臺灣“中央研究院”近代史研究所 1967 年版

朱孔彰撰《中興將帥別傳》，岳麓書社 2008 年版

梁啓超著《李鴻章傳》，海南出版社 2005 年版

劉體智著《異辭錄》，中華書局 1988 年版

劉聲木撰《萇楚齋隨筆》，中華書局 1998 年版（簡稱《萇楚齊》）

柯悟遲撰《漏網喁魚集》，中華書局 1959 年版

劉禺生撰《世載堂雜憶》，中華書局 1960 年版

陳康祺撰《郎潛紀聞》，中華書局 1984 年版

歐陽兆熊、金安清撰《水窗春囈》，中華書局 1984 年版

方濬師撰《蕉軒隨錄》，中華書局 1995 年版

丁柔克撰《柳弧》，中華書局 2002 年版

（美）馬士著，張匯文、倪徵燠等譯《中華帝國對外關係史》，三聯書店 1957 年版

鄭曦原等編譯《帝國的回憶（紐約時報晚清觀察記）》，三聯書店 2001 年版

（英）李提摩太著，李憲堂、侯林莉譯《親歷晚清四十五年》，人民出版社 2011 年版

（葡）裘昔司著、孫川華譯《晚清上海史》，上海社會科學院出版社 2012 年版

孫家鼐撰《宮保公行狀》

朱孔彰撰《劉文莊公別傳》，《劉文莊公奏議》附錄，民國初年石印本

陸方著《淮系軍閥劉秉璋》，《東北師範大學學報》1983 年第 2 期

馬克思著《中國紀事》，《馬克思恩格斯全集》，人民出版社 2006 年版

鄭振鐸著《鄭振鐸書話》，北京出版社 1996 年版

譚其驤主編《中國歷史地圖集》，中國地圖出版社 1987 年版

張德澤著《清代國家機關考略》，故宮出版社 2012 年版

朱孔璋撰《中興將帥別傳續編》，清末民初刊本